Henri J. M. Nouwen

헨리 나우웬

1932-1996

자신의 아픔과 상처, 불안과 염려, 기쁨과 우정을 여과 없이 보여줌으로써 많은 이들에게 영적 위로와 감동을 준 상처 입은 치유자wounded Healer. 누구보다 하나님과의 친밀한 관계를 원했던 그는 하나님을 사랑하는 법과 인간의 마음에 임재하시는 하나님을 발견하고자 애썼다. 매년 책을 펴내면서도 국제적인 강사, 교수, 성직자로서 정신없이 바쁜 행보를 이어갔고, 이러한 그의 삶은 1996년 9월 심장마비로 이 세상을 떠날 때까지 계속되었다.

수많은 강연과 40여 권이 넘는 저서를 통해, 그리고 무엇보다 자신의 삶을 통해 하나님과 직접 교제하는 모범을 보여주었다. 자신의 내면을 들여다보기 위해, 하나님을 사랑하고 그분의 사랑을 받는 법을 배우기 위해, 그래서 그 사랑으로 다른 사람들을 부르기 위해 종종 일터에서 물러났으며, 마침내 안착한 곳은 지체장애인들의 공동체 라르쉬 데이브레이크였다. 신앙은 그의 생명줄이자 요동하는 세상의 유일한 부동점不動點이었으며, 교회는 아무리 결점이 많아도 여전히 소망과 위로를 주는 피난처였다. 데이브레이크 공동체에서 함께 생활했던 수 모스텔러 수녀는 "당신의 고통을 두려워하지 말라, 관계가 힘들 때는 사랑을 선택하라, 서로 하나 되기 위해 상처 입고 쓰라린 감정 사이를 거닐라, 마음으로부터 서로 용서하라"는 것이 헨리 나우웬의 유산이라고 요약했다. 그의 유산은 지금도 살아 있다. 1932년 네덜란드 네이께르끄에서 태어나 1957년에 사제 서품을 받았다.

1966년부터 노트르담 대학교와 예일 대학교, 하버드 대학교의 강단에 섰으며, 1986년부터 데이브레이크 공동체를 섬겼다. 《탕자의 귀향》, 《집으로 돌아가는 길》, 《제네시 일기》, 《상처 입은 치유자》, 《예수님의 이름으로》 등 그의 책 대부분은 국내에 번역, 소개되었다.

최종훈

대학을 졸업하고 지금까지 줄곧 잡지사와 출판사에서 취재, 기획, 번역 등 글 짓는 일을 했다. 여행하고 사진 찍는 일을 일상의 즐겨찾기에 넣어두고 있다. 번역한 책으로는 필립 얀시의 《단단한 진리》를 비롯해 《천로역정》, 《탕자의 귀향》, 《예수와 함께한 저녁식사2》 등 다수가 있으며, 지은 책으로는 《벽수 씨의 교회 원정기》가 있다.

데이브레이크로 가는 길

This translation published by arrangement with Doubleday Religion, an imprint of The Crown Publishing Group, a division of Random House, Inc. through EYA(Eric Yang Agency).

데이브레이크로 가는 길

헨리 나우웬 지음
최종훈 옮김

포이에마
POIEMA

일러두기

- 본문에 인용된 성경은 대한성서공회에서 펴낸 새번역판을 따랐으며, 개역개정을 인용한 경우 따로 표기하였습니다.

데이브레이크로 가는 길

헨리 나우웬 지음 | 최종훈 옮김

1판 1쇄 인쇄 2014. 3. 24 | **1판 1쇄 발행** 2014. 3. 28 | **발행처** 포이에마 | **발행인** 김도완 | **등록번호** 제300-2006-190호 | **등록일자** 2006. 10. 16 | 서울특별시 종로구 북촌로 63-3 우편번호 110-260 | 마케팅부 02)3668-3246, 편집부 02)730-8648, 팩시밀리 02)745-4827

값은 뒤표지에 있습니다. ISBN 978-89-97760-77-0 03230 | 독자의견 전화 02)730-8648 | 이메일 masterpiece@poiema.co.kr | 좋은 독자가 좋은 책을 만듭니다. | 포이에마는 독자 여러분의 의견에 항상 귀를 기울이고 있습니다.

이 도서의 국립중앙도서관 출판시도서목록(CIP)은 서지정보유통지원시스템 홈페이지(http://seoji.nl.go.kr)와 국가자료공동목록시스템(http://www.nl.go.kr/kolisnet)에서 이용하실 수 있습니다.(CIP제어번호: CIP2014008654)

험한 세상의 한복판에서

끊임없는 기도로 소망을 심는

모든 묵상하는 이들에게

차 례

감사의 글

여러 친구들의 도움이 없었더라면, 이 일기는 책으로 꾸며져 나올 수 없었을 것이다. 고마운 마음을 담아 그이들의 이름을 여기에 적는다.

매사추세츠 주 케임브리지Cambridge에서 함께 일했던 피터 위스켈Peter Weiskel은 집필기간 동안 손으로 쓴 원고가 나오는 대로 첫 교정을 봐주었다. 마가렛 스튜디어Margaret Studier는 오랜 시간 타이핑을 해주었고 필 재더Phil Zaeder는 고상한 영어표현을 사용하는 데 많은 신경을 써주었다.

1986년 8월, 캐나다로 이주하면서 방대한 텍스트를 단행본 출간에 맞춤한 분량으로 압축하기로 결정했을 때, 리처드 화이트Richard White가 어느 부분을 책자의 골격으로 삼고 어느 부분을 제외시켜야 할지 판단하는 일을 돕겠다고 나섰다. 그리고 몇 달에 걸쳐 7백 쪽에 이르는 원고를 면밀하게 검토하고 다양한 주제에 따라 분류해서 굵직한 맥락을 잡아냈다.

작업이 막바지에 이르렀을 즈음에는 마이클 플랜트Michael Plante가 기왕에 정리된 원고를 가다듬어 최종고를 만드는 데 힘을 보탰다. 그 무렵, 수 모스텔러Sue Mosteller와 마이클 하랭크Michael Harank도 첨삭과 수정에 관해 여러 조언을 해주었다. 데이브레이크 시절, 비서업무를 담당했던 코니 엘리스Connie Ellis는 마지막 원고를 처음부터 끝까지 다시 타이핑하고 원고에 언급된 이들에게 일일이 연락하여 자신의 사연을 게재해도 좋다는 허락을 받아내는 한편, 이 일기를 펴내는 게 의미 있는 일이라는 믿음을 잃지 않도록 끊임없이 나를 격려해가며 이루 말할 수 없을 만큼 값진 도움을 주었다.

이 모든 친구들에게 깊은 감사를 전한다. 원숙한 솜씨로 지원하며 너그러운 마음으로 시간과 관심을 쏟아주고 개인적으로 관심을 가져준 덕에 뒤엉킨 종이뭉치처럼 보이던 흉물을 더블데이 출판사의 편집자 밥 헬러Bob Heller에게 내놓을 만한 글로 탈바꿈시킬 수 있었다. 수많은 이들의 손길을 거쳐 태어난 개인적인 일기가 이 책 말고 또 있을까 싶다. 독자들이 그 사실을 알고 나처럼 고마운 생각을 가져주면 좋겠다.

프롤로그

예일 대학 신학부에서 학생들을 가르치던 1970년대 말엽, 내 삶을 순식간에 뒤집어놓을 인물이 찾아왔다. 처음엔 대수롭지 않은, 심지어 하찮은 일로 여겼다. 하지만 시간이 흐르면서 "주님, 제가 어디로 가길 원하시는지 알려주시고 거기에 흔쾌히 따르게 해주세요"라고 했던 기도의 응답일지도 모른다는 생각이 뿌리를 내리기 시작했다.

그래서 이 책도 그다지 중요해 보이지 않았던 심방 이야기로 시작해보려 한다. 어느 날 오후, 뉴 헤이븐New Haven 아파트의 초인종이 울렸다. 문간에 젊은 여성이 서 있었다. "얀 리세Jan Risse라고 합니다. 장 바니에Jean Vanier 씨가 안부를 전하라고 하셔서요." 장 바니에는 물론이고 지적장애를 가진 이들의 공동체 라르쉬(L'Arche, 방주)에 관해서도 들어 알고 있었지만 직접 만나거나, 말을 섞거나, 편지를 보내거나, 그이의 작품을 읽어본 적은 단 한 번도 없었다. 나로서는 난데없는 문안에 어리둥절할 수밖에 없었다.

"저런, 고맙습니다. 음… 그런데 제가 뭘 도와드려야죠?"

"예? …아, 아무것도 없어요. 전 그저 인사를 전해드리러 왔어요." 아가씨가 대답했다.

"그건 잘 알겠습니다. 하지만 고작 그 얘기를 하러 애써 찾아오셨을 것 같지는 않은데요."

여인의 대꾸는 한결같았다. "정말이에요. 다른 뜻은 전혀 없습니다. 장 바니에 선생님의 인사를 대신 전하러 왔을 뿐이에요."

들을수록 당혹스러웠다. 아가씨의 인사를 강연요청이나 수련회 인도나 원고 청탁, 설교초빙, 집필의뢰 따위의 본론을 꺼내기 위한 서론쯤으로 여기고 있었기 때문이다. 문안이 최종 목적일 리가 없다는 생각을 좀처럼 떨쳐버릴 수가 없어서 재우쳐 물었다. "인사말씀은 감사한 마음으로 들었습니다. 그럼 댁에게 뭐 해드릴 일은 없는 건가요?"

그러자 여인은 빙그레 웃으며 말했다. "정 그러시다면, 제가 좀 들어가도 괜찮을까요?"

손님 대접이 말이 아니었다는 뒤늦은 자각에 허둥대며 말했다. "그럼요, 그럼요! 얼른 들어오세요. …그런데 어쩌죠? 학교에 약속이 많아서 금방 나가봐야 하거든요."

"아, 그럼 그렇게 하세요." 아가씨가 대답했다. "돌아오실 때까지 조용히 시간을 보내고 있을게요."

저녁에 돌아와 보니, 식탁에 멋진 테이블보가 깔리고 근사한 접시와 은제식기, 꽃과 은은히 타오르는 촛불은 물론이고 와인까지 한 병 준비되어 있었다.

"이게 어찌된 거죠?"

"괜찮은 밥 한 끼 차려드리고 싶었어요." 여인이 환하게 웃으며 말했다.

"그나저나 이런 것들은 다 어디서 구했어요?" 내가 물었다.

아가씨는 재미있는 표정으로 마주보며 대답했다. "선생님 댁 부엌과 찬장에서요. …손을 탄 지 무척 오래돼 보이더군요."

무언가 독특한 일이 벌어지고 있는 게 틀림없었다. 낯선 이가 집에 들어와서 궁금한 걸 묻기는커녕 도리어 우리 집의 구석구석을 내게 보여주고 있는 꼴이었다.

얀은 며칠 더 머물면서 이것저것 많은 일들을 해주었다. 이윽고 떠날 때가 되자 다시 말했다. "잊지 마세요. 장 바니에 씨가 선생님께 안부를 전하셨어요."

그로부터 몇 년이 흘렀다. 얀이 왔던 일은 새카맣게 잊혀갔다. 그러던 어느 날 아침, 장 바니에가 불쑥 전화를 걸어왔다. "지금 시카고에서 짤막한 침묵피정을 인도하고 있어요. 같이 하겠어요?"

순간 '강의를 해달라는 뜻인가?' 라는 생각이 다시 한 번 머리를 스쳐갔다. 하지만 장은 분명히 선을 그었다. "헨리, 말 그대로 '침묵' 피정이에요. 그냥 함께 있으면서 기도하자는 거죠."

그렇게 해서 장과 만났다. 잠잠했다. 말이 아주 없지는 않았지만 없다시피 했다. 그 뒤로 몇 년 사이에 프랑스에 있는 공동체를 두 차례 방문했다. 두 번째 갔을 때는 30일 동안 피정하며 묵상하는 기회를 가졌다. 얀 리세가 찾아왔던 일이야말로 예수님이 그분을 더욱 온전하게 따르게 해달라는 기도에 응답하시는 일련의 사건 가운데 첫 단추였다는 깨달음이 갈수록 더 확실해졌다.

하지만 얀 리세의 내방과 라르쉬 공동체 식구가 되겠다는 결단 사이의 몇 년은 심리적인 풍파와 고뇌에 찬 탐색으로 범벅이 된 기간이었다. 예일 대학에서 10년을 보내고 나니, 한층 원색적인 사역으로 돌아가야겠다는 깊은 갈망이 꿈틀거리고 있었다. 라틴아메리카를 여행한 다음부터는 볼리비아와 페루의 가난한 이들 사이에서 여생을 보내라고 부르시는 게 아닌가 하는 생각마저 생겼다. 결국 1981년에 예일대학 교수직을 사임하고 볼리비아로 가서 스페인어를 배웠으며 페루로 건너가서 빈민들과 더불어 사는 사역자의 삶을 경험했다. 거기서 보낸 몇 달이 얼마나 치열했던지 꾸준히 일기를 써야겠다는 마음이 들었다. 그날의 기록들은 훗날 《소명을 찾아서 *Gracias*》라는 제목을 달고 책으로 묶여 나왔다. 라틴아메리카의 가난한 이들 틈바구니에서 살아가는 게 가야 할 길인지 분간하기 위해 진지하게 탐색했다. 하지만 그건 개인적인 포부일 뿐 나를 향한 하나님의 뜻과는 전혀 다르다는 걸 서서히, 그리고 뼈아프게 깨달았다. 스페인어권에서 선교사로 사역할 만한 깜냥이 안 되고, 동료 선교사들이 줄 수 있는 이상의 정서적인 지원이 필요하며, 정의를 추구하는 고단한 씨름 끝에 낙담하고 풀이 죽기 일쑤인 데다, 이루 말할 수 없이 다채로운 일거리와 책임 탓에 내면의 평정을 잃어버리기 십상이라는 사실을 직시할 수밖에 없었다. 남미에서보다 북미에서 라틴아메리카를 위해 더 많은 일을 할 수 있으며 강의하고 저술하는 능력은 빈민보다 학생들 속에서 더 빛을 낼 수 있을 거란 얘기를 친구들의 입을 통해 들을 때마다 몹시 괴로웠다.

어쨌든 이상주의와 선한 의도, 가난한 이들을 돕고자 하는 욕구만으로 소명을 정할 수 없다는 사실만큼은 아주 또렷해졌다. 누구든 부름을 받고 파송을 받아야 한다. 라틴아메리카의 가난한 이들은 날 부르지 않았고 크리스천 공동체도 날 보내지 않았다. 볼리비아와 페루에서 대단히 유익한 경험을 했지만 기대했던 종류의 열매는 아니었다.

그 무렵, 하버드 대학에서 청빙제의가 들어왔다. 신학부에서 해방 신학의 영적인 측면에 역점을 두고 크리스천 영성에 관한 강의를 해 달라는 요청이었다. 주님이 남미에서 북미를 향한 '역방향선교'를 하라고 부르고 계시며, 그런 식으로 라틴아메리카 교회들을 섬길 수 있겠다는 확신을 품고 제안을 받아들였다. 하지만 얼마 가지 않아서 학생들의 진정한 필요가 라틴아메리카 교회들의 화급한 이슈들을 알려주는 정보보다는 영적성장에 관한 문제에 더 치우쳐 있다는 게 드러났다. 따라서 강의도 일반적인 영성생활 쪽으로 급히 방향을 전환할 수밖에 없었다. 결국 몸집만 더 커졌을 뿐, 예일 대학에서 했던 일을 고스란히 되풀이하는 형국이 된 것이다. 갈수록 하버드는 보다 철저한 방식으로 예수님을 좇도록 부름 받은 자리가 아니라는 심증이 짙어졌다. 거기선 진정한 행복을 맛볼 수 없었다. 부루퉁해 있기가 다반사고 매사에 불만스러웠다. 학부나 학생들에게 인정받고 있다는 느낌이 들지 않았다. 여전히 길을 찾지 못했음을 단적으로 보여주는 증표들이었다. 의심과 불안이 극도에 이르자 얀 리세와 장 바니에, 라르쉬의 목소리들에 힘이 실렸다. 프랑스 라르쉬 공동체에 머무는 동안은 평온한 기분을 맛볼 수 있었다. 예일 대학이나 라틴아메리카, 하버드에서 경험하지 못했던 감정이었다. 발달장애를 가진 이들과 더불어 지내는 비경쟁적인 생활, 명성이나 지위를 가리지 않고 무조건 반가이 맞이하는 식구들의 은사, 함께 '시간을 보내자는' 끈질긴 초대 같은 것들이 아직 불모상태로 남아 있던 공간을 활짝 열어젖혔다. 더불어 거하라고 따듯하게 부르시는 예수님의 음성을 들을 수 있는 자리였다. 라르쉬로 부름을 받았다는 의식은 주어야 할 무언가보다 받아야 할 것에 토대를 두고 있었다. 장 바니에는 말했다.

"어쩌면 이곳에 집을 마련해드릴 수 있을지 모르겠습니다."

그게 바로 내 마음이 그 무엇보다도 갈망하던 것이었다. 단 한 번도 그 소원을 심각하게 받아들여본 적이 없었을지라도 그건 엄연한 사실이었다. 주님을 더욱 원색적으로 섬기게 해달라는 기도가 응답되고 있음을 처음으로 감지할 수 있었다.

이 책의 뼈대는 하버드 대학을 떠나 캐나다 데이브레이크의 라르쉬 공동체에 들어가기 전까지 일 년에 걸쳐 꼬박꼬박 적었던 일기로 구성되어 있다. 그해에는 대부분 장 바니에가 처음으로 지적장애인들을 위한 집을 세웠던 트롤리 브뢰이유Trosly-Breuil에서 지냈다. 하지만 그 동안에도 네덜란드와 독일, 캐나다, 미국을 비롯해 여러 곳들을 돌아다녔다. 프랑스로 갈 무렵에는 라르쉬가 예수님을 따르라는 부르심을 확인할 수 있는 곳이 되리라는 기대가 있었다. 하지만 확신이 서지 않았다. 사실 대학에서의 삶과 공동체 생활 사이의 격차가 너무 커서 과연 그 간격을 뛰어넘을 수 있을지 의심스럽기만 했다. 일기장들은 그 씨름, 다시 말해서 "어떻게 뒤를 돌아보지 않고 예수님을 따를 수 있는가?"라는 질문에 얽힌 영적인 싸움을 보여준다. 《제네시 일기》와 《소명을 찾아서》에서 토로했던 것과 똑같은 고통이 여기에도 등장한다. 그러나 맥락뿐만 아니라 방향에도 차이가 있다. 과거에는 어디로 가야 할지 알기를 원했다면, 지금은 가야 할 곳을 알면서도 그러고 싶은 마음이 도통 들지 않았다. 지적장애를 가진 이들과 어울려 살며 사역하는 건 그동안 훈련해서 자격과 능력을 갖춘 일들과 정면으로 상충되는 것처럼 보였다. 라르쉬로 들어가는 것보다 불합리하고 쓸데없는 짓은 없을 것 같았다. 그럼에도 얀 리세와 장 바니에, 라르쉬의 친구들과 지적장애를 가진 그곳 식구들은 따듯하게, 그러나 집요하게 이야기하고 있었다.

"여기가 댁의 집입니다. 당신에게는 우리가 필요할지 모릅니다."

유능하고 성공적이며 생산적이 되고자 하는 욕구가 내면에서 반발했다. 라르쉬를 벗어나 주유하던 여행 가운데 일부는 거부의 몸짓이었을 수도 있다. 당시에 자각하고 있었든 그렇지 않았든, 그런 방황은 옛길들을 뒤로한 채 "바라지 않는 곳으로"요 21:18 이끌리는 과정에서 맞닥뜨릴 수밖에 없었던 필연적인 씨름이었다.

본문에는 라르쉬와 기도, 지적장애를 가진 이들과 어울려 사는 삶, 예술, 도시생활, 영화제작, 에이즈, 교회 안에서 일어나는 갈등, 파리와 런던과 샌프란시스코와 로스앤젤레스, 캐나다와 거기서 펼쳐질 미래를 비롯해 크고 작은 인물과 사건들에 관한 사연들이 들어 있다. 그처럼 종잡을 수 없이 다채로운 이야기를 하나로 묶는 끈은 "나를 따라오너라" 하신 예수님의 초대에 "예!"라고 답하려는 영적 싸움이다. 악을 쓰고 발버둥 쳐가며 내뱉는 "예!"가 책을 가득 채우고 있는 셈이다. 스스로 형편없이 깨지고 다쳐서 근본적인 치유가 절실하다는 점을 인정하는 데서 비롯된 “예!”이기도 하다. 에필로그에서는 프랑스 체재를 마치고 찾아간 토론토의 라르쉬 데이브레이크 공동체에서 첫해를 지내며 겪은 일들을 간추려보았다. 데이브레이크에서는 일기를 계속 쓸 시간도, 에너지도 없었다. 그럼에도 집을 찾은 뒤에 벌어진 일들을 담백하고 솔직하게 기록해두어야 할 것만 같았다.

일기의 제목 《데이브레이크로 가는 길》은 트롤리에서 시간을 보낸 덕에 토론토 데이브레이크 공동체의 초대를 받아들이게 됐다는 점만을 염두에 둔 게 아니다. 이 일기에 적힌 경험들이 새로운 삶을 시작하도록 이끌어주었다는 사실 또한 배경에 깔고 있다.

오밤중에 쓴 일기가 많아서 내용 중에 혼돈과 두려움, 외로움에 관한 이야기가 자주 등장한다. 하지만 새날이 밝아올 때쯤에는 소망이 가슴을 채웠다. 부디 이 일기를 읽는 이들이 저마다 영적인 여정을 이어갈 힘을 얻으며 그 심령에서 똑같은 소망을 찾았으면 좋겠다.

부모들과 자녀들

01

내일은 어제나 오늘과 마찬가지로 텅 비어 있다.
뭐가 들어찰지는 오직 하나님만이 아신다.

새로운 시작 1985년 8월 13일 화요일/프랑스 트롤리

새로운 인생의 첫날이다. 멜로드라마의 대사처럼 들리겠지만, 오늘 무언가 의미심장한 일이 시작되고 있다는 기분을 떨쳐낼 수가 없다. 하버드 대학 신학부를 떠나 프랑스로 건너서 적어도 일 년 동안 라르쉬 공동체에서 장 바니에와 더불어 지내기로 작정하기까지 얼마나 많은 눈물을 흘리고 얼마나 많은 밤을 하얗게 지새웠는지 모른다. 허다한 망설임과 내면의 갈등이 교차되는 시기를 지내고 나서야 결단을 내릴 수 있었다. 하지만 차를 몰고 일 년 남짓, 하버드 생활의 구심점이었던 집을 나설 즈음엔 새로운 자유를 찾아 떠나는 느낌이 들었다. 오늘 아침, 마담 바니에의 집에 들어설 때는 여든일곱 살 고령인 장의 어머니가 두 팔로 끌어안아주었다. 고향집에 돌아온 느낌이었다.

돌아온 건 정말 잘한 일이다. 아홉 달 전, 여기서 한 달짜리 피정을 끝냈었다. 그때까지만 해도 곧 돌아오리라고는 꿈에도 생각지 않았는데, 이제 돌이켜보면 그 덕에 학계에 작별을 고하고 하나님 마음에 더 다가서도록 이끌어줄 공동체를 탐색하는 데 착수할 채비를 갖출 수 있었던 것 같다.

오늘 오후에는 끊어졌던 일기를 다시 이어 쓰기 시작하라는 내면의 목소리 같은 걸 들었다. 4년 전, 라틴아메리카로 들어간 뒤로는 일기 쓰기를 포기하고 있었다. 그런데 불현듯 올해는 심령의 내밀한 움직임에 주의 깊게 귀를 기울이며 "어떻게 하면 전심으로 예수님을 좇을 수 있을까?"라는 물음과 씨름하면서 기도하고, 책을 읽고, 글을 쓰는 기간이 될 거란 생각이 들었다. 하나님의 역사를 놓치지 않고 따라가는 데 있어서 하루하루 벌어지는 일들을 꼼꼼히 기록하는 것보다 더 나은 길이 또 있겠는가? 금년을 정말 '분별의 해'로 삼을 작정이라면, 예전에도 그랬듯, 솔직한 일기가 큰 도움이 될 것이다.

지난날 케임브리지에서 보냈던 분주하고 소란스러우며 신경 곤두서는 일상과 지금 이곳 트롤리의 한없이 고요하고 평온한 하루가 너무나 딴판이어서 사무치도록 감동적이다. 오늘 오후, 이 조그만 프랑스 마을의 좁다란 길을 걸어가는 내내 누구와도 마주치지 않았으며 자동차 지나가는 소리도 듣지 못했다. 다른 별에 와 있는 게 아닌가 싶을 정도였다. 밤 비행기로 여섯 시간 반이 걸리는 보스턴의 로건 공항에서 파리의 샤를 드골 공항까지의 거리는 아주 짧게 느껴진다. 반면에 케임브리지와 트롤리 사이는 하룻밤 비행으로 닿을 수 없을 만큼 멀다. 두 지점은 전혀 다른 세계를 대표한다. 케임브리지는 학문적인 색채가 강하고, 경쟁이 제도화되어 있으며, 지적인 선두다툼이 치열하고, 늘 흥분상태에 있는 세계다. 반면에 트롤리는 차분한 전원생활을 유지하면서 공동체 축제를 즐기고, 인간적인 약점을 공유하며, 늘 예수님을 만물의 중심에 두라고 새로이 초대하는 세계다.

지금은 어둡다. 칠흑같이 캄캄하다. 작별 직전에 유타 아이어Jutta Ayer가 준 수정진동자 알람시계가 규칙적으로 째깍거릴 뿐, 아무 소리도 들리지 않는다. 시계는 남겨두고 온 세상을 떠올리게 한다. 여기선 누구도 내일 몇 시에 일어나라거나, 이러저러한 일을 하라거나, 누굴 만나라고 주문하지 않는다. 수업도 없고, 인터뷰도 없고, 상담도 없고, 분초를 다투는 전화나 방문도 없다. 내일은 어제나 오늘과 마찬가지로 텅 비어 있다. 뭐가 들어찰지는 오직 하나님만이 아신다. 정적이 귓가에 속삭인다. "가서 원 없이 자렴. 아무도 깨우지 않을 테니." 버튼을 돌려서 '알람 꺼짐'이라고 적힌 점에 맞춰놔야겠다. 이제 새로운 삶이 시작됐으니.

모든 이름 위에 뛰어난 이름 8월 14일 수요일

지금 사는 집을 다들 '레 마로니에Les Marronniers'라고 부른다. 이름은 진즉에 알고 있었지만 뜻은 오늘 처음 알았다. '레 마로니에'란 집 앞에 서 있는 커다란 밤나무 네 그루를 가리킨다고 마담 바니에가 가르쳐주었다. "저마다 다른 이름이 있어요. 마르크(마가), 루크(누가), 매튜(마태), 장(요한)이죠." 그러곤 빙그레 웃으며 덧붙였다. "집에 가장 가까이 있는 놈을 장이라고 부르는 까닭은 짐작하시겠죠?"

이름은 대단히 중요하다. 오랫동안 하버드 대학 신학부 앞을 지나는 프랜시스 애비뉴Francis Avenue는 성 프란체스코의 이름을 딴 명칭일 거라고 믿으며 살았다. 걸어서 출퇴근할 때마다 거기서 얼마쯤 위안을 받기도 했다. 행여 아름다운 환상을 빼앗길까 두려워서 무엇이든 확인해야 직성이 풀리는 성향마저도 꾹꾹 억누르며 지냈다. 하지만 어느 날, 누군가가 그 꿈을 산산이 깨트렸다. 좋아하는 성인이 아니라 19세기에 신학부에 재직했던 교수의 이름을 좇아 지었다고 알려준 것이다. 알고 보니 케임브리지의 도로든 하버드의 건물이든, 성인의 이름을 딴 곳은 하나도 없었다. 여기 트롤리에는 어디서나 성인들을 만날 수 있다. 장애를 가진 이들이 모여 사는 공동체의 이름마저도 '라르쉬'로, 지상에 물이 점점 차오를 때 사람과 짐승들이 도망쳐 목숨을 구했던 노아의 방주를 끊임없이 되새기게 했다. 진정 라르쉬는 연약하게 태어난 수많은 남녀들이 제각기 삶을 꾸려가는 비판적이고 폭력적인 세상에서 안전한 자리를 찾아 편안하게 살 수 있는 공간이었다.

이름마다 이야기를 들려주는데, 모든 이름 위에 뛰어난 이름은 바로 '예수'라는 이름이다. 나는 그분의 이름으로 살라는 부르심을 받았다. 그 이름을 내 집이요, 거처요, 피난처요, 방주로 삼아야 한다. 저마다 태어나 자라고 늙어서 죽는 이야기를 풀어내는 시발점은 주님의 이름, 곧 우리를 아주 사랑하셔서 독생자까지 세상에 보내신 하나님을 드러내는 이름이 되어야 한다.

토마 신부 8월 15일 목요일

오늘, 그러니까 8월 15일은 성모승천대축일로 프랑스의 국경일이다. 일 년 내내 성당 문턱을 밟지 않는 국민이 열에 아홉은 된다지만, 이날 하루만큼은 너나없이 일손을 놓고 가게 문을 닫아 건 채 국가적으로 특별히 기리는 성모의 축일을 즐긴다.

20년 전, 장 바니에와 함께 라르쉬 공동체를 시작해서 다들 영적인 아버지로 여기는 도미니크 수도회의 토마 필리프Thomas Pilippe 신부가 성모승천을 찬미하는 길고도 열렬한 메시지를 전했다. 예배당을 가득 채운 150명의 신도들은 귀를 쫑긋 세우고 팔순 노사제의 한 마디 한 마디를 경청했다.

성자의 풍모를 가진 이 수사에 관한 소문을 갈수록 자주 듣는다. 함께 피정을 하러 해마다 미국에서 건너온다는 에드 오코너Ed O'Connor 신부는 토마 수도사를 우리 시대에 되살아난 십자가의 요한이라고까지 일컫는다. 처음에는 호들갑인 줄 알았다. 하지만 페테르 가에 저녁 식사 초대를 받아 간 자리에서 식구들이 토마 신부와 더 가까이 있고 싶어서 프랑스로 이사했노라고 이야기하는 걸 듣고 나서부터는 그이의 비범한 영적 은사를 다시 보게 되었다.

노수사가 프랑스어로 쏟아내는 길고도 강렬한 메시지를 좇아가는 게 아직은 버겁지만 '마리아', '우리의 어머니', '복되신 동정녀' 같은 단어들을 입 밖에 내는 자세라든지 성모의 승천이 오늘을 사는 모든 이들에게 소망의 근원이 된다는 말씀을 듣는 것 자체가 내겐 결코 잊을 수 없는 경험이었다.

거의 알아듣지 못할 말을 함에도 불구하고 우리 가운데 임하신 하나님의 신비로운 임재를 그토록 깊고도 확실하게 전달하는 인물과 한자리에 마주 앉는다는 건 엄청난 사건이었다. 이른바 '정신지체' 를 가진 이들과 충심으로 하나가 되어 그들이 듣고 인식하는 방식대로 메시지를 받아들였다는 점에서 더욱 그랬다.

성찬을 끝낸 토마 신부는 내 손을 꼭 잡고 말했다. "신부님께 제 양들을 맡깁니다."

얼른 대답했다. "최선을 다하겠습니다만, 제 프랑스어 실력을 감안하면 설교가 아주 짧아질 것 같습니다."

노신부의 입가에 미소가 떠올랐다.

오늘 오후, 토마 수사는 열흘 일정으로 자리를 비웠다. 신부가 떠나기 직전에 이곳에 오게 된 까닭 가운데 하나는, 그래야 그이가 나들이를 할 수 있기 때문이었다. 어느 여인은 내게 말했다.

"알고 계시죠? 토마 신부님 자리는 누구도 채울 수 없어요." 그렇기는 하겠지만 앞으로 며칠 동안 최선을 다해볼 작정이다. 성인을 대신하는 게 쉽지는 않겠지만, 다시 말하거니와 하나님은 자비로우신 분이니….

대니의 기도 8월 16일 금요일

오늘 밤에는 8월 한 달 동안 트롤리에서 지내고 있는 아일랜드 코크Cork 라르쉬 공동체와 멋진 시간을 보냈다. 프랑스 친구들 틈에 있기보다 아일랜드인들 사이에서 지내는 편이 내게는 확실히 편했다. 말이 통하기도 하려니와 동지애를 느끼기도 쉬웠다.

저녁기도 시간에는 단순한 노래 몇 곡을 부른 뒤에 코크에서 온 대니(지적장애를 가진 남성으로, 장 바니에의 책 《예수님을 만나요*I Meet Jesus*》를 너무도 힘들게 읽어냈다고 했다)의 이야기를 귀 기울여 듣고 함께 기도했다. 대니는 고백했다. "예수님, 사랑해요. 가끔 짜증이 날 때나… 음… 혼란스러울 때도 주님을 밀쳐내지 않습니다. 팔로, 다리로, 머리로, 마음으로 사랑합니다. 사랑하고 거절하지 않습니다, 예수님. 주님이 저를 사랑하시는 걸, 그것도 무척 사랑하시는 걸 잘 압니다. 저도 많이 사랑합니다, 예수님." 기도하는 그이의 아름답고 온화한 얼굴을 지켜보았다. 사랑뿐만 아니라 깊은 괴로움도 가리거나 감추는 법이 없었다. 그런 기도에 어떻게 응답하지 않으실 수 있겠는가?

하버드 대학의 학생들을 이리로 죄다 불러다가 함께 둘러앉고 싶은 충동이 불쑥 치솟았다. 예수님에 대해 아무리 설명을 해주어도 십중팔구 별다른 감동을 느끼지 못하던 그 친구들을 향한 사랑이 용솟음쳤다. 모두 여기에 앉혀놓고 대니가 예수님을 어떻게 소개하는지 듣게 하고 싶은 마음이 굴뚝같았다. 그렇게만 할 수 있다면, 내 힘으로 설명하지 못했던 내용들까지 잘 알아들을 게 틀림없었다. 한 사람 한 사람에게 굿나잇 키스를 해주고 집으로 돌아오는데 그동안 끌어다 붙여보려고 무진 애를 써왔던 여러 세계들과 끈이 닿아 있는 따듯하면서도 아련한 낯선 아픔이 느껴졌다.

라르쉬, 역사의 편린 8월 17일 토요일

지금 머무는 숙소에서 도보로 채 1분도 안 되는 거리에 이 모든 일이 시작된 집이 있다. 문간 위에는 '라르쉬'라고 적힌 조그만 나무판이 걸렸다. 20년 전, 장 바니에는 바로 이 집에서 라파엘Raphael과 필리프라는 두 장애인들과 더불어 살기 시작했다. 크지도 않고 대단하달 것도 없는 이 작은 집을 지나며 문 위에 걸린 간판을 볼 때마다 겨자씨만 한 믿음의 행동이 빚어낸 신비로운 열매에 마음이 뭉클해진다. 장애를 지닌 두 남성을 대규모 시설에서 자신이 만든 '방주'로 데려올 때부터 장은 돌이키지 못할 일을 벌이고 있음을 똑똑히 알고 있었다. 자신의 인생이 두 사람의 삶과 단단히 얽히게 될 수도 있음을 직감했다. 둘 다 맡아줄 가족이 없었다. 그렇다고 이미 퇴소한 기관으로 돌려보낼 수도 없었다. 소명을 두고 수없이 기도하고 오래도록 탐색한 끝에 선택한 가난의 형식이었다.

결정을 내릴 즈음에는 아직 세인트 마이클 대학(St. Michael's College,

토론토) 철학교수 신분이었다. 장은 트롤리로 가서 파리 앙스티튜트 카톨리크Institut Catholique에서 공부하던 시절부터 가이드이자 친구로 여기던 신앙의 선배, 토마 신부를 만났다. 거기서 지침과 영감을 얻은 장 바니에는 차곡차곡 경력을 쌓아가던 학계를 떠나 끝이 보이지 않는 영적인 여정에 나설 수 있었다. 그로서는 라파엘과 필리프라는 두 동행과 한데 어울려 사는 삶이 곧 소명이었다. 굉장한 운동을 벌일 계획도 없었고 세계 곳곳에 장애인들을 위한 집을 세워서 네트워크를 형성해보겠다는 따위의 생각을 품지도 않았다. 프랑스의 자그마한 시골마을, 소박한 집에서 새로운 삶을 시작했을 따름이었다. 장애를 가진 두 남자와 함께였고 멀지 않은 곳에 토마 신부라는 멋진 친구가 있었다.

오늘날 라르쉬는 프랑스와 벨기에, 이탈리아, 스페인, 캐나다, 미국, 멕시코, 아이티, 온두라스, 코트디부아르, 인도를 비롯해 여러 나라의 수많은 이들에게 감동을 선사하는 단어가 되었다. 라르쉬의 비전은 소망의 근원이 되었고 교황과 주교, 왕과 여왕, 대통령들의 찬사를 받고 있다. 하지만 첫 번째 집 현관 위에 팻말을 걸 때만 하더라도 장은 이런 일들이 벌어지리라고는 전혀 예상하지 못했다. 그저 가난한 이들과 더불어 가난하게 살려는 마음뿐이었다.

진즉부터 들어서 알고 있던 베네딕트Benedict와 스콜라스티카Scholastica, 프랜시스와 클라라, 피터 모린Peter Maurin과 도로시 데이Dorothy Day, 캐서린 드 휴엑 도허티Catherine de Huyck Doherty, 테제의 페레 호제Frère Roger같은 이들의 사연과 대단히 흡사한 이야기다. "그러므로 너희는 그의 나라를 구하여라. 그리하면 이런 것들을 너희에게 더하여 주실 것이다." 눅 12:31

아프지만 값진 기억들 8월 18일 주일

화창한 주일이다. 아버지가 나를 보러 오셨다. 친구 한 분과 함께 네덜란드에서 스위스까지 여행하다가 자식이 지금 어디서 어떻게 살고 있는지 보러 트롤리를 찾기로 작정하셨단다. 아들이 집전하는 라르쉬 공동체 미사에 참석하고, 토마 신부가 세운 관상공동체인 라 페름La Ferme의 몇몇 식구들과 식사를 했으며, 아일랜드 그룹을 만난 뒤에 마담 바니에와 차를 마셨다.

바니에 여사와 아버지가 나누는 이야기를 듣는 건 특별한 즐거움이었다. 1898년생인 마담과 1903년에 태어난 아버지는 전혀 다른 인생행로를 걸었지만 나로서는 책에서나 볼 수 있었던 역사의 단편들을 나란히 기억하고 있었다. 제2차 세계대전을 겪어낸 경험을 공통분모로 파리와 런던, 알제 주재 캐나다 대사관에 근무했던 여사의 경력과 네덜란드 로펌과 대학에서 일했던 아버지의 이력이 한 줄로 꿰어졌다.

전쟁기간 동안 일곱 개에 이르는 유럽 국가들이 영국에 망명정부를 두고 있었다. 바로 그 무렵, 바니에 가족들은 캐나다 정부 대표 자격으로 런던에 머무르고 있었다. 툭하면 폭격을 피해 방공호로 들어가야 했는데, 거기서 알게 된 네덜란드 관리들은 아버지도 잘 아는 인물들이었다.

지금은 1985년, 이제 두 어른은 이곳에 앉아 차를 마시며 내가 기억하지 못하는 시절의 이야기를 나누고 있다. 한때는 누구나 단번에 알아볼 만큼 유명했지만 이제는 잊혀간 인사들의 이름을 들먹이는가 하면, 나처럼 후대에 태어난 이들에게는 정말 그랬을까 싶을 만큼 놀랍고 신나는 사건들을 끄집어냈다.

끔찍한 전쟁에서 비롯된 흐름 속에서 내가 목회를 향한 소명의식을 품게 되고 장 바니에가 가난한 이들 가운데 살라는 부르심을 받았다니, 참으로 희한한 일이다. 우리 부모들은 폭격을 피해 방공호로 달려들어가고, 로테르담이나 런던 같은 대도시들이 산산이 부서져 내리며, 죽음의 공포를 달고 살아본 기억이 없는 세대에게 교육하기 어려운 것들을 자식들에게 가르쳐주었다.

한없이 강인한 두 어른이 대화하는 걸 보고 듣노라니, 비록 차 한 잔을 사이에 두고 잠깐 만나는 사이였지만, 말과 몸짓만으로는 이루 다 전하지 못할 인간과 하나님의 신비로운 사랑이 드러나는 걸 감지할 수 있었다.

예수님의 발자취를 좇아

02

내면을 새롭게 하는 데 쓰는 시간은 결코 소모가 아니다.

하나님은 서두르지 않으신다.

가진 것을 다 버리고 나를 따라라 8월 19일 월요일

성찬을 집례하면서 프랑스어와 영어로 봉독한 부자 청년 이야기가 좀처럼 머리에서 떠나지 않는다. "예수께서 그를 눈여겨 보시고, 사랑스럽게 여기셨다. 그리고 그에게 말씀하셨다. '너에게는 한 가지 부족한 것이 있다. 가서, 네가 가진 것을 다 팔아서, 가난한 사람들에게 주어라. 그리하면 네가 하늘에서 보화를 차지하게 될 것이다. 그리고 와서 나를 따라라.' 그러나 그는 이 말씀 때문에 울상을 짓고, 근심하면서 떠나갔다. 그에게는 재산이 많았기 때문이다." 막 10:21-22

내가 보기에 예수님은 이 청년을 사랑했으며 제자로 곁에 두고 싶어 하셨던 것 같다. 하지만 젊은이의 삶은 지나치게 복잡했다. 걱정해야 할 게 너무 많았고, 신경 써야 할 일이 수두룩했고, 관계해야 할 사람들이 줄줄이 늘어섰다. 청년은 이런 오만 가지 관심사들을 도저히 놓을 수가 없었기에 실망하고 낙담해서 주님을 떠나고 말았다. 예수님은 안타까워하셨다. 젊은이는 슬퍼했다. 훌훌 털고 그리스도를 좇았더라면 삶이 얼마나 달라졌을까 하는 생각에 나 역시 서글퍼졌다. 청년은 주님을 찾아와서 말씀에 귀를 기울였지만 이내 떠나갔다. 뒷얘기는 어디서도 들을 수 없다. 예수님이 끔찍이 사랑하셨던 베드로와 요한, 야고보의 이야기는 지금까지도 연년세세 기억되고 있다. 하지만 주님이 똑같이 특별한 사랑을 베풀고 복음의 증인이 되라고 부르셨던 이 청년은 잊히고 말았다. 그리스도를 따르지도 않았고 다른 제자들처럼 교회사에 뚜렷한 자취를 남기지도 못했다. 아씨시의 프란체스코가 장사에 몰두했더라면 지금처럼 사랑스러운 인물로 기억될 수 없었을 것이다.

오늘 밤에는 그저 예수님이 따듯한 눈길로 바라보며 가진 걸 다 버리고 따르라고 부르실 때 "예"라고 대답할 수 있게 되기를 기도해야겠다. 그 순간을 놓친다는 건 곧 예수님과 나를 슬프게 만들 뿐만 아니라 또 다른 면으로는 하나님의 구원사역에서 차지해야 할 자리를 밀쳐내는 짓이기도 하다.

제시의 협박 8월 23일 금요일

캐나다 전역을 커버하는 일간지 〈글로브 앤 메일*Globe and Mail*〉의 유럽특파원인 존 프레이저John Fraser가 마담 바니에를 찾아왔다. 같이 차 한 잔 하자는 초대를 받고 동석했다. 중국의 백성들, 티베트와 달라이라마, 필리핀과 북한의 가톨릭교회, 최근 있었던 교황의 네덜란드 방문 따위가 도마에 올랐다. 존 프레이저는 유명한 여행가이자 세계 곳곳에서 벌어지는 사건들을 예리하게 관찰하고 분석하는 식견 있는 저널리스트인 동시에 개인적으로 신앙세계에 깊은 관심을 가진 인물이기도 하다.

굵직굵직한 세상사를 나누다가 존은 불쑥 어린 딸 제시 이야기를 꺼냈다. 별것 아니었지만 기억에 가장 선명하게 남은 사연이었다.

제시가 네 살쯤이던 어느 날 아침, 거실 창가에 죽어 있는 참새 한 마리를 보았다. 날아다니다가 유리창에 부딪쳐 숨이 끊어진 것 같았다. 꼬마는 새의 주검 앞에서 몹시 혼란스러우면서도 호기심이 동하는 눈치였다.

“이 새는 지금 어디에 있어요?” 제시가 물었다.

존은 모르겠다고 대꾸했다.

“왜 죽었는데요?” 딸이 캐물었다.

자신 없는 말투로 아빠가 대답했다. “새들은 하나같이 언젠가 땅으로 돌아가야 하거든.”

“아하! 그럼 땅에 묻어주는 게 좋겠어요.”

상자를 찾아서 조그만 새의 몸뚱이를 눕힌 다음, 종이 냅킨을 수의 삼아 덮었다. 잠시 후, 아빠와 엄마, 제시와 어린 여동생으로 장례행렬이 꾸려졌다. 아빠는 상자를 나르고 제시는 어설프게 만든 십자가를 들었다. 무덤을 파고 작은 참새를 묻었다. 존이 맨살을 드러낸 땅에 이끼를 덮자 꼬마가 그 위에 십자가를 꽂았다.

“이제 기도를 드릴 거니?” 아빠가 딸에게 물었다.

“네!” 야무진 대답과 함께 소녀는 알아들을 수 없는 언어로 두 손을 모으도록 동생을 단속하고는 기도하기 시작했다.

“사랑하는 하나님, 여기에 작은 참새를 묻었습니다. 얘한테 잘 해주세요. 그렇지 않으면 죽여버릴 거예요.”

집으로 걸어가며 존은 제시를 타일렀다. "하나님한테 그렇게 험한 말을 하면 못써."

아이가 대답했다. "그냥 확실히 해두고 싶었어요."

교황과 달라이 라마를 비롯해 온 세상의 수많은 지도자들에 관한 대화가 오갔지만, 그 가운데서도 제시의 사연은 연민을 품지만 불안해지면 언제라도 상대를 죽일 수 있는 인간의 심리를 가장 선명하게 보여주었다. 사랑이 넘치는 인간이 될지 살인자가 될지는 누가 생명의 실체를 설명해주느냐에 따라 크게 좌우된다. 폭력과 살인, 압제를 포함해 인류의 갖가지 범죄를 목격한 존이었지만 딸아이에게만큼은 다른 이야기를 들려주길 원했다. 가족을 향한 지극한 사랑이 그 점을 아주 또렷이 드러낸 것이다.

보다, 그리고 보여지다 8월 24일 토요일

오늘은 성 바르톨로메오 축일을 기념했다. 주인공(성경에는 나다나엘이란 이름으로 등장한다)이 예수님과 처음 만나는 장면에서 깊은 감동을 받았다.

여기서 강조점은 '보다'에 있다. 예수님은 나다나엘에게 말씀하셨다. "빌립이 너를 부르기 전에, 네가 무화과나무 아래에 있는 것을 내가 보았다."

"선생님은 하나님의 아들"이라는 주인공의 반응이 나오자 주님은 다시 이르셨다. "네가 무화과나무 아래 있을 때에 내가 너를 보았다고 해서 믿느냐? 이것보다 더 큰 일을 네가 볼 것이다. …내가 진정으로 진정으로 너희에게 말한다. 너희는, 하늘이 열리고 하나님의 천사들이 인자 위에 오르락내리락하는 것을 보게 될 것이다." 요 1:48-51

본문에 그토록 끌리는 건 "예수님의 눈에 띄길 바라는가? 주님이 알아봐주길 원하는가?"라는 질문을 불러일으키기 때문이다. 만일 그렇다면 그리스도를 하나님의 아들로 당당히 선포할 만큼 믿음이 자라날 것이다. 오직 그러한 신앙만이 눈을 떠 열린 하늘을 보게 해줄 것이다.

결국, 기꺼이 드러냄으로써 보게 되는 셈이다. 하나님이 나를, 내 모든 걸, 심지어 감추고 싶은 것마저도 낱낱이 보실 수 있도록 열어드릴 때 하나님의 생명에 깃든 신비로움을 꿰뚫어볼 새 눈을 얻을 수 있게 된다.

"주님, 저를 보고 또 저로 하여금 보게 해주세요."

하나님의 선택 8월 25일 주일

오늘 아침, 장 바니에가 프랑스 텔레비전과 인터뷰를 했다. 장의 어머니와 동생 베르나르(열흘 일정으로 머물고 있다), 라르쉬가 세운 기도의 집 '라 페름'에서 온 친구 시몽과 함께 프로그램을 시청했다. 자주 듣던 소리인데도 한 마디 한 마디가 새록새록 마음을 움직였다.

인터뷰가 몇 분쯤 진행됐을 즈음, 중증장애를 가지고 살다가 최근에 세상을 떠난 열여덟 살 소년, 에릭의 이야기를 꺼냈다. 장은 소년의 한없이 세심한 감성에 대해 말했다. 에릭은 말하지도, 걷지도, 제힘으로 음식을 먹지도 못했다. 그러나 한집에서 일하는 도우미들 사이에 긴장이 생길라치면 머리로 벽을 사정없이 들이받았다. 반면에 평온하고 부대낌이 없을 때는 기분이 좋아서 고분고분 이끄는 대로 잘 따랐다. "장애를 가진 이들은 이편에서 알고 싶어 하든 그렇지 않든, 있는 그대로 진실을 말하는 경우가 잦습니다." 장은 웃음기를 머금은 얼굴로 덧붙였다. "집안에 그처럼 예민한 감지기를 두고 사는 게 늘 편한 건 아닙니다."

장의 말을 듣는 순간, 하나님 앞에 드러나는 것과 장애를 가진 친구들의 눈에 비치는 것 사이에 깊은 연관성이 있다는 생각이 들었다. 어제 읽은 복음서의 내용 가운데 예수님이 나다나엘을 지켜보셨던 대목이 새삼 깊은 의미를 담고 다가왔다.

장애를 가진 이들의 이러한 은사를 되새기는 게 내게는 대단히 중요하다. 이편에서 얼굴에 미소를 머금고 다정한 말투를 써도 이 친구들은 단숨에 그 너머를 꿰뚫어보며 당사자들이 알아차리기도 전에 잔뜩 화가 난 마음을 금방 알아챈다. 상대의 조바심, 분노, 질투, 관심 부족 따위를 들춰내서 스스로에게 솔직하도록 이끄는 사례도 드물지 않다.

그이들이 정말 소중히 여기는 요소는 참다운 관계, 진정한 우정, 신실한 동행 같은 것들이다. 지체장애인들 가운데 상당수는 자신이 부모에게 실망을 주고 가족에게 부담을 안기며 친구들에게 폐를 끼치는 존재라는 의식 속에 살고 있다. 누군가로부터 진심 어린 보살핌과 진정한 사랑을 받고 있다는 걸 실감하기 어렵다. 그러니 무엇이 참다운 관심이고 무엇이 거짓 염려인지, 무엇이 순수한 애정이고 무엇이 껍데기만 남은 말인지 상상을 초월할 만큼 예민하게 감지해낼 수밖에 없다. 이편의 위선을 고스란히 노출시키고 더 깊은 진정성과 더 순전한 사랑을 추구하도록 끊임없이 자극하는 일도 흔히 벌어진다.

장애인들을 오래 겪어보지 않았지만 장의 말이 진실이라는 걸 단박에 알 수 있었다. 라르쉬에 산다는 데는 여러 의미가 있는데, '더 투명한 마음을 향한 초대' 도 거기에 들어갈 것이다. 진정 예수님은 짐스럽고 쓸모없는 인간 취급을 받는 장애인들의 상한 심령을 통해 말씀하신다. 하나님은 그이들을 선택하여 거룩한 임재를 널리 알릴 '가난한 자들' 이 되게 하셨다. 성공(그리고 결과) 지향적인 사회에서는 좀처럼 용납되기 어려운 사실이다.

하나님은 서두르지 않으신다 9월 2일 월요일

오늘 밤엔 무슨 얘길 쓸까 고민하다가 영혼의 심원한 움직임은 돌아보지 않고 지극히 직접적인 관심사들만 다루는 일이 잦았다는 생각이 들었다.

종일 샤를 르프티Charles Lepetit가 쓴 《사막의 두 춤꾼*Tow Dancers in the Desert*》을 읽었다. '예수의 작은 형제자매회Little Brothers and Sisters of Jesus'의 영적인 아버지, 샤를 드 푸코Charles de Foucauld에 관한 책이다. 글을 읽는 사이에 마음 깊이 간직해두었던 관심사가 다시 수면 위로 떠올랐다. 어떻게 하면 살아가면서 하나님을 더 깊이 경험할 수 있을까? 사실 이 질문을 오래도록 곱씹어왔다. 하버드 생활 탓에 그릇된 방향을 설정하게 됐다고 판단하고 결국 거길 떠났기 때문이다. 그러나 기도와 금식, 고독의 길을 내키는 대로 걷게 됐다손 치더라도 행여 방심했다간 삶이 현재 상태에서 또 다른 형태의 하버드로 탈바꿈하리라는 생각이 든다. 당장 복음을 전파하고 싶은 마음이 타는 듯하지만 아직은 기도하고; 글을 읽고, 묵상하고, 침묵하면서 하나님이 또렷하게 부르시는 순간까지 기다려야 한다는 걸 안다.

확실해서 좋다. 스스로 돌이켰는지 되짚어볼 짬도 내지 못하는 상황에서 복음을 전하는 건 의미 없는 짓이다. 강연과 수련회 인도, 강좌, 세미나, 워크숍 따위에서 떠나 한적한 곳에 물러앉아야 할 시점이라는 데는 의문의 여지가 없다. 이제는 하나님과 단둘이서 마주앉을 때다.

속이 부대낀다. 왕성하게 사역할 수 있는 시간이 얼마 남지 않았다. 그렇다면 최대한 알차게 활용해야 마땅한 게 아닐까? 하지만 순전한 마음으로 토해내는 한 마디는 어지러운 심령에서 나오는 수천 마디

말보다 값지다. 내면을 새롭게 하는 데 쏟는 시간은 결코 소모가 아니다. 하나님은 서두르지 않으신다.

실라 캐시디의 호스피스 사역 9월 8일 주일

피노체트 장군이 칠레의 정권을 손아귀에 넣은 지 두 해 뒤에 투옥되어 고문을 받았던 영국인 의사 실라 캐시디Sheila Cassidy가 아름다운 편지 한 통을 보내왔다. 만난 적은 단 한 번도 없지만 가끔씩 주로 글을 통해 서로의 삶을 어루만져주는 사이였다.

오늘 편지에서는 호스피스에 얽힌 짤막한 이야기를 읽고 깊은 감동을 받았으므로 서신의 한 토막을 이 일기에 옮겨 적는다.

> 의학적으로 말씀드리자면, 호스피스는 더 이상 적극적인 항암치료가 소용없어진 환자들의 통증과 증상을 완화시켜주는 서비스를 제공하는 데 존재의 의미가 있습니다. 죽어가는 이들을 위해 해줄 수 있는 일은 언제든 있게 마련입니다. 곁에 앉아서 참고 용기를 내라고 말해주는 게 고작일지라도 말입니다. 흔히들 호스피스 병동이라면 환자와 가족들이 필연적인 순간을 기다리며 눈을 내리깔고 목소리를 낮춰 소곤거리는 엄숙하다 못해 우울하기까지 한 곳을 떠올립니다. 이만큼 진실과 동떨어진 상상을 하기도 쉽지 않을 겁

니다. 호스피스 케어는, 목숨은 정말이지 소중해서 일분일초를 온전하게 살아내야 하며, 죽음 또한 삶의 일부일 따름이니 솔직하게 마주하며 손 내밀어 맞아들여야 한다는 확고한 사실에 토대를 두고 있으므로 도리어 생명과 사랑, 웃음에 한층 더 가깝습니다. 잔치는 호스피스 병동 생활에서 볼 수 있는 주요한 특징 가운데 하나입니다. 누군가의 생일이나 기념일이 되면 케이크를 굽고 샴페인을 터트립니다. 그러곤 관리자와 간호사, 자원봉사자들이 환자랑 보호자들과 어울려 잔을 부딪치는 거죠.[1]

실라 캐시디의 이야기는 상당부분(전부까지는 아닐지라도) 라르쉬의 사연이 될 수도 있다는 점에서 울림이 컸다. 호스피스 병동이 질환에서 회복될 가망 없이 죽어가는 이들을 위한 공간이라면 라르쉬는 떨쳐버릴 수 없는 장애를 가진 이들을 위한 집이다. 두 쪽 다 생명의 소중함을 선포하며 눈을 똑바로 뜨고 두 팔을 벌려서 사실을 있는 그대로 받아들이도록 돕는다. 양쪽 모두 불투명한 미래보다 확실한 현재가 훨씬 중요하다는 걸 보여주는 잔치 자리다. 아울러 하나님이 전혀 가능성이 없을 법한 이들을 선택하셔서 우리를 깨닫게 하시는 역설을 보여주는 증인으로 삼으시는 곳이기도 하다. 실라 캐시디와 장 바니에는 거룩한 부르심에 전혀 다른 방식으로 반응했지만 예수님과 그분의 복음을 향한 일치된 믿음 덕에 놀라우리만치 비슷한 비전을 품게 된 것이다.

하버드를 떠나다 9월 9일 월요일

하버드를 떠나겠다는 결정은 쉬운 일이 아니었다. 몇 달씩이나 고민했지만 대학 강단을 떠나는 게 부르심을 따르는 행동인지 아니면 배신하는 짓인지 판단이 서지 않았다. 외부에서 들려오는 목소리는 끊임없이 나를 부추겼다. “여기 있어야 유익한 일을 더 많이 할 수 있습니다. 당신은 사람들에게 꼭 필요한 인물입니다.” 반면에 내면의 소리는 쉴 새 없이 속삭였다. “제 영혼은 스러져가고 있는데 남들한테 복음을 전하는 게 무슨 소용이란 말인가!” 그러다 마침내 깨달았다. 마음이 점점 어두워지고, 학생들과 동료들, 친구들, 심지어 하나님으로부터 거절당했다는 느낌이 들며, 인정과 애정에 지나치게 집착하고, 어디에서도 받아들여지지 못한다는 뿌리 깊은 상실감에 시달리는 건 하나님의 영이 보여주시는 길을 좇지 않고 있다는 명확한 증표였다. 성령의 열매는 슬픔과 외로움, 분리가 아니라 기쁨과 즐거운 고독, 연합이다. 일단 하버드를 떠나기로 작정하고 나자 결단을 내리는 데 그토록 오랜 시간이 걸렸다는 게 놀라웠다. 문을 나서자마자 내면의 자유와 환희, 새로운 에너지가 얼마나 엄청나게 솟아나던지 여태 살았던 삶이 스스로 자신을 가두었던 감옥처럼 보일 지경이었다.

하버드에서 보낸 시간에 대해서는 한 점 아쉬움이 없다. 신학부 소속이기는 했지만 실제로는 처음부터 끝까지 일반 대학과 같은 환경에서 지냈으며 직접 예수님을 소개하는 기쁨과 두려움을 맛볼 기회를 누렸다. 여러 학생들을 알게 됐고, 가까운 친구들이 생겼으며, 마음이 흔들리는 요인과 약점들을 그 어느 때보다 또렷이 인식할 수 있었다. 하버드에서 만난 수많은 이들에게 따듯한 감정을 느끼지만, 그곳을 뒤로하고 떠나온 지금은 측은한 마음이 들기도 한다. 학문적으로 일가를 이루고자 하는 야망을 불태우는 그이들을 보면서 나 역시 제대로 알지도 못하면서 똑같은 야심에 사로잡혀 살았던 게 이제는 선명하게 눈에 들어온다.

성 프란시스코 사비에르가 선교지에서 보낸 편지를 읽는데 문득 이런 생각들이 떠올랐다. 청년시절, 그는 파리 대학의 학생이자 야심이 큰 강사였다. 거기서 이그나티우스 데 로욜라Ignatius de Loyola를 만나서 초기 동지가 되었다. 사비에르는 편지에 이렇게 적고 있다.

> 종종 대학들, 특히 파리 대학을 향해 악을 쓰며… 정신 줄을 놓은 바보처럼 기진할 때까지 맹렬하게 분노를 쏟아내고 싶은 마음을 주체할 수 없을 때가 있다.
>
> 학문으로 어려움을 겪는 이들에게 유익을 끼치기보다 학자가 되는 데 집착하는 무리들을 향해 고함을 지르고 싶다. … 대학에서 공부한 수많은 이들이 거기서 쌓은 지식을 사용해서 정의롭고 반드시 필요한 일들을 하기보다 좀 더 남다른 예우라든지 주교자리, 특권, 높은 지위 따위를 얻는 쪽에 더 관심을 기울이는 게 몹시 걱정스럽다. "일단 '글' 공부를 해서 특혜가 보장되는 교회의 좋은

자리를 차지한 다음에 하나님을 위해 살겠다"는 애기가 공공연히 나돌고 있다. 그렇게 생각하는 자들이 있다면 육신의 욕망과 무질서한 충동이 이끄는 대로 따라가는 짐승들이나 다름없다.

하나님을 믿지도, 그분께 온전히 자신을 드리지도 않으며… 자신이 바라는 일들을 하나님이 원치 않으시면 어쩌나 또는 주님께 순종하자면 부당하게 손에 넣은 특권을 내놓으라는 압박을 받게 될 텐데 어떻게 해야 할까 염려한다.

희생을 기꺼이 감수해가면서 자신이 아니라 예수 그리스도께 속한 것들을 깨닫고 추구하는 선한 백성들을 찾아내는 데 온 힘을 기울이는 이들이 다만 몇이라도 있다면 신앙으로 얼마나 많은 영혼들을 일깨울 수 있겠는가! 예수 그리스도를 믿고자 하는 이들이 얼마나 많은지 팔이 아파 세례 베푸는 일을 계속하지 못하는 걸 애석해할 지경에 이를 것이다.[2]

프란시스코 사비에르는 대학을 떠나고 오랜 세월이 흐른 뒤에 이 글을 썼다. 허다한 무리가 찾아와 가르침을 구하는 새로운 환경 덕에, 함께 생활하며 공부했던 동료들 가운데, 저마다 가진 재능을 권력과 성공을 추구하는 데 허비하는 바람에 시급하게 감당해야 할 구원사역에 쏟아붓지 못하는 이들이 얼마나 많은지 확연히 볼 수 있었다.

16세기 이후로 지금까지 특별히 달라진 게 없다. 경쟁적이고, 야심이 판치며, 출세지향적인 하버드 신학부 생활에서 벗어난 지 고작 몇 주가 지났을 뿐인데도 벌써 프란시스코 사비에르가 했던 몇 가지 이야기들을 되풀이하려는 욕구가 꿈틀거린다. 하지만 선지자노릇은 집어치우는 게 좋을 듯하다. 나는 프란시스코 사비에르가 아니며 그리 되고 싶지도 않다. 하버드를 향한 내 감정은 분노가 아니라 감사가 지배적이다. 허세가 심한 동네기는 하지만, 거기서 더할 나위 없이 다정한 몇몇 벗들을 만났고, 타협 없이 예수님을 사랑하고자 하는 갈망을 절절히 감지했으며, 지적장애를 가진 이들과 더불어 살며 사역하라는 부르심을 받았다. 아마 하버드가 없었더라면 내게 라르쉬도 없었을 것이다.

어둠과 빛

03

여기서도 하나님은 은밀하게 숨어 계시며,

여기서도 그저 머무는 행위로 드리는 기도가 끊임없이 이어지며,

여기에도 궁극적인 가난이 존재한다.

거절당했다는 느낌 9월 10일

고단한 하루였다. 보스턴 공항까지 배웅하면서 프랑스로 찾아오겠다고 다짐하던 사랑스러운 벗, 조너스를 이제나저제나 기다렸다. 그런데 두 주 전에 파리를 출발해서 지난 주말쯤 만나러 온다던 친구가 오늘 알아보니 벌써 보스턴으로 돌아가 있었다.

드러난 사실에 속이 쓰렸다. 꼭 올 줄 알고 반가이 맞을 만반의 준비를 해두고 있었다. 일이 이렇게 되고 보니 만나지 못해서 서글플 뿐만 아니라 상처입고 버림받았다는 느낌마저 들었다. 간단한 쪽지나 엽서 한 장 보내지 않고 일주일 내내 추측과 착각 사이를 오가게 만들다니!

진심으로 날 보고 싶어 한다고, 프랑스에 오는 까닭에 나와 함께 지내는 일도 끼어 있다고 생각했었다. 하지만 브뤼셀, 파리, 알프스를 다 지나치면서도 트롤리엔 들르지 않은 것이다. 이처럼 뼈아픈 깨달음이 또 있을까! 전화를 받은 친구는 예상과 달리 일이 꼬였고, 내 연락처가 감쪽같이 없어진데다, 몹시 지친 상태였었노라고 해명했다. 그럼에도 마음이 찢어지듯 아팠다.

지금은 이 일을 어찌해야 좋을지 헤매는 중이다. 다행스러운 게 있다면, 예전에 비슷한 상황과 맞닥뜨렸을 때보다는 낙담이 덜하다는 점이다. 조너스가 보스턴으로 돌아갔다는 소식을 들은 순간부터 줄곧 자신을 다독이고 있다. "참맘으로 남의 눈에 덜 띄고 덜 알려지길 바란다면 이번 일을 세상에서 더 잊히고 더 무시되는 계기로 삼아야 해.

오히려 고마워해야 할 일이란 뜻이지. 그렇게 숨겨지는 게 스스로와 세계, 그리고 하나님을 돌아볼 새로운 눈을 주리란 사실을 믿어야 해. 인간은 그런 눈을 줄 수 없어. 무한정 사랑을 베푸는 분만이 그러실 수 있지."

같은 말을 시시때때로 되뇌는데도 별다른 효과가 없다. 몇 차례나 조용히 기도하며 화를 내거나 속상해하지 않도록 도와주시길 예수님께 간구하며 최선을 다해 온갖 노력을 기울여보지만, 마음은 어김없이 그 사건으로 돌아가 왜 찾아오지 않았는지, 이토록 버림받은 느낌이 드는 까닭은 무엇인지 그 까닭을 찾기에 골몰하게 된다. 조너스를 완전히 용서하고 이 일 덕에 영적으로 성장했음에 감사할 수 있게 되기까지는 상당한 시간이 필요할지도 모른다. 그때까지는 유머감각을 잃지 않고 나에게 늘 거절당한다고 여김직한 이들에게 짤막한 쪽지라도 남기도록 신경을 써야겠다.

주님, 오직 당신만이 베푸실 수 있는 평안과 기쁨을 내게 주십시오.

이혼과 이혼학 9월 15일 주일

광야의 그리스도 수도회(Christ in the Desert Monastery, 뉴멕시코 주 아비키우) 소속인 크리스천 레이시Christian Leisy 수사 그리고 산타페에서 온 재키 넬슨Jackie Nelson과 더불어 오후시간을 보냈다. 둘 다 위대한 성상

전문가 에곤 샌들러Egon Sendler 신부의 문하에서 막 교육과정을 끝낸 이콘학자들이었다. 평소에 늘 궁금했던 이콘 제작과정을 물어볼 수 있는 절호의 기회였다.

무얼 묻든지 하나도 놓치지 않고 척척 답해주는 겸손하고 너그러운 두 학자에게 절로 고개가 숙여졌다. 가장 인상 깊었던 대목은 이콘 예술을 되살려내는 게 실제로 영성생활의 부흥과 직결된다고 믿어 의심치 않는다는 점이었다. 크리스천 수사와 재키 넬슨은 이콘 제작술을 영적인 준비를 갖추고 임해야 할 신성한 임무로 보고 연마할 뿐만 아니라, 자신들이 하는 작업을 인류 가운데 머무시는 거룩한 하나님의 임재를 뭇 사람들이 믿도록 이끄는 길로 여긴다. 이들은 이콘에 흥미를 느끼는 데서 시작해서 결국 하나님을 찾은 사례가 적지 않다고 했다.

이콘은 단순히 예배당과 집을 장식하는 성화가 아니다. 거룩한 존재와 만나게 이끄는 그리스도와 성인들의 형상이며 초월적인 세계를 들여다볼 수 있는 창문이기도 하다. 따라서 경외하는 마음으로 기도하며 대해야만 이콘 안에 담긴 신비를 볼 수 있을 것이다.

이콘학은 주로 정교회, 특히 러시아와 그리스 정교회의 손을 거쳐 서구에 전해졌다. 1917년 러시아혁명이 일어난 뒤에 서방세계로 피난한 수많은 정교회 크리스천들을 통해 이콘학에서 말하는 성화작품들이 조금씩 알려지게 되었으며 라틴 교회도 이들을 감상하기에 이르렀다. 러시아와 그리스의 이콘들이 기도생활에 영감을 불어넣는 가장 중요한 원천 가운데 하나로 자리 잡게 된 것이다. 블라디미르의 성모상과 루블레프의 성삼위상, 그리고 예루살렘에서 구한 19세기 그리스에서 제작된 그리스도 상 같은 이콘들은 내 기도생활에서 빼놓을 수 없는 요소가 되었다. 이제는 그 이콘들을 제작했던 이들의 눈을 빌지 않고는 성삼위일체와 예수님, 그리고 마리아를 떠올릴 수조차 없다. 이콘은 분명코 정교회가 서방교회들에 선사한 가장 멋진 선물임에 틀림없다.

크리스천 수사는 스스로 제작했던 이콘들의 사진을 보여주며 어떻게 만들었는지 일일이 설명했다. 어떻게 목재를 마름질하고, 어떻게 밑 색으로 쓸 안료에 흰자를 섞어 달걀 템페라를 만들고, 어떻게 어두운 색에서 시작해서 밝은 색으로 겹겹이 성화 표면에 물감을 발라가며, 어떻게 수백 년에 걸쳐 전수되어온 이콘학의 전통에 충실히 따르면서 이 모든 작업을 해내는지 소상하게 들려주었다.

개인적으로는 레바논의 성자 사르벨리오의 이콘이 가장 감동적이다. 성인의 얼굴은 어느 성상과도 비교할 수 없을 만큼 강렬한 낯빛으로 이편의 심중을 꿰뚫는다. 크리스천 레이시에게 혹시 틈을 내서 성 사르벨리오의 이콘을 그려줄 수 있느냐고 물었다. 수사는 큰 관심을 보이면서 곧 로마로 가서 3년 동안 신학을 공부하고 성직자가 될 준비를 할 예정인데 거기에 이콘 스튜디오를 차릴 수 있으면 좋겠다고 했다. 그렇게만 된다면 사르벨리오의 이콘을 그려줄 수 있다는 것이다. 어쩌면 이 비범한 레바논의 성자는 물론이고 전쟁으로 찢겨나간 그의 조국과 깊이 연합하도록 도와주는 근사한 통로가 열릴지도 모르겠다.

신성한 연결 9월 17일 화요일

트롤리에는 서로 단단히 연결된 두 장소가 있다. 하나는 로라투아르L'Oratoire고 다른 하나는 라 포레스티에르La Forestière다. 로라투아르는 축성된 빵이 하루 종일 노출되어 있어서 사람들이 늘 침묵 속에 경배를 드리는 기도실이다. 조그만 방석들과 깔개를 갖춘 널찍하고 어둑한 방이라고 보면 된다. 묵중한 회색 돌로 암벽을 쌓아 두 칸으로 나눠 놓았다. 벽 중앙에는 반원형으로 툭 터진 공간을 뚫었는데 거기에 성체를 안치하는 대를 놓고 양쪽 옆으로 기름등잔을 세 개씩 배치했다. 아름답고 싱싱한 꽃들이 늘 놓여 있다. 사람들은 벽 이편저편에 무릎을 꿇거나 앉아서, 또는 엎드려서 기도한다.

여러 면에서 로라투아르는 라르쉬의 심장이다. 자신을 온전히 내어주기까지 자녀들을 무한정 사랑하시는 보이지 않는 하나님의 임재 가운데서 끊임없이 침묵으로 드리는 간구는, 라르쉬의 생명을 유지시키는 숨결이다. 거기에 들어갈 때마다 깊은 평안이 깃드는 걸 느낀다. 기도조차 버거운 순간이라 할지라도 무언가가 날 붙잡아주는 기분이 든다. 로라투아르가 날 위해 비는 게 아닐까 싶을 정도다. 기도의 면모가 이처럼 생생하게 살아 있는 공간도 다시없을 것이다. 기도할 수 없는 상황에서도 거기에 간다. 최소한 기도가 흘러넘치는 공기를 들이마실 수 있기 때문이다. 로라투아르에서는 하나님, 곧 육신이 되신 데서 한 걸음 더 나아가 먹고 마실 음식이 되신 하나님, 사랑을 털끝만큼도 거두어들이지 않으시며 "나를 먹고 나를 마시라"고 말씀하신 하나님, 너무도 신비해서 믿음의 눈으로 보아야 알 수 있는 하나님의 가난과 마주하게 된다.

다른 한쪽에는 대다수 장애인들이 도우미들과 더불어 생활하는 공간, 라 포레스티에르가 있다. 여기에 머무는 이들은 제힘으로 걷거나, 말하거나, 옷을 입을 줄 모른다. 스스로 밥을 먹지 못하는 친구들도 여럿이고 더러는 앞이 보이지 않거나 소리가 들리지 않는다. 몸은 심하게 뒤틀렸고 혹독한 고통에 몸부림치기 일쑤다. 라 포레스티에르에 가면 그 고요함에 늘 특별한 느낌을 받는다. 여러 면에서 이들과 도우미들은 수도자와 같은 삶을 살고 있다. 도우미들은 청소하고, 요리하고, 밥을 먹이고, 옷을 갈아입히고, 식구들을 붙잡아주느라 눈코 뜰 새 없이 바쁘지만 그 모든 일들을 놀라우리만치 차분하게 처리해낸다. 가끔가다 한번씩 신음이나 울부짖음, 또는 고함이 정적을 깬다. 장애를 가진 이들이 아니고서는 감지해낼 수 없는 깊은 괴로움에서 비롯된 소리들이다. 그러나 대부분은 조용하다.

하나님이 세상을 무척이나 사랑하셔서 육신을 입고 인류 가운데 들어오셨음을 참으로 믿는다면 그 자비가 얼마나 깊은지 지켜보라고 라 포레스티에르의 식구들은 날 부른다. 예수님, 로라투아르에서 경배하는 바로 그 예수님을 진정 이곳에서도 만날 수 있다. 여기서도 하나님은 은밀하게 숨어 계시며, 여기서도 그저 머무는 행위로 드리는 기도가 끊임없이 이어지며, 여기에도 궁극적인 가난이 존재한다.

트롤리에서 한 해를 보내고 있는 영국인 토니가 말했다.

"가장 큰 계명은 로라투아르에서 살아내는 일이고 두 번째는 라 포레스티에르를 살아내는 겁니다. 여기 트롤리에서라면 이 두 계명이 서로 닮았다고 말씀하신 예수님의 속뜻을 헤아릴 수 있을 겁니다."

토니가 어제 했던 말을 종일토록 곱씹었다.

'쓸데없는' 기도 9월 18일 수요일

좀처럼 화가 풀리지 않는 상대, 나한테 화를 내고 있을 인물, 읽어야 할 책, 써야 할 글, 그리고 불쑥 떠올라 한동안 마음을 사로잡는 온갖 시시한 일들을 생각만 할 뿐 아무 일도 못할 바에야 기도한답시고 앉아서 세월을 보낼 까닭이 무어란 말인가?

답은 분명하다. 하나님은 내 생각과 마음으로 헤아릴 수 없을 만큼 크신 분이며 기도의 집에서 실제로 일어나는 일들은 인간적인 성공과 실패의 잣대로 가늠할 수 있는 부류가 아니기 때문이다.

무엇보다 먼저 신실해져야 한다. 마음과 뜻과 영혼을 다 쏟아서 하나님을 사랑하는 게 으뜸가는 계명이라고 믿는다면 하루에 적어도 한 시간 정도는 세상만사를 다 제쳐둔 채 주님과만 시간을 보낼 필요가 있다. 도움이 되는지, 유용한지, 실질적인지, 소용이 있는지 따지는 건 처음부터 끝까지 부적절한 짓이다. 사랑하는 이유는 사랑 그 자체기 때문이다. 나머지는 다 부차적인 문제일 따름이다.

그러나 놀라운 점은 뒤죽박죽 온통 혼란스럽고 말할 수 없이 산란한 가운데도 하루하루, 한 주 한 주, 한 달 한 달 아침마다 한 시간씩 하나님의 임재 앞에 앉아 있다 보면 삶이 철저하게 달라진다는 사실이다. 나를 사랑하신 나머지 독생자를 보내어 정죄가 아니라 구원을 베푸는 하나님은 자녀들이 어둠 속에서 한정 없이 기다리도록 내버려두지 않으신다. 처음에는 한 시간 한 시간을 부질없이 흘려보내는 걸로 여길지 모르지만, 서른 시간, 예순 시간 또는 아흔 시간을 그렇게 보내면서 차츰 생각처럼 혼자가 아니라는 사실을 알아차릴 수 있으며 소란스러운 자리 너머에서 내게 말씀하는 세미하고 부드러운 음성을 듣게 될 것이다.

그러므로 확신을 품고 주님을 의지하라.

구석구석 사소한 기쁨이 9월 19일 목요일

캐나다 출신 도우미 네이선이 오늘 밤, 자신이 묵고 있는 '르 쉬호종Le Surgeon'에서 함께 저녁을 먹자고 초대했다. 르 쉬흐종은 '새순'이란 뜻이다. 프랑스어로는 '포도가지'를 의미하기도 한다. 이웃마을 퀴즈Cuise에 있는 르 쉬흐종은 라 포레스티에르처럼 중증장애인들이 함께 생활하는 공간이다. 거기서 필리프, 실비엔느Sylvienne, 미셸Michelle, 장 뤼크Jean-Luc, 제라흐Gérard를 만났다. 처음부터 끝까지 하나하나 보살펴주어야 하는 이들이었다. 알랭Alain은 잠시 병원에 입원 중이었다. 네이선은 하루 일정이 어떻게 돌아가는지 잠깐 들려주었다. 시간 단위로 세밀하게 계획이 잡혀 있는 게 수도원의 일과와 아주 흡사했다.

하루하루 일상은 옷 입히기, 씻기기, 아침 먹이기, 집안 치우기, 쇼핑, 요리와 점심식사, 경건의 시간, 예배, 저녁식사, 잠자리 봐주기, 마침기도 순으로 빡빡하게 돌아간다. 오전 오후로 한 번씩, 장애를 가진 이들은 '작업장'에서 몇 시간 정도를 보낸다. 이때도 보조자들이 함께 작업하며 최대한 집중력을 잃지 않게 돕는다. 그동안 도우미들은 집안일을 하고 장을 보며 각자 경건의 시간을 갖는다. 밤에는 장애를 가진 친구 여섯 명에 하나 꼴로 도우미들이 나란히 누워 자다가 손이 필요한 일이 때마다 즉시 도움을 준다. 이곳 식구들은 신체적 정신적 균형을 유지하기 위해 제각기 다른 약을 복용해야 한다. 도우미들은 정신과 의사들과 자주 모임을 갖고 이 조그만 공동체 식구들이 앓는 온갖 합병증들에 관해 의견을 나눈다.

르 쉬흐종에 사는 데는 많은 훈련과 큰 헌신이 필수적이다. 구석구석 소소한 기쁨들이 숨어 있는 소박한 삶이다. 여기서는 언제나 즐거움을 찾을 수 있지만 그 희열은 반드시 고통을 데리고 나타난다. 르 쉬호종의 분위기는 평화롭고 조용하다. 대단한 사건도, 요란한 말다툼도 없고 단순하고 한결같은 섬김으로 하루를 시작하고 마무리한다. 보답은 작지만 진심이 듬뿍 담겼다. 필리프는 미소를 짓는다. 장 뤼크는 눈을 똑바로 마주본다. 제라흐는 끌어안는다. 미셸은 밤새 잔다. 실비엔느는 한마디쯤 말을 더 한다.

네이선은 사진을 내밀며 말한다. "이것 좀 보세요. 이게 제라흐가 시설에서 막 나왔을 때예요. 그리고 이건 일 년이 지난 지금 사진이고요. 달라진 게 보이세요? 굉장하지 않아요? 얼마나 행복해하는지 한번 보시라니까요!" 제라흐는 정말 행복하다. 걸을 수도, 말할 수도, 제 힘으로 옷을 입거나 벗을 수도 없지만 한 점 미소만으로 상대가 원하는 걸 다 선사한다.

저녁기도 시간, 도우미 가운데 하나가 장 바니에의 책 《예수와 함께 걷다*I Walk with Jesus*》의 한 대목을 읽는다. "성만찬에 함께하시는 예수님의 임재와 박탈당한 이들 가운데 계신 주님의 임재 사이에는 밀접한 연관이 있다. 가진 걸 다 빼앗긴 이는 우리를 성만찬에 임하신 그리스도께 돌아가게 한다. 예수님의 몸을 받는다는 건 그분의 눈과 마음을 가지고 가난한 이들 가운데 계신 주님을 바라본다는 말이다."

집까지 태워다주면서 네이선이 말했다. "르 쉬호종에서 일하는 도우미 가운데 도미니크란 이가 있는데, 관상수도원에 들어가기로 작정했다는군요. 또 다른 친구도 그 뒤를 따르는 걸 심각하게 고려 중이래요."

직접 가보고 나니, 그 까닭을 알 것 같았다.

엠마우스의 순례자들 9월 21일 토요일

오늘 렘브란트가 그린 〈엠마우스의 순례자들The Pilgrims of Emmaus〉를 보러 브래드 월콧Brad Wolcott과 함께 파리 루브르 박물관에 갔다. 브래드와는 오래 전, 예일 대학 신학부에서 가르칠 때 처음 만났다. 당시 그는 프랑스문학 관련 학위논문을 막 끝냈을 즈음이었다. 우린 친구가 되었으며 수많은 어려움들을 함께 헤치며 살아왔다. 몇 년 동안 뉴욕 주 북부에 있는 세인트 로렌스 대학에서 학생들을 가르치던 브래드는 라르쉬로 들어가서 기숙사 한 곳의 도우미로 살기로 작정했다. 친구와 다시 가까이 지내게 돼서 더할 나위 없이 기쁘다. 〈엠마우스의 순례자들〉을 같이 감상하는 건 우리의 오랜 꿈이었다.

처음 본 순간, 그림은 실망스러웠다. 기대보다 훨씬 작았고 여러 다른 작품들에 둘러싸여 있어서 별도의 작품으로 보기 어려울 지경이었다. 어쩌면 복제품들에 너무 익숙해진 탓에 큰 감동이 없었는지도 모른다. 브래드와 함께 그림 앞에 서서 화폭에 묘사된 사건을 말없이 바라보기만 했다.

예수님은 테이블 뒤에 앉아서 빵 덩어리를 들고 하늘을 우러러 기도하고 계신다. 예수님의 오른편에는 한 순례자가 깍지를 낀 채 몸을 숙이고 있고 왼쪽에는 또 다른 이가 식탁에서 의자를 뒤로 빼내면서 눈길조차 주님에게서 거두지 못한 채 집중하고 있다. 그 옆으로는 초라한 하인이 눈앞에서 벌어지는 일에는 한 점 관심을 두지 않은 채 다가와서 음식접시를 올려놓고 있다. 눈부시게 하얀 천이 테이블 러그 한 쪽을 덮고 있다. 상 위엔 별 게 없다. 백랍접시 셋, 나이프 하나, 조그만 컵 둘이 전부다. 예수님은 커다란 두 사각기둥으로 에워싸인 석조 애프스(apes, 서구의 옛 건축물에 반원형으로 움푹 들어가게 설치했던 공간 –옮긴이) 한복판에 앉으셨다. 그림 오른편으로 출입문이 보이는데 그 곁에 외투 따위를 되는 대로 걸쳐놓은 옷걸이가 서 있다. 방 왼쪽 구석에는 개처럼 생긴 짐승이 기다란 의자 아래 엎드린 걸 볼 수 있다. 밝은 갈색, 어두운 갈색, 황갈색, 적갈색… 화폭에는 갈색의 변주가 끝없이 이어진다. 빛의 근원은 드러나 있지 않다. 그림에서 가장 밝은 부분은 흰색 테이블보다.

우리는 예수님과 두 순례자의 발이 지극히 섬세하게 그려진 데 주목했다. 종의 경우는 그렇지 않았다. 그림을 보는 이들에게 이들이 먼 길을 지치도록 걸어서 막 도착했음을 알리려는 화가의 의도가 분명했다. 커다란 문과 옷걸이에 걸린 외투 역시 여정의 흔적을 일깨운다. 이들은 틀림없이 어디에선가 왔다.

그림을 지켜보고 있는 사이에 수많은 이들이 스쳐 지나갔다. 그중에 한 가이드가 일행에게 설명했다. "예수님의 얼굴 좀 보세요. 말할 수 없이 황홀해하면서도 한없이 겸손한 표정이지 않습니까?" 우리가 본 걸 멋지게 표현한 말이었다. 주님의 얼굴에는 빛이 가득하다. 후광이 구름처럼 둘러싼 머리에서 쏟아져 나오는 빛이다. 눈은 하늘을 우러러 하나님과 친밀한 교제를 드러내 보인다. 예수님은 깊이 기도하는 가운데 있지만 여전히 이곳에 실재하신다. 인간들 틈에 오셔서 하나님께 가는 길을 보여주시는 초라한 종의 모습이다.

보면 볼수록 그림이 빚어내는 신비 속으로 빨려 들어가는 느낌이 들었다. 빈 채로 남아 있는 예수님의 맞은편 자리는 보는 이들의 몫이라는 게 차츰 또렷이 마음에 다가왔다. 브래드가 말했다. "이제야 알겠군. 렘브란트는 성만찬을 그린 거야. 우리는 그 신성한 사건 현장에 초대받은 거지." 문득, 렘브란트의 작품과 루블레프의 삼위일체 이콘 사이에 정말 닮은 점이 많다는 생각이 들었다. 그림에서처럼 성상에서도 한복판에 흰색 테이블이 있다. 화폭을 대할 때도 그렇지만, 이콘을 마주하는 순간에도 성찬의 신비에 동참하고 있다는 실감이 든다. 그림이 들려주는 이야기에 꾸준히 귀를 기울이자, 놀랍게도 성찬을 통해 그리스도를 예배하라는 부르심이 선연하게 눈에 들어왔다. 하얀 제단 위로 빵을 받쳐 든 예수님의 두 손은 빛의 중심일 뿐만 아니라 성례의 구심이었다. 예수님이 식탁을 떠나신다 할지라도 빵은 그 자리에 그대로 남을 테고, 우리 또한 계속해서 주님과 함께할 수 있을 것이다.

삽시간에 박물관은 예배당으로 탈바꿈했다. 그림은 지성소가, 렘브란트는 제사장이 되었다. 모두가 입을 모아 세상에 임하신 하나님의 보이지 않는 임재를 설명하고 있었다. 그림에서 물러나 〈모나리자〉와 〈밀로의 비너스〉 쪽으로 몰려가는 관광객들 틈에 끼어들자 마치 예배당에 앉아 잠잠히 예배하고 나서 다시 복잡한 거리로 나선 기분이 들었다.

하루에도 열두 번씩 바뀌는 감정 9월 23일 월요일

오랫동안 기다렸던 친구, 조너스가 그냥 돌아가면서 남긴 우울한 감정이 좀처럼 깨끗하게 가시질 않았다. 이것저것 보고 듣고 할 동안은 그냥저냥 묻혔다가도 이런저런 실마리가 있을 때마다 일상 활동의 수면 위로 고개를 쳐들고 건재함을 알리곤 했다.

그런데 오늘 오후, 조너스가 갑자기 미국에서 전화를 걸어왔다. 서운한 감정이 한껏 되살아났다. "어쩌자고 전화 한 통 없었던 거지? 편지라도 쓸 수 있었잖아! 어째서 다녀가지 않은 거지?"

친구가 대꾸했다. "여보게, 잠깐만! 그건 다 지난 일이지 않은가! 오는 10월에 가려고 하는데…."

듣고 있기가 힘들었다. 한동안 쓰라린 감정을 키워왔던 터라, 늘 잊지 않고 걱정하며 사랑하는 친구가 되고 싶다는 뜻을 알리려 애쓰는 상대의 진심을 곧이곧대로 받아들이기 어려웠다.

날짜와 장소를 못 박고 나서야 비로소 앞뒤를 가리지 못했다는 자각이 들면서 친구의 신실한 우정에 조금씩 귀가 열렸다. 수화기를 내려놓을 즈음에는 새로운 평안이 가장 내밀한 자리까지 스며들고 서운한 마음이 서서히 녹아내리는 걸 감지할 수 있었다.

아, 감정과 기분을 조절할 수 있는 힘이 이토록 모자라다니! 잠시 머물다 사라지게 둘 뿐, 오래도록 마음에 깃들이게 해선 안 된다고 믿지만 뜻대로 되지 않는다. 오늘만 하더라도 일기장에 적을 일들이 수없이 벌어졌지만 조너스와 나눈 몇 분간의 통화가 그 무엇보다 인상적이었다. 〈엠마우스의 순례자들〉 뒤에 붙이기엔 형편없는 주제임에도 그 사연을 적는 까닭이 여기에 있다. 가장 뼈아픈 아픔은 더할 나위 없이 사소한 일 속에 숨어 있기 십상이다.

잠깐 들여다본 새로운 소명의 세계

04

느릿느릿 더듬거리는 말투로 내게 기도를 부탁했다.

함께 짤막한 기도를 드리고 나자, 환하게 웃으며 날 덥석 끌어안았다.

새로운 공동체 10월 1일 화요일/캐나다 토론토

여기는 캐나다. 아흐레 동안 토론토 근교에 있는 라르쉬 공동체, 데이브레이크를 방문하러 온 길이다. 오늘이 첫날이다. 책임자인 조 이건 Joe Egan 이 따듯하게 맞아주었다.

오늘 아침, 월례회 자리에서 도우미들을 다 만날 수 있었다. 그리고 밤에는 그이들뿐만 아니라 2년 이상 공동체에서 함께 생활한 장애인들과 더불어 성만찬을 나눴다. 장애를 가진 식구들과 도우미 사이의 구분보다는 오래된 공동체 멤버들과 단기봉사자들 간의 거리가 더 심각하다는 조의 말이 흥미로웠다. 손님들이나 단기봉사자, 또는 새로 식구가 된 장애인들이 환영받고 있다는 느낌을 갖게 하는 데는 라르쉬와 장기적이고 진실한 연대를 맺고 있는 이들의 책임이 크다는 얘기다.

사실 라르쉬는 늘 변화하고 새로운 이들에게 적응하며 뜻밖의 사건들에 늘 열려 있고 기꺼이 새 일을 시도하지만, 한결같음의 중요성을 아는 헌신된 식구들이 견고하게 중심을 지키는 움직이는 공동체이기 때문이다.

마이클과 만나다 10월 2일 수요일

데이브레이크 공동체는 상상보다 훨씬 크다. 토론토 시내에서 차편으로 30분쯤 떨어진 농장에 장애인들과 도우미들이 사는 집 세 채가 있다. 도우미 책임자와 농장 관리인 그리고 그 가족들의 집도 같은 부지에 자리 잡았다. 아울러 크게 신축한 모임장소와 목공실, 큼지막한 헛간까지 갖췄다. 데이브레이크는 리치먼드 힐Richmond Hill과 토론토에도 각각 세 채와 두 채씩 이런 가옥들을 가지고 있다. 공동체 식구(장애인, 도우미, 직원)들을 다 합치면 여든 명에 이른다.

나는 농장에 있는 '그린 하우스Green House'에 산다. 장애인 여섯과 도우미가 함께 지내는 널찍한 집이다. 그이들과 삶을 나누고 있다고 생각하면 기분이 좋아진다. 장애를 가진 이들도 낮에는 예외 없이 일정한 형태의 작업에 참여하기는 하지만, 그렇다고 해서 혼자 둘 수 있는 형편은 전혀 아니다. 툭하면 뇌전증 발작을 일으키는 아주 준수한 청년인 마이클의 경우만 봐도 쉬 짐작이 갈 것이다. 정기적으로 검진을 받고 필요한 약물을 꼬박꼬박 복용하는데도 시도 때도 없이 찾아오는 경련 탓에 늘 심각한 부상을 입을 위험을 안고 산다. 오늘 저녁, 시내에 있는 수영장에서도 잠깐 혼자 둔 사이에 발작이 일어났다. 뒤로 쓰러지면서 콘크리트 바닥에 머리를 심하게 부딪치는 바람에 병원에 실려 갈 정도였다. 천만다행히 상처가 깊지 않아서 금방 집으로 돌아올 수 있었다.

마이클은 느릿느릿 더듬거리는 말투로 내게 기도를 부탁했다. 함께 짤막한 기도를 드리고 나자, 환하게 웃으며 날 덥석 끌어안았다. 그리고 나처럼 빨간 어깨띠를 두르고 예배를 돕고 싶다고 속삭였다. 마이클은 나보다 하나님과 훨씬 더 가까울지 모른다. 뭐라도 입을 만한 걸 주어서 스스로 대단히 특별한 존재임을 깨닫게 해주어야겠다.

로즈를 위해 기도하다 10월 3일 목요일

저녁을 먹은 뒤에 공동체 식구 몇몇과 더불어 로즈를 위해 기도하러 예배당에 갔다. 로즈는 빼어나게 아름다운 스물두 살 아가씨였지만 몹시 여위고 부서질 듯 가냘픈데다가 몸까지 심하게 상해서 열네 살짜리 계집애처럼 보인다. 말을 하지도, 걷지도 못하지만 가까운 이들, 그중에서도 하루 종일 곁에서 보살피는 메리에게는 기쁨의 원천이 따로 없다.

로즈는 병세가 갑자기 악화돼서 서둘러 수술을 받아야 할 입장이다. 메리가 로즈의 어여쁜 슬라이드 사진 몇 장을 보여주고 나서 다 같이 기도를 드렸다. 장애를 가진 이들이 같은 처지의 식구들을 위해 기도할 때면 하나님은 아주 가까이 임하신다. 그이들의 단순하고, 솔직담백하며, 친밀한 간구를 듣고 있노라면, 하나님을 믿지 않는 구경꾼이 된 것만 같은 착각에 빠지기 일쑤다. 어쩌면 그토록 특별한 기도의 은사를 받아 가졌는지 샘이 날 정도다. 하지만 시샘하고 말고 할 틈도 없다. 기도가 끝나자마자 끌어안고 뽀뽀세례를 퍼붓는다. 마이클은 손을 잡아끌고 예배에 필요한 물품들을 보관하는 방으로 데려가서 그토록 입고 싶어 하는 빨간 어깨띠를 직접 보여주었다.

주님, 이들과 같은 마음을 갖게 하셔서 하나님의 깊고 깊은 사랑을 더 온전히 헤아리게 해주십시오.

'더불어 느릿느릿'이 '나 홀로 빨리빨리'보다 낫다 10월 4일 금요일

장기 헌신한 도우미끼리 모이는 자리에서, 닉Nick이 장애인 넷과 어울려 목공실에서 일하면서 어떤 환희와 좌절을 경험하고 있는지 이야기했다. 작업은 작업대로 깔끔하게 해내는 동시에 장애를 가진 이들의 필요를 가장 먼저 생각한다는 게 얼마나 어려운지 설명했다. 솜씨 좋고 손 빠른 목공기술자가 되고 싶지만 부지런히 일해서 훌륭하고 근사한 제품을 만들어내는 것보다 함께 일하는 친구들의 자존감을 키워주는 편이 더 중요하다는 사실을 외면할 수 없다. 그러자니 꾹 참고 견뎌야 할 부분이 생기고 혼자 뚝딱 해치울 수 있는 일들을 남들이 느릿느릿 해내는 걸 기꺼이 지켜보며 기다려주는 마음가짐이 필요하다. 언제나 자신보다 훨씬 능력이 모자라는 이들도 쉬 손을 보탤 만한 일감을 택해야 한다는 뜻이다. '더불어 느릿느릿' 해내는 게 '홀로 빨리빨리' 처리하는 것보다 한결 낫다는 내면의 확신이 깊지 않으면 불가능한 일이다.

닉은 이런 깨우침을 얻기까지 참으로 오랜 시간이 걸렸노라고 고백했다. 처음에는 목공실 책임자인 조한테 나무 다루는 기술을 배우는 게 으뜸가는 관심사였다. 새로운 기법을 배울 때마다 가슴이 설레었다. 그러나 날이 갈수록 목공기술을 가지고 유치원에서 쓸 칠판이나 장난감블록, 옷걸이 따위를 만드는 작업만 할 게 아니라 장애를 가진 동료들이 존엄한 인간으로서 독립적인 삶을 살 수 있도록 돕는 데도 활용해야 한다는 의식이 자라갔다.

오늘 오후에 제니스, 캐럴, 애덤, 로즈 그리고 그이들에게 딸린 도우미들과 나란히 사과 따는 일을 하면서 같은 생각을 했다. 출발할 때는 사과를 따서 자루에 담아가지고 돌아오면 그만이라는 마음가짐뿐이었다. 하지만 얼마 지나지 않아서 그보다는 로즈가 하나씩 둘씩 사과 따는 걸 돕고, 제니스를 데리고 이리저리 다니면서 손을 뻗으면 닿을 만큼 야트막한 가지에 달린 사과를 찾아보고, 잘 익은 사과를 골라내는 캐럴의 재주를 칭찬해주고, 사과나무 그늘 아래 휠체어를 세워두고 있는 애덤 곁에 그냥 앉아서 외톨이가 아니라는 느낌을 심어주는 편이 비교할 수 없을 만큼 소중하다는 걸 깨달았다.

여덟 명이 꼬박 한 시간을 움직여서 딴 사과는 고작 네 자루에 지나지 않았다. 나 혼자 했어도 30분이면 너끈히 해치울 일이었다. 하지만 라르쉬가 첫 손에 꼽는 단어는 '효율'이 아니라 '배려'다.

그레고리 이야기 10월 5일 토요일

오늘 시내 울버레이 대로Wolverleigh Boulevard와 아보카Avoca 거리에 있는 라르쉬 가정 두 곳을 방문했다.

울버레이에 사는 식구들 가운데 그레고리라는 장애인 친구가 자신의 삶을 소개하는 슬라이드들을 보여주었다. 기관에서 생활하던 날들과 공동체에서 보내는 삶의 차이를 들려주는 서른 살 사내의 이야기는 감동적이었다. 그레고리에게는 어둠과 빛, 지옥과 천당, 자살충동과 살고자 하는 소망, '쓰레기소각장'과 '집'만큼이나 서로 다른 세상이었다.

그레고리는 네 살 때 오릴리아Orillia에 있는 정신질환자 보호시설로 끌려갔다.

"뇌졸중이 와서 오른팔이 마비되자 아버지와 어머니는 날 오릴리아로 데려갔어요. 부모님은 3주에 한 번씩 꼬박꼬박 면회를 왔지만 늘 서글펐어요. 거기에 가둬두고 꺼내주지 않는 까닭을 이해할 수가 없었어요."

그레고리는 수백 명의 정신 장애인들과 함께 20여 년 동안 살았던 기관의 기숙사와 식당, 옷 방 따위를 찍은 사진을 틀었다.

"프라이버시 같은 건 꿈도 꿀 수 없었어요. 옷 한 벌조차 제 몫으로 가질 수 없었으니까요. 언제나 이전에 수감자들 가운데 누군가가 입었던 옷을 걸치고 지냈죠. 한없이 외롭고 슬퍼서 스스로 목숨을 끊을 마음까지 먹었었죠."

이어서 5년 전에 처음 발을 들여놓은 울버레이에서의 삶을 보여주는 슬라이드가 돌아가기 시작했다. "여기 가게 안에 제가 있어요. 난

생처음 먹거리를 사고 있네요. 이건 부엌이에요. 평생을 통틀어 최초로 밥을 짓고 있는 모습입니다. 걱정을 많이 했는데 다들 맛있다고 해주었어요."

다음은 한집에 사는 이들을 찍은 슬라이드 사진이었다. 다들 촛불을 켠 테이블을 에워싸고 앉아 있었다. "저녁기도를 드리는 참입니다. 시설에 살 적에는 어림도 없던 일이죠. 여기선 모두가 한 식구예요."

단순하지만 가슴 저미는 그레고리의 슬라이드 쇼는 여태 읽고 들었던 그 어떤 기사나 강의보다 더 절절하게 라르쉬가 가진 매력의 실체를 가르쳐주었다. 라르쉬는 상한 심령들에게 쉴 곳을 주고 존엄과 자존에 새로이 눈뜨게 해준다. 그레고리는 그 핵심을 정확히 짚고 또렷이 제시해주었다.

레이먼드의 사고 10월 6일 주일

다들 생각과 마음이 차에 치어 중상을 입은 레이먼드에게 가 있다.

어제 오후, 레이먼드가 갑자기 줄달음을 치며 욘지 스트리트Yonge Street를 가로질러 정류장으로 달려갔다. 빌과 함께 시내로 가는 버스를 타러 나가는 길이었다. 자동차가 달려오는 줄 모르고 있음을 직감한 빌은 어서 돌아오라고 고함을 쳤다. 그러나 그 소릴 미처 듣지 못한 레이먼드의 몸은 차에 부딪혀 허공으로 날아올랐다. 언뜻 경상처럼 보였다. 하지만 엑스레이 검사를 해보니 갈비뼈 여러 곳이 부러지고 한 쪽 폐에 구멍이 나 있었다. 지금은 토론토 세인트 마이클스St. Michael's 병원에 중환자로 입원 중이다.

공동체 전체가 가슴 아파하고 있음을 한눈에 알 수 있었다. 특히, 레이먼드가 사는 집을 책임지고 보살피는 디제이D. J.와 눈앞에서 벌어지는 사고를 처음부터 끝까지 목격한 빌은 한층 더했다. 장애를 가진 식구들을 돌보는 이들이 맡고 있는 책임이 얼마나 크고도 두려운 것인지 실감할 수 있었다. 한쪽에는 최대한 보호해주고자 하는 마음이 있고, 또 다른 한편에는 독립적으로 살아가도록 힘닿는 데까지 뒷받침해주고 싶어 하는 소망이 있다. 그러한 두 갈래 '욕구' 사이에서 절묘하게 줄타기를 하는 게 가장 바람직한 길이다.

디제이는 책임감이 강하고 배려가 깊은 인물이다. 빌과 레이먼드 정도라면 도움을 받지 않고도 얼마든지 자유롭게 돌아다닐 수 있다고 믿었고, 실제로 그 둘은 오래도록 그렇게 해왔다. 하지만 지금은 지나치게 독립성을 부여하지 않았나 하는 회의에 시달리는 눈치가 분명했다.

캐시 저지Kathy Judge와 함께 세인트 마이클스 병원으로 두 차례 레이먼드의 병문안을 갔다. 인공호흡기를 끼고 정맥주사로 영양공급을 받는 상태이기는 했지만, 묻는 말에 고개를 끄덕여 대답했다. 함께 기도하고 사랑을 확인시켜주었다. 입도 벙긋하지 못하는 모습이 안쓰러워 보였다. 한두 마디라도 말이 하고 싶었는지 몇 번이나 산소마스크를 끌어내리려 안간힘을 쓰는 바람에 서둘러 말려야 했다.

어찌어찌 48시간만 넘기면 소생할 확률이 썩 높아진다. 하지만 현재로서는 아주 위중한 상태다. 오늘 아침 성찬식과 저녁기도 시간에 공동체의 여러 가정들에서 한 마음으로 레이먼드를 위해 기도했다. 솔직하고 진심 어린 간구에서 장애를 가진 친구들과 도우미들의 확고한 믿음이 여실히 드러났다. 연약한 이들이 똘똘 뭉쳐 뜨거운 연대감으로 에워싸는 느낌이었다. 집 앞 큰길에서 나는 소음이 문득 "삼킬 자를 찾아 두루" 벧전 5:8 다니는 사자의 으르렁대는 소리처럼 들렸다.

주님, 레이먼드를 기억하셔서 이 곤고한 시기를 지나는 동안 거룩한 빛과 기쁨을 심어주세요. 그이를 비롯해 데이브레이크에 깃들어 사는 깨지고 상한 모든 이들에게 평안을 베풀어주세요.

부모의 아픔과 씨름 10월 17일 월요일

오늘 많은 일들이 있었다. 도우미들과 진실하고도 경건한 예배를 드렸고, 목공실 책임자 조 보스터만스Joe Vorstermans가 장애를 가진 이들과 함께하는 작업과 관련해 탁월한 프레젠테이션을 해주었고, 새로 온 도우미들이 지난 한 주간 동안 데이브레이크에서 생활하면서 경험한 일들을 나누며 격려하는 시간을 가졌으며, 도우미 리더 거스Gus 내외는 물론이고 아이들까지 한자리에 앉아 맛있는 저녁을 먹으며 유익한 이야기를 나누었다.

그러나 으뜸가는 관심사는 아무래도 레이먼드였다. 병세는 꾸준히 악화되고 있었다. 언제 숨이 멎을지 알 수 없었다. 저녁 일곱 시 반쯤, 거스와 함께 토론토로 차를 몰았다. 디제이와 데이브레이크 책임자 조 이건도 합류했다. 병원에 도착해서 보니 환자는 강력한 진정제를 맞은 터라 의사소통이 불가능한 상태였다. 의사와 간호사는 아직 희망이 남아 있기는 하지만 갑작스레 형편이 어려워지는 경우에도 대비하는 게 좋겠다고 했다. 레이의 아버지 어머니와 함께 시간을 보내는 게 무엇보다 중요해 보였다.

자식이 고통스러워하는 모습을 봐야 한다는 건 어느 부모에게나 견디기 어려운 일이다. 그러나 장애를 가진 이가 아파하는 걸 지켜보는 입장은 한결 더 고통스럽다. 여러 해 동안 시설에서 생활하던 레이먼드는 불과 얼마 전 데이브레이크에 들어왔다. 아직은 여기가 그 친구에게 가장 적합한 곳이라는 공감대가 형성되지 않은데다가 사고라는 게 본시 죄책감뿐만 아니라 낙심과 분노까지 불러일으키기 일쑤인 법이다. 교통안전에는 문제가 없는지, 장애를 가진 이들에게 어느 정도의 자유를 주어야 하는지, 레이를 향한 관심과 배려는 적절했는지, 기왕에 내린 결정들은 지혜로웠는지 따위 의문들이 꼬리를 물고 떠올랐다.

죄스러운 느낌들은 분리와 분열, 소외를 부채질하며 분노와 적대감을 일으킬 수도 있다. 그러나 우리는 레이먼드라는 공동관심사를 중심으로 한데 모인 덕에, 말뿐만 아니라 사랑이 담긴 제스처와 기도, 삶에 얽힌 이야기들을 통해서 서로 감정을 드러낼 수 있었다. 금방 새로운 공동체가 생겼다. 레이먼드의 아버지는 거스와 디제이에게 말했다. "저뿐만 아니라 여러분들도 제 아이의 아버지입니다." 그만큼 둘의 아픔을 헤아리고 있다는 반증이었다. 이편에서도 마찬가지였다. 부모로서 데이브레이크가 아들에게 해주는 일들에 늘 감사하지 못하는 까닭을 이해하고 그 깊은 괴로움을 인정할 수 있었다.

레이먼드의 상태는 여전히 심각하다. 오늘 밤을 넘길지조차 장담하기 어려울 지경이다. 하지만 그를 사랑하는 이들은 저마다 어려운 처지에 있음에도 한 마음으로 서로를 붙들어주고 있다. 죄책감이 아니라 사랑이 가득하다. 하나님이 기도에 응답하셨음을 실감나게 보여주는 현상임에 틀림없다.

다가오는 새 아침 10월 9일 수요일

토론토를 떠나 파리로 가는 비행기에서 이 글을 쓰고 있다. 아침까지도 오늘 트롤리로 돌아가는 게 옳은지 확신이 서지 않았다. 레이먼드의 상태는 여전히 위중했다. 어젯밤, 조 이건은 말했다. "며칠 더 계시는 게 좋을 것 같습니다. 고비를 넘기지 못할 경우에 여기에 함께 계신다는 사실만으로도 우리 모두에게 큰 힘이 될 것 같습니다." 공동체의 뜻이 그렇다면 머물겠다고 약속했다.

그러나 오늘 아침 10시쯤, 레이먼드의 아버지가 전화를 걸어서 레이의 병세가 차도를 보이기 시작했다는 기쁜 소식을 전해왔다. 오늘 내일 무슨 일이 일어날 위험은 없다고 했다. 예정대로 트롤리로 돌아가는 데 모두 동의했다. 오후 1시쯤, 레이먼드와 가족들에게 작별인사를 하러 캐시랑 디제이와 함께 병원으로 갔다. 환자는 아직도 중환자실에 있었지만 한눈에 보기에도 상태가 썩 나아 보였다. 묻는 말에 고개를 끄덕이거나 손을 꼭 잡는 식으로 반응을 보였으며 어제에 비해 열도 뚝 떨어졌다. 아버지에게 아들의 이마에 성호를 긋는 법을 알려주었다. 난생처음 해보는 터라, 성부와 성자와 성령의 이름으로 성호를 그으며 고함을 치다시피 했다. 아버지의 축복은 치유하는 힘이 있다.

캐시와 디제이, 레이의 아버지와 어머니랑 대기실에 둘러앉아 잠시 시간을 보냈다. 레이먼드와 죄책감과 용서, 파리로 가는 여정, 서로 지지하고 떠받쳐주었던 좋은 기억들, 함께 눈물 흘리고 웃음 지었던 일들을 나누고 꾸준히 연락하다가 언젠가 다시 만나자고 다짐했다. 문병을 마친 뒤에는 캐시와 디제이가 6시 30분에 출발해서 파리로 가는 에어프랑스 882편을 탈 수 있도록 공항까지 바래다주었다.

데이브레이크에서 아호레를 지내면서 서로 보살피고 아끼는 이 공동체의 일부가 되어 진한 기쁨과 슬픔을 맛볼 수 있었다. 장애를 가진

식구들과 도우미들을 향한 사랑이 깊어졌다. 누구랄 것 없이 다들 따듯하게 날 맞아주었다. 저마다 느끼는 두려움과 사랑을 고스란히 드러냈다. 그이들과 함께할 수 있었던 건 참으로 고마운 일이었다. 그러한 나날들은 프랑스에서 보내는 시간뿐만 아니라 앞날에 대한 결정에도 큰 영향을 미칠 것이다.

마음의 우선순위

05

도덕적인 생활에 온 관심이 쏠리는 사이에 신비로운 삶, 곧 마음을 중심으로 하는 삶의 중요성을 잊어버리는 위험에 빠질 수 있다.

편지를 쓰다 10월 11일 금요일 / 트롤리

감당할 수 없을 만큼 수북하게 쌓인 우편물이 다소 당황스럽기는 해도, 어쨌든 집에 돌아오니 푸근한 기분이 들었다. 하지만 오늘 편지를 쓰면서 이편이 전화를 거는 쪽보다 훨씬 친밀한 커뮤니케이션 수단이라는 걸 깨달았다. 이상하게 들릴지 모르겠지만, 통화할 때보다 편지 쓸 때 친구를 더 가까이 느낄 수 있다.

편지지에 글을 적으면서 친구를 골똘히 생각하고, 위해서 기도하며, 정서와 감정을 털어놓는다. 또 관계를 돌아보면서 지극히 내밀한 교제를 나눈다. 몇 달 사이에 편지를 쓰는 게 점점 더 즐거워졌다. 처음에는 무거운 짐 같더니 지금은 하루 중에 가장 느긋한 시간이 되었다. 마치 일을 하다 말고 친구랑 수다를 떠는 느낌이다.

편지쓰기의 미덕은 우정을 한층 돈독하고 생생하게 만든다는 점이다. 벗들을 위해 더 구체적으로 기도할 수 있도록 이끄는 면도 있다. 아침 일찍 시간을 내서 서신을 받게 될 이들, 기도해주겠노라고 약속했던 이들을 하나하나 떠올리며 짤막하게 간구한다.

오늘은 편지를 쓰면서 기도하는데, 마치 친구들에게 둘러싸여 있는 것 같은 느낌이 들었다. 우리가 서로 나누는 사랑은 지극히 실제적이며 기운을 북돋운다. 편지들, 편지를 보낸 이들, 편지를 받게 된 이들을 주신 하나님께 감사드린다.

따르기 위해 머물러야 할 수도 있다 10월 13일 주일

부자 청년에게 "가서, 네가 가진 것을 다 팔아서, 가난한 사람들에게 주어라. … 그리고 와서, 나를 따라라" 막 10:21 고 말씀하신 예수님 말씀을 들은 성 안토니우스는 문득 자신에게 주시는 가르침이란 자각이 들었다. 성인은 가진 걸 다 팔고 집을 떠나 사막으로 들어갔다. 훗날 그는 기독교 수도원 운동의 아버지가 되었다. 오늘, 마담 바니에는 성 안토니우스를 이끌었던 바로 그 말씀에 붙잡혀 라르쉬에 들어오게 됐다는 이야기를 들려주었다. 남편이 세상을 떠나고 난 뒤로 여사는 몬트리올의 아파트에서 지냈다. 한번은 아들을 만나러 트롤리에 갔다가 한 도우미의 제안을 받았다. "저희랑 함께 생활하면서 일하시면 어때요?" 마담 바니에는 퉁명스럽게 대꾸했다. "내 일은 내가 알아서 할 테니 젊은 양반은 신경 쓰지 마세요." 하지만 그 순간, 씨앗 한 톨이 그 마음 밭에 떨어졌다. 그로부터 몇 년 뒤, 앞길을 분별하게 해주시길 기도하는 가운데 이 말씀을 읽는데 밑도 끝도 없이 눈물이 펑펑 쏟아졌다. '시건방진' 젊은이의 초대에 따를 수밖에 없을 것 같았다. 결국 근사한 삶을 뒤로 한 채 라르쉬 공동체에서 아들과 함께 생활하게 되었다.

하지만 오늘 여사에게 부자 청년의 이야기는 다른 의미를 갖게 되었다. 건강상태가 부쩍 나빠진 탓에 멀리 나들이를 다닐 형편이 아니다. 해마다 캐나다로 돌아가 두 아들, 베네딕트와 미셸을 만나보곤 했는데, 라르쉬에 들어온 지 14년 만에 처음으로 그럴 수가 없게 된 것이다. 딸 테레즈Térèse가 영국에서 캐나다로 가는 길에 이곳을 찾았다. 본래는 모녀가 함께 떠날 계획이었지만 이번엔 어쩔 수 없이 딸 혼자 움직여야 했다.

복음서의 본문을 읽을수록 분명해졌다. 여든일곱 노인에게는 한 자리에 그냥 머물기만 하는 것이 일흔셋일 때, 노구를 이끌고 집을 나서는 것만큼이나 버거운 일이었다. 이제 부모형제를 떠나 예수님을 따른다는 말씀은 곧 고향에 있는 자식들을 찾아가볼 수 없다는 엄연한 현실을 인정할 뿐만 아니라 어쩌면 영원히 불가능하게 될지도 모른다는 점까지 받아들인다는 의미가 되었다.

가진 걸 다 팔고 가족과 친구를 떠나 예수님을 따른다는 게 일생에 한 번 하고 말 일이 아니라는 사실이 새삼 충격으로 다가왔다. 여러 차례, 다양한 방식으로 감당해야 한다. 게다가 시간이 가고 경험이 쌓인다 해도 결코 쉬워지지 않는다.

애정에 목말라 하는 성향 10월 17일 목요일

오전 9시, 영적인 지침을 얻고 싶어서 토마 신부를 만나러 갔다. 애정을 얻고 싶어 하는 욕구에 관해 물었다. 나이가 들어도 갈망이 덜해지지 않아서 고민이며 영적인 삶에 보탬이 되기보다 발목을 잡을까 두렵다고 고백했다. 문제를 털어놓는 데는 채 5분이 걸리지 않았지만, 신부는 무려 두 시간짜리 대답을 내놓았다. 개인적인 질문에 대한 답변일 뿐만 아니라 설교였고 강의였으며, 간곡한 권면이었다. 30분쯤 지나자 신부가 구사하는 까다로운 프랑스어를 따라잡는 건 고사하고 단어의 의미를 파악하기조차 힘겨워져서 말허리를 자를 수밖에 없었다. "정말 고맙습니다. 지금까지 들려주신 말씀만 가지고도 오래도록 되새기기에 충분할 것 같습니다." 하지만 선량한 신부는 죽을 때까지 곱씹어도 시간이 모자랄 만큼 풍성한 아이디어와 가르침을 한 시간 반이나 더 쏟아냈다.

처음에는 기나긴 신학적 성찰에 짓눌리는 기분이었지만, 지금 돌아보면 다르게 느끼기에 앞서 다르게 생각할 수 있도록 도우려는 뜻이 아니었을까 싶다. 그이의 생각 가운데 지극히 일부를 여기에 적어둔다. 신부는 심리학적인 설명이 널리 퍼진 문화 속에 사는 현대인들 가운데는 애정을 으뜸 관심사로 삼는 이들이 허다하다는 말로 운을 뗐다. 받거나 받지 못한 사랑을 기준으로 자신을 판단한다는 뜻이다. 텔레비전, 라디오, 온갖 잡지와 광고들은 '인간에게 정말 필요한 건 애정뿐'이라는 의식을 강력하게 부추기고 뒷받침한다. 남들이 사랑해주고, 좋아해주고, 아껴주고, 칭찬해주고, 알아봐주고, 인정해주는 따위를 무슨 큰 상을 받고 싶어 하듯 간절히 추구한다. 이런 부류의 애정이 결핍되면 외로움과 침체의 깊은 구덩이로 굴러 떨어지는 건 물론이고 심하면 스스로 목숨을 끊기까지 한다. 애정의 갖가지 뉘앙스를 분석하는 방식을 대단히 세련되게 가다듬는 한편, 다양한 시간과 상황에 따라 자신과 남들을 어떻게 느끼고 인식하는지 표현하는 언어를 풍부하게 개발해왔다. 인간을 대단히 심리적인 존재로 여기게 되었으며 개인의 또는 인간 상호간의 경험에서 차지하는 정서와 감정 폭도 갈수록 넓어지고 있다.

토마 신부의 견해를 십분 이해하고 공감한다. 하버드 시절만 하더라도 분노와 원망, 원한 따위가 사랑을 거둬간다는 점에 대해서만이 아니라 여러 경로를 통해 드러나는 사랑에 관해서도 수없이 이야기했었다. 그러나 지극히 미묘하고 섬세한 심리학 용어들이 신학교에서까지 함부로 쓰이면서 영적이고 신학적인 표현들마저 생뚱맞고 피상적이며 심지어 불쾌하게 들리기에 이르렀다.

그렇지만 이처럼 광범위하게 영향력을 키운 심리학적인 인식은 더러 치유의 능력이 감춰진 내면의 자리에 도달하지 못하게 가로막는 장애물 노릇을 한다. 개인적인 판단이기는 하지만, 은밀한 선물들이 감춰진 지점을 짚어내고 그 은사가 살아날 수 있게 하는 능력이야말로 토마 신부가 가진 가장 큰 달란트일 성 싶다. 그이는 그 자리를 '마음' 이라고 부른다.

내일은 마음에 관한 신부의 생각을 정리해봐야겠다.

마음 10월 18일 금요일

마음이란 도대체 뭘 말하는 걸까? 신뢰(어떻게 표출되느냐에 따라 믿음이나 소망, 사랑이라고도 부를 수 있는)가 깃드는 곳이다. 페레 신부는 신뢰하는 마음을 인간의 가장 중요한 특성으로 꼽는다. 인간을 다른 피조물들과 구별 짓는 요소는 생각하거나, 성찰하거나, 계획하거나, 생산할 줄 아는 재주라기보다 신뢰하는 능력이다. 인간을 인간답게 만드는 건 바로 마음이라는 얘기다.

양심이 눈을 뜨기도 전에 마음으로 주변상황에 반응하게 되는 까닭을 설명하는 데 이처럼 생생한 통찰은 큰 도움이 된다. 선악을 구별해서 도덕적인 선택의 토대를 제공하는 양심은 마음에 비해 장악력이 떨어진다. 토마 신부는 현대 교회의 생명력을 갉아먹는 위기 가운데 상당 부분은 '마음'의 실체를 모르는 데서 비롯됐다고 굳게 믿는다. 오늘날 수많은 교회들은 혼외정사, 이혼, 동성애, 피임, 임신중절 같은 인간행동의 윤리성을 두고 갑론을박을 벌이고 있다. 이러한 이슈들 탓에 교회에 환멸을 느끼는 이들도 적지 않다. 그러나 도덕적인 생활에 온 관심이 쏠리는 사이에 신비로운 삶, 곧 마음을 중심으로 하는 삶의 중요성을 잊어버리는 위험에 빠질 수 있다.

신비로운 삶, 곧 하나님과 연합하는 교제 가운데로 깊이 들어가는 삶은 도덕적인 생활이 맺어내는 가장 고상한 결실이자 더할 나위 없이 값진 보상이라는 견해는 이미 수없이 제기되어 새삼스러울 게 없다. 정결해지고, 깨달아 알고, 연합하는 길을 구별해서 차츰 올라가야 할 세 단계로 보는 전통적인 시각도 그런 입장을 강력하게 뒷받침한다. 그러다 보니, 신비로운 삶이라면 모든 걸 다 포기하고 기도하는 수준에 이른 몇몇 행복한 인물들만 누릴 수 있는 경지로 인식하게 되었다.

신비로운 삶은 인간존재의 끝이 아니라 시작에 뿌리를 두고 있다는 깨달음이야말로 토마 신부가 평생 연구해온 신학은 물론이고 장애인들과 어울려 살았던 목회경험에서 얻어낸 가장 뛰어난 통찰이다. 인간은 사랑으로 세상을 창조하신 하나님과 긴밀하게 교제하는 가운데 세상에 태어난다. 잉태되는 순간부터 주님의 소유인 셈이다. 그리고 마음은 하나님뿐만 아니라 어머니와 아버지, 식구들과 자기 자신, 그리고 세상을 신뢰하도록 베풀어주신 주님의 거룩한 선물이다. 토마 신부는 아주 어린아이들은 하나님을 아는 심오하고도 직관적인 의식, 곧 마음의 지식을 가지고 있지만 서글프게도 사고체계를 구축해가는 사이에 가로막히거나 질식하고 만다고 믿어 의심치 않는다. 그러기에 도리어 학습능력이 지극히 제한적인 장애인들이 마음을 열고 지성인들의 눈에는 도저히 도달할 수 없을 듯 보이는 신비로운 삶을 거침없이 이야기하며 선명하게 드러낼 수 있는 것이다.

토마 신부는 영적인 삶, 곧 믿음과 소망과 사랑의 삶이 비롯되는 가장 깊은 근원으로 마음을 꼽으면서, 인간의 애정은 마음이 데려가려는 곳으로 이끌지 않는다는 사실을 알려주고 싶어 했다. 마음은 애정보다 더 넓고 깊다. 슬픔과 기쁨, 분노와 욕망, 두려움과 사랑의 차이를 앞서서 또는 넘어서서 존재한다. 하나님 안에서 모든 게 하나인 자리, 인간이 진정으로 있어야 할 제자리, 거기서 비롯되었으며 돌아가기를 늘 갈망하는 자리다.

애정에 대한 물음을 아주 '간단하게' 여겼는데, 실은 생각보다 훨씬 다각적인 답변이 필요한 질문이었음을 이제야 알겠다. 인간의 삶 가운데 신비로운 경험이 이뤄지는 중심이 어디인지 다시 배워야겠다.

트롤리의 세 수도사 10월 19일 토요일

오늘 오후, 네덜란드 친구 마리아와 루이 테르스테흐Louis Tersteeg가 트롤리에 와서 반나절을 보내고 갔다. 라 페름에서 점심을 먹고 로라투아르에서 짤막하게 기도했으며, 마담 바니에를 잠시 만났고, 라 포레스티에르 식구들과 차를 마셨으며, 공동체 전체가 드리는 예배에 참석한 뒤에, 라르쉬에서 가장 크고 오래된 쉼터, 르 발 플로리Le Val Fleuri에서 저녁을 먹었다.

마리아와 루이는 둘 다 오늘 보고 들은 일들에 깊은 감동을 받았다. 라르쉬가 여러 면에서 놀라웠던 모양이다. 다시 콩피에뉴Compiègne으로 나갔을 때, 루이가 말했다. "성만찬을 도왔던 세 분이 가장 기억에 남을 겁니다." 마리아도 동감이었다. 하얀 예복을 입은 장애인 셋이 제단 곁에서 토마 신부를 도와 예물을 준비하는 모습은 오후에 보았던 일들에 담긴 참뜻을 압축해 드러내는 것 같더라고 했다.

"톨스토이 소설에 나오는 세 수도사가 생각났어요." 루이가 말했다. 이야기를 되살려보자면 이렇다.

머나먼 섬에 러시아 수도사 셋이 살고 있었다. 어느 날, 주교는 아무도 돌아보지 않던 그 섬으로 심방을 가기로 작정했다. 도착해서 살펴보니, 셋 다 주기도문조차 모르는 형편이었다. 주교는 거기에 머무는 내내 열심히 주기도문을 가르쳐주고는 심방결과에 만족하며 돌아섰다. 그런데 배가 섬을 떠나 너른 바다로 나서는 순간, 문득 세 수도사가 물 위를 걷는 게 눈에 들어왔다. 실은, 줄달음쳐 배를 쫓아오고 있었던 것이다. 마침내 꽁무니를 따라잡은 이들이 소리쳤다. "사랑하는 신부님! 가르쳐주신 기도를 잊어버리고 말았습니다!" 눈앞에 벌어진 장면과 들리는 소리에 어안이 벙벙해진 주교가 물었다. "사랑하는 형제들이여! 그럼, 그대들은 어떻게 기도하고 있는 거요?" 수도사들이 대답했다. "그냥 '여기에 저희 셋이 있고, 거기 세 분 하나님이 계시는 걸 아오니, 저희에게 자비를 베풀어주세요' 라고 말씀드릴 뿐입니다." 한없이 거룩하고 소박한 모습에 눌린 주교는 간신히 말했다. "섬으로 돌아가서 다들 평안히 지내시구려."

장애인 셋이 제단 곁에서 예배를 돕는 걸 보자마자, 루이의 머리에는 이 소설이 떠올랐다. 톨스토이가 그려낸 세 수도자처럼, 이들 역시 많은 걸 기억할 수는 없어도 물 위를 걸을 만큼 거룩한 건 아닐까? 라르쉬에 관해 많은 걸 시사하는 이야기다.

아픔을 느끼다

06

이곳엔 성공하고자 하는 욕구가 존재하지 않는다.

옷을 입히고, 밥을 먹이고, 이리저리 데려가고,

도움이 절실한 이들 곁에 그냥 있어주는 일로 하루해가 다 간다.

존의 죽음 10월 24일 목요일

사랑하는 친구 로즈가 캘리포니아 주, 오클랜드에서 전화를 걸어 아들 존이 어제 아침 9시 30분에 세상을 떠났다고 알렸다. 목소리에 고통스럽고 고적한 분위기가 가득했다. "이런 일이 생겼다는 게 도무지 도무지, 도무지 믿기지 않아요." 로즈가 말했다. "남편이 죽었을 때보다 더 허전하고 더 괴로워요." 울음을 삼키는 소리가 들렸다. 절절한 고독감과 절망감이 느껴졌다.

하지만 위안이 되는 이야기도 있었다. "신부님, 호스피스 봉사자들이 정말 선량하고, 따듯하고, 다정했어요. 게이와 레즈비언이 많은 반면에 교회에 다니거나 하나님을 믿는 이들은 거의 없다시피 했지만, 존에게 한없이 아름답고 깊고 너그러운 사랑을 베풀어주었어요. 죽어가는 형제자매들과 함께 있으려고 직장을 그만둔 친구들도 한둘이 아니었어요. … 존은 마지막 순간까지 사랑을 받았어요. … 신부님께 그걸 꼭 알려드리고 싶었어요." 로즈의 말은 절망의 바다에서 만난 소망한 방울, 상실감에 짓눌린 가운데 만난 감사의 감정, 아득한 어둠 속에 번득이는 섬광 같았다.

로즈에게 말했다. "존은 엄마를 무척 사랑했어요. 자기에게는 그 사랑이 정말 중요하다는 이야기도 했고요. 그걸 잊지 마세요. 떠나보내는 날까지 괴롭고 긴 여정을 함께했으니 이루 말할 수 없이 아플 겁니다. 두 분은 서로에게 열려 있었어요. 숨기는 게 없었죠. 엄마는 자식의 씨름을 지켜보며 체감했고, 아들 역시 엄마의 고뇌를 보고 느꼈어요. 어렵겠죠. 몹시 힘들 겁니다. 하지만 당신의 사랑이 크고도 아름답다는 걸 저는 압니다."

존이라는 친구를 모르고 있다가 샌프란시스코에 있을 때 로즈에게서 처음 소개를 받았고 그 뒤로 몇 번 함께 시간을 보냈다. 자신은 동성애자라면서 샌프란시스코 게이커뮤니티 안에서 어떤 생활을 하고 있는지 들려주었다. 스스로 선택한 생활방식을 방어하려 들지도, 양해를 구하지도 않았다. 화제에 올랐던 이들에 대해 깊은 연민을 품고 있는 반면, 샌프란시스코 게이커뮤니티 속에 스며든 속물근성과 자본주의를 비판했던 기억이 난다. 지극히 너그러운 마음씨를 가진 친구였다. 시간과 돈, 에너지를 가난한 이들에게 아낌없이 나눠주면서도 대가를 바라지 않았다. 그만큼 열성적으로 날 설득하고 가르치려 들었던 인물도 없을 것이다. 남을 비판할 줄 모르고, 침착하며, 정직해서 반듯한 인물의 본보기란 생각이 들 정도였다.

지난 2월, 로즈는 케임브리지로 전화를 걸어서 존이 에이즈에 걸려서 위중한 상태라는 소식을 전했다. 곧바로 샌프란시스코로 날아가서 로즈를 집으로 찾아가 만났으며 입원 중인 존, 그리고 그 친구 마이크와 더불어 하루를 보냈다. 환자는 시편 23편을 함께 읽자고 했다. 존이 암송하는 노래이기도 했고 아버지와 함께 기도할 때 보던 말씀이기도 했다. 기도하는 마음으로 여러 차례 읽었다.

주님은 나의 목자시니, 내게 부족함 없어라.
나를 푸른 풀밭에 누이시며 쉴 만한 물 가로 인도하신다.
나에게 다시 새 힘을 주시고, 당신의 이름을 위하여 바른 길로 나를 인도하신다.
내가 비록 죽음의 그늘 골짜기로 다닐지라도, 주님께서 나와 함께 계시고, 주님의 막대기와 지팡이로 나를 보살펴주시니, 내게는 두려움이 없습니다.
주님께서는, 내 원수들이 보는 앞에서 내게 잔칫상을 차려 주시고, 내 머리에 기름 부으시어 나를 귀한 손님으로 맞아주시니, 내 잔이 넘칩니다.
진실로 주님의 선하심과 인자하심이 내가 사는 날 동안 나를 따르리니, 나는 주님의 집으로 돌아가 영원히 그 곳에서 살겠습니다.

로즈와 존을 보러 갔던 이야기를 내일 조금 더 써야겠다.

존의 괴로움 10월 25일 금요일

로즈와 존 모자와 지내면서 에이즈의 파괴력을 여실히 목격했다. 환자는 잠시도 얌전히 있지를 못했다. 마치 우리에 갇힌 야수처럼 안정을 취하지 못하고 통증으로 온몸을 뒤척였다. 괴로워하는 걸 속수

무책으로 바라보면서도 나빠지기를 하릴없이 기다리는 건 차마 못할 짓이었다. 하지만 주위에서 보살피는 이들의 손길은 참으로 감동적이었다. 에이즈 환자들 가운데 태반은 가족과 친구들로부터 버림을 받는다. 하지만 로즈의 아들에 대한 사랑은 병석에 누운 뒤로도 나날이 깊어만 갔다. 한 점 정죄도, 비난도, 거부도 없었다. 오로지 어머니만 줄 수 있는 사랑이었다. 존의 단짝인 마이크 역시 최후의 1분까지, 마지막 한 줌의 에너지까지 탈탈 털어 병든 친구에게 쏟아부었다. 불평하거나 짜증내는 기색 하나 없이 신실하게 곁을 지켰다.

마이크는 머지않아 친구가 세상을 떠나리라는 걸 잘 알았다. 그때가 일주일일 수도, 1년일 수도 아니면 더 길 수도 있었다. 소망이 있다면, 남은 시간 동안 존을 조금이라도 더 쾌적하고 편안하게 해주는 게 전부였다. "저는 하나님을 믿지 않아요." 마이크는 말했다. "그래도 존이 신부님과 함께 기도하고 싶어 하면 부디 그렇게 해주세요. 저 친구에게 보탬이 될 만한 일이라면 뭐든지 다 해주세요. 제가 바라는 건 그뿐입니다."

케임브리지로 돌아온 뒤에, 존이 어느 정도 차도를 보이기 시작했다는 소식을 들었다. 병원을 떠나서 마이크와 함께 살 조그만 아파트를 구했다. 마이크가 일하러 나간 사이에는 날마다 호스피스 봉사자들이 찾아와 보살펴주었다.

8월에 존을 다시 만났다. 한결 차분해졌지만 끔찍한 현기증에 시달리고 있었다. "죽고 싶어요." 환자는 하소연했다. "이놈의 어지럼증을 더는 못 견디겠어요." 죽음이 찾아오면 담담히 받아들이되 일부러 서두르지는 말라고 타일렀다. 로즈와 마이크가 얼마나 사랑하는지, 얼마나 소중히 여기는지 이야기했다. 그리고 "하나님께서 허락하시는 한, 그이들을 봐서라도 살아남으려고 노력해야 한다"고 당부했다.

존은 '마지막' 이라는 표현을 써가며 병자를 위한 예식을 갖게 해달라고 부탁했다. "세례를 받았고 첫 번째 성찬에도 참여했으니 죽기 전에 마지막 예전도 치르고 싶어요. 그렇게 해주실 거죠?" 존은 나와 단둘이 있고 싶어 했다. 우리는 주방 테이블에 마주앉았다. 다시 한 번 시편 23편을 읽으며 기도했다. 존을 축복하고, 성유를 찍어 이마와 손에 성호를 그었다. 고쳐주시길 간구하는 동시에 그리스도와 함께 죽을 수 있는 은혜를 베풀어주시길 기도했다. 그리고 함께 주기도문을 암송했다. "하늘에 계신 우리 아버지여, 이름이 거룩히 여김을 받으시오며, 나라가 임하시오며, 뜻이 하늘에서 이루어진 것 같이 땅에서도 이루어지이다."

"정말 고맙습니다." 존이 말했다. 그러곤 늘 그랬던 것처럼, 여러 가지 의미가 담긴 한마디를 덧붙였다. "분명코 해가 되지는 않을 테니까요." 더불어 지내는 친구와도 잠깐 대화를 나누었다. 마이크는 말했다. "해를 넘기지 못할까 봐 걱정돼요. 저 애 없이 어떻게 살아갈지 상상이 가질 않아요." 사무치는 아픔이 느껴졌다. 존에게 온 정신을 팔고 있지만 그에게도 도움이 필요했다. 로즈도 그런 점을 잘 알고 있어서 능력이 닿는 데까지 힘을 보태고 있었다.

어제 전화를 걸었을 때, 로즈는 말했다. "어제 오후 내내 마이크와 부둥켜안고 울었어요. 달리 뭘 어떻게 하겠어요. 서로 의지할 수 있어서 그나마 다행이었어요. 둘 다 존을 한없이 그리워하고 있으니까요."

오늘 존의 시신을 화장한다. 화요일쯤 추도예배를 드리게 된다. 당연히 로즈는 거기 참석한다. 마이크와 존의 형제자매들도 그럴 것이다. 나도 그이들과 함께 있고 싶다. 로즈에게 전화를 걸어 물었다. "도와드릴 게 있을까요?" 그녀가 대답했다. "괜찮으시면 애써준 데 대한 성의표시로 샌프란시스코 호스피스 봉사자들한테 사례비를 조금 보내주시면 좋겠어요. 존의 시신을 닦고 기름을 바른 뒤에 운구하는 일을 도우면서 샌프란시스코에서 에이즈로 세상을 떠난 이들 뒤치다꺼리하는 게 그날만 벌써 네 번째라고 하더군요. 정말 사랑이 넘치고, 자상하고, 선한 이들이에요…. 모두 하나님을 믿는 것처럼 보이지는 않았지만 제가 주님을 신뢰하는 데는 틀림없이 큰 힘이 될 것 같아요."

존을 알게 되고 인간의 고통과 사랑에 얽힌 무궁무진한 신비를 새로운 방식으로 인식하게 해주신 하나님께 감사를 드린다.

그리스도를 마주본다는 것 10월 26일 토요일

지금 이 순간까지 일주일 내내 안드레이 루블레프Andrew Rublev가 그린 구세주 그리스도의 이콘에 관한 묵상을 적어보려고 안간힘을 썼다. 하지만 지금껏 단 한 마디도 쓰지 못하고 갈수록 커지는 부담감에 시달리고 있다. 성화에 관한 글들을 살피고, 르블레프의 독특한 스타일을 연구하고, '토리노 수의Turin Shroud'에 관한 아이언 윌슨Ian Wilson의 책을 샅샅이 읽으면서 온갖 맥락을 다 더듬는데도 쓸 말이 떠오르지 않는다. 정신적인 에너지를 무진장 쏟아붓고도 창의적으로 발현할 통로를 찾지 못한 탓에 피로하다 못해 탈진상태에 이르렀다.

그토록 옴짝달싹 못하게 만드는 요인이 예수님의 얼굴을 정면으로 마주해야 한다는 데 있음을 차츰 알아차렸다. 루블레프가 그린 삼위일체상이나 블라디미르의 성모상에 관해서는 이미 글을 쓴 적이 있었다. 하지만 그리스도의 신성한 얼굴을 그린 이콘을 다룬다는 건 지극히 두렵고 떨리는 일이어서 과연 잘해낼 수 있을지 의심스러울 지경이었다.

오늘 오후에는 말로는 도저히 설명할 수 없을 것만 같은 이콘을 그냥 바라보기만 했다. 예수님의 얼굴을 마주하고 날 응시하시는 주님의 두 눈을 똑바로 쳐다보았다. 숨이 막혔다. 눈을 감고 기도하기 시작했다. "오 하나님, 제가 어떻게 주님의 얼굴을 논할 수 있겠습니까? 부디 해도 괜찮을 만한 이야기들을 알려주세요."

복음서를 읽는데 문득 눈(인간의 눈과 하나님의 눈)에 대한 이야기가 정말 많다는 사실을 깨달았다. 보고 보이는, 또는 눈이 멀거나 새로이 시력을 얻는 이슈나 사건에 관한 기록이 수두룩했다.

그리스도 상에 관한 글은 반드시 써야 한다. 루블레프의 이 작품은 여태 본 그 어떤 이콘보다 감동적이기 때문이다. 그걸 바라보며 기도할 때 마음에 일었던 움직임의 실체를 반드시 밝혀야 한다. 적어도 한 가지는 확실하다. 자료는 볼 만큼 봤으니 남은 일을 표현하는 것뿐이다. 기도하고 바라보고, 다시 기도하고 기다리고, 또 기도하고 신뢰하기만 하면 된다. 맞춤한 말들이 떠오르면 좋겠다. 그래야 수많은 이들이 나와 더불어 그리스도의 얼굴을 바라보고 그 눈길에 감동하기 시작하지 않겠는가!

보고 또 보이게 해주시길 구하는 기도 10월 28일 월요일

오, 예수님, 제가 주님을 봅니다. 주님의 두 눈에서 눈길을 떼지 않습니다. 주님의 눈은 하나님의 영원한 신비를 꿰뚫고 그분의 영광을 바라봅니다. 시몬, 안드레, 나다나엘, 레위를 지켜보셨고, 혈루증을 앓는 여인과 나인 성 과부, 앞 못 보는 이와 다리를 저는 이들, 나병환자와 굶주린 백성들을 살피셨으며, 슬픔에 빠진 이들과 부자 청년, 호수에서 두려움에 떨던 제자들과 무덤 앞에서 탄식하던 여인들을 굽어보셨던 바로 그 눈입니다. 오, 주님의 눈은 무궁무진한 하나님의 사랑과 그 사랑에 대한 믿음을 잃어버리고 목자 없는 양처럼 떠도는 모든 이들의 끝없는 아픔을 단숨에 헤아리십니다.

주님의 두 눈은 불꽃처럼 가장 깊은 내면까지 단박에 간파하시므로 마주할 때마다 겁이 나지만, 정결하게 하고 치유하는 불꽃이기도 한지라 또한 위로가 됩니다. 주님의 눈길은 지극히 엄하면서도 더할 나위 없이 사랑이 넘치고, 가차 없이 허울을 벗기면서도 단단히 보호하시며, 서슴없이 찌르면서도 더없이 부드럽게 어루만지고, 끝 모르게 심오하면서도 비할 데 없이 친밀하며, 냉정한 듯 마음을 끕니다.

예수님의 눈에 띄고 싶고, 보살펴주시는 그 눈길 아래 머물고 싶고, 주님 보시기에 강하면서도 온화한 인물이 되고 싶은 생각이 하루하루 깊어집니다. 주님, 거룩한 눈으로 보시는 그것, 곧 하나님의 사랑과 인간의 고통을 저도 바라보게 해주셔서 갈수록 당신의 눈, 상처 입은 심령을 치유할 수 있는 눈길을 닮아가게 해주십시오.

적이 아니라 단단한 음식 10월 29일 화요일

화요일 저녁마다 영어를 사용하는 공동체의 도우미들을 위해 성찬식을 집전한다. 라 포레스티에르의 작은 예배당에서 모인다. 영어권 식구들이 다 오는 건 아니지만 금방 자리가 찬다. 몇몇 도우미들이 한 집에서 함께 지내는 장애인들을 동반하면서부터 이런 현상이 부쩍 심해졌다.

대화하거나 토론하고 싶어서가 아니라 함께 기도하고, 함께 노래하고, 함께 침묵하고, 복음을 찬찬히 살피며 함께 귀 기울이는 게 좋아서 찾아오는 이들이라는 걸 금방 알아챌 수 있었다. 도우미들은 장애를 가진 이들과 하루 종일 부대끼느라 파김치가 되어 있기 일쑤였고 양육과 지지, 보살핌을 받고자 하는 소망이 간절했다.

새로운 사역 스타일을 익혀야 했다. 화요일 저녁 성례에 참석하는 식구들 가운데 복음의 중요성, 삶의 중심이 되시는 예수님, 예배의 가치 등을 확신하지 못하는 경우는 거의 없다. 그런 수준은 뛰어넘은 지 오래다. 이미 그리스도를 찾았고, 가난한 무리와 더불어 일하기로 작정했으며, 좁은 길을 선택한 이들이다.

그럼에도 불구하고 하나님이 그이들을 사랑하시며, 공동체로 부르셨고, 예수님의 평안을 체험할 자리를 마련해주신다는 점을 굳게 신뢰하도록 이끄는 데 공을 들인다. 학생들이 너나없이 성적에 목을 매고 치열한 경쟁을 벌이는 세상의 대학들이라면 이런 부류의 목회가 어울릴지 모른다. 그러나 이곳엔 성공하고자 하는 욕구가 존재하지 않는다. 옷을 입히고, 밥을 먹이고, 이리저리 데려가고, 도움이 절실한 이들 곁에 그냥 있어주는 일로 하루해가 다 간다. 몹시 부담스럽고 고단한 노릇일지언정 경쟁도, 따내야 할 학위도, 탐하는 영예도 없다. 그저 신실한 섬김이 있을 따름이다.

라르쉬의 젊은이들을 로맨틱하게 그리려는 게 아니다. 도우미들에게도 갈등과 결함, 채워지지 않은 갈망이 있음을 잘 안다. 그렇다손 치더라도, 최소한 남들이 가지 않는 길을 선택한 것만큼은 엄연한 사실이다. 그이들에게 정말 필요한 건 스스로 내린 판단의 중요성을 확인시키는 쪽보다는 한결같은 마음으로 전진하도록 세워주며, 새로운 시각을 제시해서 '판에 박힌' 영성에 빠지지 않게 붙잡아주고, 기왕에 선택한 행로에서 벗어나지 않도록 뒷받침해주는 일이다. 사도 바울의 표현을 빌리자면 "이들에게 먹여야 할 건 젖이 아니라 단단한 음식이다." 고전 3:2 참고

내게는 새로운 도전이다. 동행하는 여행자들과 '영적인 동반자의식'을 갖는 기술을 발전시켜야 한다. 요한복음은 이러한 이들을 위해 쓰인 책이라는 걸 이제야 알겠다. 기초적인 이슈들을 두고 입씨름을 벌이는 데는 관심이 없으며 하나님이 주시는 생명의 신비에 빠져들기를 소망하는, 영적으로 성숙한 이들을 염두에 두고 있다. 이러한 염원에 반응할 수 있도록 기도하는 사람이 되어야겠다.

오늘 밤에는 특별히 존을 위해 간구했다. 캘리포니아에서 열리는 추도예배에 뭇 조문객들과 함께 참석해서 고인을 알게 해주신 하나님께 감사를 드릴 수 있었더라면 정말 좋았을 텐데! 지금쯤 존은 짤막한 삶을 사는 동안 그토록 엄청난 고통과 괴로움을 겪어가며 갈구하던 사랑을 찾았을지도 모른다.

애정을 갈구하는 외침 10월 31일 목요일

프랑스 가톨릭교회에 소속된 긴급구호단체가 발행하는 뉴스레터

〈미사쥬 데 세쿠어 카톨리크 *Messages des Sécours Catholiques*〉지 11월호에는 인간의 외로움과 관련해 주목할 만한 기사가 가득하다. 헤드라인은 "고독이 있기에 단결도 있다 *La solitude, Ça existe. La solidarité aussi*"였다. 여러 예배당에 내걸린 포스터에도 같은 문구가 적혀 있었다. 외로움을 가난한 이들과 죄수, 노인들뿐만 아니라 배울 만큼 배운 청장년들까지 괴롭히는 고통의 일종으로 풀이하는 관점이 감동적이었다. 외로움은 무엇보다 애정을 갈구하는 외침이다. 뉴스레터로 보낸 수많은 사연들 가운데는 음식이나 머물 곳, 일자리뿐만 아니라 더 급한 목마름, 다시 말해서 애정에 대한 갈증을 호소하는 경우가 적지 않다.

어느 편지에는 이런 글이 적혀 있었다. "애정 어린 보살핌을 받고 싶고 온정이 그립지만, 냉랭하기 짝이 없는 이 세상 어느 구석에서 그런 것들을 찾을 수 있다는 말인가!" 또 다른 독자는 간청했다. "이젠 친구도 없습니다. … 마약이나 알코올에 기대지 않고도 정상적이고 평범한 삶을 다시 한 번 살아볼 수 있도록 도와주시길 부탁드립니다." 어떤 이는 애원했다. "누군가의 도움이 필요합니다. 사랑해줄 사람이 있어야 합니다. … 그런 분들을 만나지 못한 탓에 서서히 죽어가고 있는 기분이 듭니다." 한탄이 가득한 편지도 있었다. "아무도 지켜봐주지 않고 귀 기울여주지 않습니다. 있으나마나 한 인생이 되었습니다. 더 이상 살 가치가 없습니다."[3]

현대인들이 겪는 고통 가운데 상당부분은 이런 애정결핍에서 비롯된다. 편안하게 깃들일 보금자리를 잃은 이들이 점점 더 늘어나고 있다. 거대도시 한구석의 쪽방에 숨어 외로이 살아간다. 일을 마치고 돌아와 봐야 반기며 인사하고 안아주며 "힘들었죠?"라고 물어줄 존재가 없다. 함께 울고, 더불어 웃으며, 어깨를 나란히 하고 걷고, 둘러앉아 밥 먹는 건 고사하고 그저 곁에 앉아 있어줄 상대도 없다.

열여덟 살이라는 미셸은 이렇게 적었다. "어디 라디오나 텔레비전 프로그램에라도 나가서 애정 한번 받아보지 못하고 여기저기 떠돌며 가족의 사랑이라는 게 무슨 소린지조차 모르는 청춘의 아픔을 외쳐보고 싶어요."[4]

진짜 이웃, 기꺼이 곁에 다가와주는 파트너, 단순히 밥이라든지 집이라든지 일자리를 제공하는 데 그치지 않고 사랑받고 있다는 느낌을 주는 누군가를 갈망하는 부르짖음이다. 외로움에 몸부림치는 이런 형제자매들에게 친밀감을 선사할 이는 정녕 없는 것일까?

이런 문제들을 곰곰이 되씹다보니 토마 신부가 애정결핍에 대해 들려주었던 이야기들이 생생하게 떠올랐다. 심리학적인 설명이 보편화된 문화에 사는 현대인들에게는 인간 사이의 애정이 최대관심사일 수밖에 없다는 견해에 백번 공감한다. 하나님의 무조건적인 사랑을 인식하는 게 정말 중요하다는 사실이 그 어느 때보다 실감나게 다가왔다. 미디어가 지배하는 환경에서 어떻게 해야 아무것도 가리지 않는 거룩한 사랑을 체험하게 해줄 수 있을지 쉬 감이 잡히지 않았다. 그래도 한 가지만큼은 분명했다. 하나님은 친히 육신이 되어 주님의 큰 사랑을 입을 수 있는 방도를 보여주셨다. 인간은 한정적이고 부분적인 애정을 통해 하나님이 인류의 심령에 부어주시는 한없이 크고 완전한 사랑에 접근하는 길을 제시할 수 있다. 이런 애정이 아니고서는 그 무엇으로도 하나님의 사랑을 가늠할 수 없다. 인간의 애정이 이 시대의 상흔을 고스란히 간직하고 있다 해도 마찬가지다.

상처를 용서하고 용납하며

07

우정을 지키는 데는
지속적으로 용서하고자 하는 마음이 꼭 필요하다.

쓰라린 감정을 넘어서서 11월 3일 주일

오늘 밤, 조너스가 도착했다. 케임브리지에서 곧장 찾아와서 열흘 동안 트롤리에 머물 예정이다. 전반적으로 유쾌한 삶을 꾸려가는 사이에 수면 아래로 가라앉기는 했지만 지난 9월, 휴가를 보내러 프랑스까지 왔다가 그냥 돌아갔을 때 받은 상처가 그대로 남아 있었다.

따라서 조너스의 방문은 대단히 중요한 일이다. 친구를 용서하고 우정을 한층 단단히 다져야 한다는 점에서 결코 녹록한 시간이 되지는 않을 것이다. 그래도 거절당했다는 감정을 딛고 화해의 길을 찾아낼 수 있도록 하나님이 도와주시리라 믿는다.

선물을 나누다 11월 5일 화요일

조너스와 함께 공동체 이곳저곳을 돌아다니며 하루를 보냈다. 친구가 심리학자의 입장에서 갖가지 질문을 쏟아낸 덕에 예전에는 생각지도 못했던 라르쉬의 여러 면모들을 알게 되었다. '라르쉬 생활'의 핵심이 장애를 가진 이들과 친밀하게 연합하는 데 있음도 다시 한 번 되새길 수 있었다. 어디나 마찬가지겠지만, 여기서도 일이 소중하고, 행동기술을 발전시키는 게 시급하며, 건강과 교육이 중요하지만 사랑의 공동체에서 함께 살아가는 것에 비하면 그 모든 것들은 부차적인 요소에 불과하다. 내부에 의사와 심리치료사, 정신의학자, 물리치료사, 간호사들이 있지만 지도자라기보다는 컨설턴트에 가깝다. 여기서 전문가란 도우미들이 창의적이고, 힘을 주며, 치료가 되는 방식으로 장애인들과 더불어 생활할 수 있도록 돕는 이들을 가리킨다.

장애를 가진 이들이 신체적으로나 정서적으로 최대한 독립성을 키워나가는 것도 중요하지만 공동체 생활 또한 절대로 소홀히 여겨서는 안 된다. 여기서 중심이 되는 말은 '평등권'이 아니라 '은사 나눔'이다. 장애인들과 도우미들은 분명히 다르지만 그 차이는, 찾아내서 인정하고 공유해야 할 은사에 있을 따름이다. 방법은 제각각일지라도 어쨌든 장애인들과 도우미들에게는 서로가 필요하다. 이들은 연약한 존재로서 한마음으로 진실한 교제를 나누며 생명이라는 섬세하고 아름다운 선물을 주신 하나님께 늘 감사하고 찬양한다.

데이브레이크에서 날아온 반가운 소식 11월 6일 수요일

수 모스텔러가 데이브레이크에서 반가운 소식을 들고 왔다. 레이먼드가 중환자실에서 나왔으며 로즈의 수술도 잘 끝나서 둘 다 회복과정에 들어섰다는 전갈이었다. 아울러 디제이와 레이 가족이 보내는 따듯한 인사말도 전해주었다.

수의 이야기를 들으며 죽음의 권세를 이겨낸 승리의 기쁨을 만끽했다. 문득 에스겔 선지자의 목소리가 들리는 것 같았다. "이스라엘 족속아, 너희가 왜 죽고자 하느냐? … 죽는 것을 나는 절대로 기뻐하지 않는다. 그러므로 너희는 회개하고 살아라." 겔 18:31-32

진정한 의미의 아마추어 11월 17일 목요일

조너스와 소중한 한 주간을 보내고 있다. 식구들이 사는 여러 가정과 작업장들을 둘러보고 전문가들을 찾아다닌다. 마치 외국인에게 고향마을을 두루 보여주면서 스스로 그 진면목을 새로이 발견해가는 느낌이다. 친구는 이것저것 묻고, 갖가지 사건들에 눈을 돌리게 하며, 생각지도 못했던 식의 비교를 해가면서 여태 알고 있던 것과 전혀 다른 라르쉬를 드러내 보여준다.

규모가 큰 관련기관에서 장애인들을 대하는 심리학자, 조너스에게 라르쉬는 상대방의 수많은 문제에 휩쓸리지 않은 채 치료에 충실할 수 있게 해주는 '전문적인 거리' 가 눈에 띄지 않거나 아예 없는 공간이다. 전문가들이 보기에 라르쉬는 언뜻 아마추어 놀음처럼 보일지 모르겠다. 하지만 '아마추어' 라는 말의 참뜻을 다시 살펴볼 필요가 있다. '거리' 의 본질을 정확히 파악할 길을 제시하는 까닭이다. 영어 단어 'amateur' 는 '사랑하다' 라는 뜻의 라틴어 '*amare*' 에 뿌리를 두고 있다.

라르쉬의 삶은 장애를 가진 이들에 대해서는 물론이고, 고향 나사렛에서 배척당하셨던 예수 그리스도를 통해 인류에게 다가오신 생명의 하나님에 대한 사랑을 토대로 한다. 하나님의 마음에 관한 인식, 다시 말해서 "죽음도, 삶도, 천사들도, 권세자들도, 현재 일도, 장래 일도, 능력도, 높음도, 깊음도, 그 밖에 어떤 피조물도, 우리를 우리 주 예수 그리스도 안에 있는 하나님의 사랑에서 끊을 수 없습니다"롬 8:38-39라는 확신을 바닥에 깔고 있다. 이러한 사랑은 감정이나 느낌의 차원을 넘어선 정서다. 하나님이 우리에게 베풀어주시는 무한한 사랑의 실상에 뿌리를 두고 있다. 세상의 고통에 매몰되지 않으면서 깊이 관여할 수 있는 힘이 바로 그 사랑에서 나온다. 장애를 가진 이들에게 지배당하지 않으면서 그 신음과 울부짖음에 귀 기울일 수 있게 하는 능력 또한 거기서 비롯된다. 건강하고, 즐거우며, 평안한 삶을 사는 데 필수적인 거리를 지키면서도 지극히 친밀하게 지낼 수 있는 동력도 그 사랑에서 나온다. 하나님의 사랑에 줄을 대면 삶의 짐을 짊어져도 부담을 느끼지 않게 된다. 예수님은 말씀하셨다. "수고하며 무거운 짐을 진 사람은 모두 내게로 오너라. 내가 너희를 쉬게 하겠다. 나는 마음이 온유하고 겸손하니, 내 멍에를 메고 나한테 배워라. 그리하면 너희는 마음에 쉼을 얻을 것이다. 내 멍에는 편하고, 내 짐은 가볍다."마 11:28-30

예수님의 짐은 인간이라면 너나없이 짊어지고 고통스러워 하는 바로 그 짐이지만, 주님과 연합하면 쉽고 가벼워진다. 개인적으로는 그리스도의 사랑을 힘입지 않고는 라르쉬 도우미들처럼 장애를 가진 이들과 어울리고 부대끼며 사는 게 애당초 불가능하다고 본다. 주님의 사랑이 없다면 그런 생활은 곧장 '탈진'으로 이어질 것이다. 그러나 거룩한 사랑이 깊고 강해지며 끊임없이 공동체의 섬김을 받는다면, 장애인들은 우리를 안전하게 붙들어주는 더 큰 사랑으로 안내하는 일꾼이 될 수 있을 것이다.

그렇게 되면 새로운 유형의 거리가 생긴다. 세상의 고통에 너무 가까이 다가서지 못하도록 지켜주는 전문적인 거리가 아니라 그 수고를 가벼이 여기게 해주는 영적인 거리다.

우정의 본질을 두고 씨름하다 11월 8일 금요일

영적으로 일정한 거리를 지키는 건 어제 막연히 생각했던 것보다 더 개인적인 문제일 성싶다. 참다운 우정의 실체를 알고 삶으로 옮기자면 그런 자세가 반드시 필요하다. 조너스와 나는 관계의 어려움을 처리하려 노력 중이다. 처음에는 에둘러 얘기하는 정도에 그쳤지만 지난 며칠간은 한결 직선적으로 우리의 관계를 살펴볼 수 있었다. 거절당하거나 이용당했다는 느낌, 나만의 시공간을 확보하고자 하는 의지뿐만 아니라 정(情)을 나누고 싶은 갈증, 불안과 불신, 두려움과 사랑 따위의 감정을 솔직하게 털어놓는 건 몹시 힘든 일이었다. 그러나 이러한 정서들을 파고들수록 문제의 본질, 즉 오로지 그리스도만이 주실 수 있는 요소들을 친구에게 기대하고 있다는 사실이 갈수록 또렷해졌다.

툭하면 거절당했다는 느낌에 휩싸인다. 친구가 찾아오지 않거나, 편지를 보내지 않거나, 초대받지 못하면 이내 상대방이 나를 원치 않거나 싫어하는 게 아닌가 하는 의구심이 들기 시작한다. 낮은 자존감이 빚어내는 어두운 감정에 짓눌리고 마음이 무겁게 가라앉는다. 일단 우울한 느낌의 지배를 받게 되면 별 뜻 없는 몸짓들까지도 자가 발전한 어두운 상념의 증거로 여기는 탓에 점점 더 거기서 헤어나기가 어려워지곤 한다. 스스로 거절감을 빚어내는 이 끔찍한 순환고리를 직시하고 상대에게 있는 그대로 고백하는 자세야말로 긍정적인 방향으로 돌아서는 좋은 방법이다.

조너스와 대화하는 사이에 두 가지 변화가 일어났다. 우선 '나' 중심의 사고에서 벗어나게 되었다. 친구에게도 그만의 인생이 있고, 그만의 고민과 갈등이 있으며, 채워지지 않은 욕구와 부족한 점들이 있었다. 상대의 삶을 헤아리려고 노력하면서 깊은 연민과 아울러 위로하며 다독여주고 싶은 기분이 들었다. 바라는 만큼 내게 신경을 써주지 않는 걸 불만스럽게 여기던 마음이 한결 누그러졌다. 누구나 자신에게 모든 관심이 쏠려야 마땅하다는 착각에 빠지기 쉽다. 하지만 다른 이들의 삶이 어떤 형편인지 제대로 들여다보는 눈을 갖추면, 자신에게서 한 발 떨어져 춤추듯 아름답게 가꿔가는 우정의 진면목을 파악할 수 있게 된다.

둘째로, 우정을 지키는 데는 지속적으로 용서하고자 하는 마음이 꼭 필요하다는 점을 새로이 배웠다. 그리스도가 아닌 인간으로서는 그분께서 친히 가운데에 서 주시길 진심으로 부탁드려야 한다. 예수님이 둘 사이를 중재해주지 않으면 관계는 불만투성이고, 조작적이며, 억압적이고, 다양한 형태의 거부가 오가는 무대가 되고 만다. 그리스도가 중심에 머물지 않는 우정은 오래가지 못한다. 상대에게 기대하는 게 너무 많고 성장하는 데 필요한 여지를 주지 않기 때문이다. 우정에는 친밀함과 애정, 지지와 격려뿐만 아니라 일정한 거리와 성장할 수 있는 여지, 다를 수 있는 자유, 고독이 따라야 한다. 친구가 된 양쪽 당사자들이 모두 성장하자면 다른 인간관계를 통해서는 얻을 수 없을 만큼 깊고도 지속적인 차원의 인정과 지지를 경험해야 한다.

조너스와 함께 우정의 참다운 본질을 붙들고 씨름하면서 사도 바울의 로마서 말씀을 읽었다. "하나님을 사랑하는 사람들, 곧 하나님의 뜻대로 부르심을 받은 사람들에게는, 모든 일이 서로 협력해서 선을 이룬다는 것을 우리는 압니다. 하나님께서는 미리 아신 사람들을 택하셔서 … 부르시고, 또한 부르신 사람들을 의롭게 하시고, 의롭게 하신 사람들을 또한 영화롭게 하셨습니다"롬 8:28-30

하나님을 진정으로 사랑하고 그 거룩한 영광을 나눠 갖게 되면 관계에서 강박적인 특성들이 사라진다. 인정받기 위해서만이 아니라 예수님을 통해 알게 된 사랑에 끌어들이려는 뜻에서도 이웃들에게 손을 내민다. 우정은 곧 더 큰 사랑의 표현이 된다.

서로에게 이러한 진리를 끊임없이 일깨워주는 일은 대단히 힘들지만 공들여볼 가치가 있는 작업이다. 상대방을 거듭 용서하는 한편, 하나님 앞에서 늘 솔직해지는 훈련은 우정을 나누며 함께 성장해가는데 반드시 필요한 과정이다.

선정적인 세상에서 맞닥뜨리는 소소한 유혹들 11월 9일 토요일

오늘은 오후에 조너스와 함께 콩피에뉴로 나가 저녁까지 있었다. 처음에는 파리로 갈 계획이었지만 기차와 지하철을 갈아타고 달려가서, 숙소를 잡고, 교회와 박물관들을 둘러보는 게 라르쉬에서 함께 보낸 시간을 마무리하는 것이 가장 맞춤한 방법인지 확신이 서질 않았다. 그래서 일단 콩피에뉴까지 가서 둘 다 파리에 끌리는지 알아보고 결정하기로 했다.

마침 콩피에뉴 장날이었다. 수많은 이들이 거리를 따라 걸으며 가게와 노점들을 들락거리고, 구경하고, 흥정하고, 지갑을 열고 물건을 샀다. 아이를 데리고 나온 부모들, 또래들끼리 삼삼오오 몰려다니는 십대 아이들, 혼자서 이리저리 어슬렁거리는 남녀들, 나이 지긋한 부부들이 죄다 몰려나와 휴일(11월 11일, 월요일은 종전기념일이었다)을 앞두고 장을 보거나, 은행에 가거나, 그냥 친구들과 어울려 즐거운 시간을 보내고 있었다.

침묵 속에 기도하며 보낸 트롤리의 한 주간과 떠들썩하고, 소란스럽고, 분주하고 수많은 인파가 북적이는 시내의 반나절이 너무도 딴판이어서 우리 둘 다 어안이 벙벙해졌다. 정신이 팔려서 넋을 잃고 비틀거리다가 이방인들의 정체모를 삶 속으로 끌려들어갈 것만 같았다. 공동체 속에 머물며 평안과 기쁨이 가득한 삶을 누리던 터여서 내면의 불안과 서글픔을 느꼈다. 마치 도시가 온갖 색깔과 움직임, 사야 할 물건들과 바라봐야 할 사람들을 총동원해서 선정적으로 유혹하는 듯했다. 조너스는 장애를 가진 가난한 이들 사이에서 어느 정도 욕망에서 벗어난 생활을 하다가 무언가를 '바라는 마음'이 되돌아온 것 같다고 했다. 잠시 물러갔던 호기심은 전열을 가다듬고 되돌아왔다. 콩피에뉴의 이곳저곳을 오가는 인파와 그 움직임에서 우리 둘 다 하나님나라를 외면하고 세상이 주는 많은 '다른 것들'을 추구하는 갈망에 휩쓸리고 싶은 유혹을 경험했다.

문제를 솔직하게 드러내고 대화할 수 있어서 기뻤다. 이러한 경험들이 은밀하게 숨어서 깊은 수치감과 죄책감을 불러일으키는 경우가 얼마나 많은지 모른다. 하지만 세상의 매력에 흔들리기가 얼마나 쉬운지 고백하면 진정한 헌신을 확인하고 서로 지켜줄 길이 열린다. 예수님이 제자들을 혼자 보내지 않고 둘씩 짝지어 세상에 파송하신 까닭을 이제 좀 알 것 같다. 그래야만 짝에게서 찾아낸 평안과 사랑의 영을 유지하고 만나는 이들 모두에게 그 은혜를 나누어줄 수 있기 때문이다.

콩피에뉴에 간 지 네 시간쯤 됐을 무렵, 트롤리로 돌아가서 조용하고 경건하게 주일을 맞기로 결정했다. 아직 파리를 맛볼 자신이 없었다.

용서를 받은 자로서 마땅히 용서해야 11월 11일 월요일

아침묵상 준비를 갖추지 못해서, 아침 7시부터 예배당에서 주제와 상관없는 잡다한 생각에 빠진 채 앉아 있기 일쑤다.

하지만 제아무리 가치가 없어 보일지라도 그냥 자리를 지킬 필요가 있다. 오늘 아침에는 "동이 서에서부터 먼 것처럼, 우리의 반역을 우리에게서 멀리 치우시며"라는 시편 103편 말씀을 보면서 나를 용서하시려는 하나님의 열심을 묵상했다. 갖가지 상념이 어지러이 오가는 가운데도 수없이 되풀이해가며 죄를 사하기 위해 힘쓰시는 주님의 열망에 깊은 감동을 받았다. 잘못을 저질렀다 하더라도 회개하는 마음으로 돌아가면 주님은 어김없이 품에 안아주시고 새로운 삶을 시작할 수 있게 해주셨다. "주님은 자비롭고, 은혜로우시며, 노하기를 더디하시며, 사랑이 그지없으시다."

몹시 불쾌하게 구는 상대를 좀처럼 용서하지 못한다. 같은 짓을 되풀이하면 견디기가 더 어렵다. 두세 번, 심지어 네 번씩이나 용서를 구하면 진정성이 의심스러워지기 시작한다. 그러나 하나님은 횟수를 헤아리지 않으신다. 분을 품고 앙갚음하려는 의사 없이 그저 돌아오기만을 간절히 기다리신다. 하늘 아버지는 자녀들이 집안에서 함께 지내길 원하신다. "주님의 사랑은 영원에서 영원까지 이를 것이다."

남들을 쉬 용서하지 못하는 까닭은 스스로 용서받은 인간임을 완전히 믿지 못하는 데 있는 게 아닌가 싶다. 이미 죄와 허물을 사함 받았으므로 부끄럽고 죄스러운 느낌에 사로잡힌 채 살 이유가 없다는 진리를 확실히 받아들였다면 참으로 자유로워야 마땅하다. 그리고 그 자유에 기대어 일곱 번씩 일흔 번이라도 남들의 잘못을 용납할 수 있어야 한다. 용서하지 않는 탓에 받은 대로 갚아주려는 욕구에 매여 자유를 잃어버릴 수밖에 없다. "우리가 우리에게 죄 지은 사람을 용서하여 준 것 같이 우리의 죄를 용서하여 주시고"라고 기도할 때마다 바로 이러한 사실을 선포하는 셈이다.

죽는 날까지 계속될 이 씨름은 크리스천으로 사는 삶의 핵심이다.

용서와 자유 11월 12일 화요일

오늘 아침, 조너스가 떠났다. 포도주 잔을 두 개씩 깨트려가며 일찍부터 부산을 떤 끝에 친구가 기차를 타고 가며 먹을 샌드위치를 만들었다. 부엌일을 마치고 친구의 방으로 갔다. 예배당으로 자리를 옮겨 함께 기도하고 나서 서둘러 아침을 먹었다. 나중에 알았지만, 시몬느도 조너스에게 주려고 샌드위치를 만들었다고 했다. 바바라가 라르쉬에서 운용하는 르노 자동차로 우리를 역까지 데려다주었다. 곧바로 브뤼셀로 가는 기차가 들어왔다. 포옹하며 서로에게 덕담을 건넸다. 아쉬운 마음에 기차가 멀어질 때까지 손을 흔들었다. 바버라가 속삭였다. "정말 멋진 분예요. 찾아와줘서 우리에겐 아주 큰 힘이 되었는데, 저분에게도 우리가 그랬으면 좋겠어요."

오늘 밤, 영어를 쓰는 도우미들을 위한 성찬식에서 예수님 말씀을 들었다. "진심으로 형제자매를 용서해주어라." 용서가 자유를 불러온다는 메시지를 전했다. 예배 후에 많은 이들이 찾아와서 많은 은혜를 받았노라고 고백했다. '가장 개인적인 게 가장 보편적인 것'임을 다시 한 번 확인했다. 조너스는 떠났지만 이미 많은 열매들이 맺히고 있는 걸 보면 아주 유익한 이별임에 틀림없다.

중심에 계신 예수님

08

예수님을 따르는 삶은 싸움을 벌여서 진정한 자유를 찾는 과정이다.
그건 십자가의 길이다.

신실하게 드리는 경배 11월 15일 금요일

펜실베이니아 주 이리Erie 라르쉬의 공동설립자 조지 스트로마이어George Strohmeyer 신부가 몇 주 간의 일정으로 트롤리를 찾았다. 오늘 아침, 드디어 둘이 마주 앉아 라르쉬의 목회자가 된다는 게 무얼 의미하는지를 두고 이야기를 나눌 기회를 얻었다.

신부는 처음 이곳에 와서 '회심했던' 이야기를 들려주었다. 더욱 철저하게 예수님께로 돌아설 수 있었던 이면에 감춰진 주요한 동기는 성만찬을 앞두고 드렸던 찬양과 토마 신부와의 만남이었다. 간증을 듣고 있노라니 그 삶의 중심에 주님이 계시다는 사실을 또렷이 알 수 있었다. 이른바 성직자라면 당연한 일 아니냐고 생각할지 모르지만 다 그런 건 아니다. 조지 신부는 다른 목회자들과는 판이한 방식으로 예수님을 알게 되었다. 그래서 그분의 이름을 선포할 때마다 깊고 친밀한 만남을 토대로 이야기하고 있음을 생생하게 인식할 수 있다. 신부의 삶은 나날이 더 단순하고, 더 신비하고, 더 단단하며, 더 신실하고, 더 솔직하고, 더 복음적이며, 더 평안해졌다. 조지에게 라르쉬의 목회자가 된다는 건 곧 장애인과 도우미들을 비롯해 뭇 사람들을 늘 그리스도 곁으로 가까이 이끄는 걸 의미한다.

길고도 험한 여정이 기다리고 있음을 이제는 분명히 안다. 예수님을 위해 가진 걸 다 버려두고 떠나는 여행이다. 진심으로 예수님을 중심에 모시고 생활하며, 기도하고, 사람들과 함께하며 보살피고, 먹고, 마시고, 잠자고, 글을 읽고 쓰는 길이 있음을 안다. 장 바니에와 토마 신부, 이곳에 사는 여러 도우미들을 보고 있노라면 그런 길이 분명히 존재하는데도 아직 제대로 찾아내지 못하고 있음을 절감하게 된다.

어떻게 그걸 알아낼 수 있을까? 조지 신부가 답을 주었다. "신실하게 경배하세요." '기도' 하라거나 '묵상' 하라고 말하지 않았다. 시종일관 '경배' 라고 했다. 자신이 아니라 예수님께 온 관심을 쏟아야 한다는 점을 분명히 하는 표현이다. 경배한다는 말은 저마다 가진 집착을 버리고 그리스도의 임재 가운데로 빨려 들어간다는 뜻이다. 소망하고, 바라며, 계획했던 일들을 내려놓고 예수님과 그분의 사랑을 온전히 신뢰하는 걸 가리킨다.

이야기를 나누는 사이에 시샘 비슷한 감정이 꿈틀거리는 걸 느낄 수 있었다. 마치 강 건너편에 선 신부가 얼른 물에 뛰어들어 헤엄치라고 다그치는 기분이다. 두렵다. 물에 빠져 죽을 것만 같다. 아직은 강 이편에서 누리는 온갖 혜택을 내버릴 준비를 갖추지 못했다. 그러나 한편으로는 물을 건너가고 싶은 것도 사실이다. 상대는 자유와 기쁨, 평안을 얻은 것처럼 보인다. 조지 신부는 극도의 단순성, 전폭적인 헌신, 책을 읽거나 공부를 해서 얻을 수 있는 게 아니라 오로지 하나님이 선물을 통해서만 갖출 수 있는 비전을 가졌다. 하나 같이 내게는 없는 것들이다. 샘이 나기도 하지만 부대끼기도 하고, 망설여지기도 하고, 의구심이 들기도 한다. 내면의 목소리는 끊임없이 조잘댄다. "광신도

나, 종파주의자나, 괴물 같은 '예수쟁이'나, 편협한 열성팬이 되려는 건 아니잖아. 다양한 존재방식을 인정하고, 다채로운 길들을 탐구하며, 많은 것들을 알고 싶을 뿐이지…." 신뢰할 만한 음성이 아니다. 예수님께 전폭적으로 헌신하지 못하게 만들고 하나님이 원하시는 방식으로 세상을 살 수 없게 가로막는 속삭임이다.

마지막 동전 한 닢을 헌금했던 예루살렘의 과부처럼, 넉넉해서가 아니라 부족함에도 기꺼이 드리는 마음가짐야말로 복음이 제기하는 엄청난 도전이다. 냉정하게 내 삶을 돌아보면, 늘 풍요로운 상황에서만 베푸는 걸 알 수 있다. 가진 돈과 시간, 에너지와 생각의 일부를 떼어 하나님과 이웃들을 위해 내놓지만 스스로의 안전을 지키고도 남을 정도의 돈과 시간, 에너지와 생각은 항상 남겨둔다. 한없는 사랑을 드러내실 기회를 진심으로 하나님께 드린 적은 단 한 번도 없었다.

어쩌면 날마다 예수님을 경배하고, 토마 신부의 말에 더욱 귀를 기울이며, 끊임없이 가난한 이들 가운데 사는 삶을 선택하는 조지의 본보기를 따르는 게 최선일지 모른다.

불순한 동기에서라도 돌이키기만 하면 11월 17일 주일

사흘 동안 탕자의 비유를 묵상했다. 돌아섬에 관한 이야기다. 돌아서고 또 돌아서는 게 얼마나 중요한지 새삼 깨달았다. 내 삶은 하나님을 떠나 표류하고 있다. 돌아가야 한다. 내 마음은 첫사랑에서 멀어졌다. 돌아가야 한다. 내 생각은 수상한 이미지들 사이를 떠돌고 있다. 돌아가야 한다. 돌아서는 일은 평생 계속해야 할 씨름이다.

탕자에게 이기적인 동기가 있었다는 점이 놀라웠다. 젊은이는 혼잣말처럼 중얼거린다. "내 아버지의 그 많은 품꾼들에게는 먹을 것이 남아도는데, 나는 여기서 굶어 죽는구나. 내가 일어나 아버지에게 돌아가서…." 아버지를 향한 사랑이 새로이 되살아나서 돌아가려는 게 아니다. 그냥 먹고 살 길이 막막해서 집으로 향할 따름이다. 젊은이는 스스로 선택한 길을 좇다가 죽기 직전까지 몰렸다는 걸 뒤늦게 알아차렸다. 아버지 집으로 돌아가는 것 말고는 달리 목숨을 건질 도리가 없었다. 죄를 지었음을 깨달았지만 죽음의 문턱까지 쫓긴 까닭에 생긴 자각이었다.

그런데도 아버지는 그보다 더 나은 동기를 요구하지 않는다. 감동적이었다. 아버지의 사랑은 전폭적이고도 무조건적이어서 아들이 집에 돌아온 게 마냥 반가울 따름이다.

대단히 힘이 되는 사실이다. 하나님은 티 없이 깨끗한 마음을 확인하고 나서 끌어안아주시는 분이 아니다. 욕심을 좇아 살다가 행복을 찾지 못해서일지라도 일단 돌아서기만 하면 흔쾌히 맞아주신다. 크리스천이 되는 게 그렇지 않은 쪽보다 다만 속이 편해서 돌이킨다 해도 반겨주신다. 죄를 좇아 봐야 기대했던 만족을 얻지 못한다는 걸 알고 돌아온다 해도 받아주신다. 제힘으로 어찌해볼 길이 없어서라 할지라도 한결같이 환영하신다. 사랑이 많은 하나님은 돌아온 이유를 설명하라고 요구하지 않으신다. 집을 찾아온 자녀를 보는 것만으로도 한없이 기뻐하시며, 돌아왔다는 이유만으로 소원을 다 들어주고 싶어 하신다.

마음속으로 렘브란트의 그림 〈탕자의 귀향*The Return of the Prodigal Son*〉을 찬찬히 훑어본다. 눈마저 침침해진 아버지는 마침내 돌아온 아들을 가슴에 안는다. 그야말로 무조건적인 사랑이다. 두 손으로 자식의 어깨를 단단히 붙잡았다. 한 손은 강하고 사내다운 반면, 다른 한 손은 부드럽고 여성적이다. 눈으로 바라보는 게 아니라 몸으로 어린 아들을 느끼며 품 안에서 쉬게 한다. 아버지의 커다란 외투는 허약한 새끼를 감싸 안은 어미 새의 너른 날개 같다. 머릿속에 한 가지 생각뿐인 듯 보인다. '내 아들이 돌아왔어. 다시 함께 지내게 됐으니 이보다 더 기쁜 일이 어디 있겠어!'

그렇다면 왜 이토록 미적거리는 걸까? 하나님은 저만치에서 두 팔을 활짝 벌리고 서서 언제든 내가 그 품에 안기길 기다리신다. 과거지사에 대해서는 한 마디도 묻지 않으신다. 바라는 게 있다면 자식이 아버지에게 돌아가는 것뿐이다.

질투하는 사랑 11월 18일 월요일

하나님이 삶의 일부가 아니라 전부를 원하신다는 의식이 점점 더 깊어진다. 하나님께 많은 시간과 관심을 쏟고 나머지는 자신을 위해 간직하는 것만으로는 충분치 않다. 자주, 그리고 깊이 기도하고 그 뒤에는 제 뜻대로 움직이는 정도로는 부족하다.

여전히 불안하고, 초조하며, 긴장하는 까닭을 더듬다가 하나님께 전부를 드리지 않고 있다는 생각이 떠올랐다. 시간에 관한 욕심이 유난한 것만 봐도 알 수 있다. 아이디어를 짜내고, 프로젝트를 완성하고, 꿈을 이뤄가는 데 필요한 시간을 확보하는 일이 내게는 아주 큰 관심사다. 자연히 삶은 하나님을 위한 부분과 나를 위한 영역으로 나뉜다. 이렇게 갈라져 있으니 평온할 턱이 없다.

하나님께 돌이킨다는 건 존재와 소유 전부를 가지고 주께 돌아간다는 뜻이다. 오늘 아침, 탕자의 비유를 다시 돌아보며 아버지의 품을 다시 체험하려 노력하다가 문득 온전히, 전폭적으로 거룩한 품에 안기는 데 대한 저항감 비슷한 느낌이 들었다. 안기고 싶은 소망뿐만 아니라 독립성을 잃어버리지 않을까 하는 두려움도 아울러 경험했던 것이다. 하나님의 사랑은 질투하는 사랑이라는 걸 깨달았다. 주님은 일부가 아니라 전부를 원하신다. 그분이 베푸시는 어버이의 사랑 앞에 완전히 순복해야만 무한정 한눈을 파는 성향에서 벗어나 애정이 듬뿍 담긴 목소리를 들을 준비를 갖추고 나를 향한 독특한 부르심을 인식할 수 있게 된다.

길고도 먼 길이 될 것이다. 기도할 때마다 속이 부대낀다. 하나님을 내 존재 전체를 아우르는 분으로 세우려는 몸부림이다. 주님의 사랑에 완전히 내어맡겨야 참으로 자유로울 수 있음을 신뢰하려는 씨름이다.

예수님을 따르는 삶은 싸움을 벌여서 진정한 자유를 찾는 과정이다. 그건 십자가의 길이다. 진짜배기 자유는 오로지 죽음과 싸워 이긴 승리 가운데서만 발견할 수 있다. 예수님은 아버지께 온전히 순종해서 십자가를 지셨으며, 그 십자가를 통해 세상의 선두다툼에 휘말리지 않는 생명에 이르셨다. 그리스도는 확신을 주는 신앙적 체험을 비롯해 그 무엇도 지키려 하지 않으셨다. "어찌하여 나를 버리셨습니까?"라는 구절은 아버지께 전폭적으로 순종하는 주님의 면모를 엿볼 수 있는 말씀이다. 예수님께는 붙잡을 만한 게 아무것도 남아 있지 않았다. 철저한 포기를 통해 완전한 연합과 완벽한 자유를 찾으셨던 것이다.

주님은 내게 말씀하신다. "[나를 따라오너라.] … 나는, 양들이 생명을 얻고 또 더 넘치게 얻게 하려고 왔다." 요 10:10

바르고 정확한 말을 찾아 헤매다 11월 28일 목요일

말, 말, 말! 오늘 밤부터 '묵상주간'이 시작된다. 내일 공동체 도우미들이 모두 모인 자리에서 메시지를 전하는 데 필요한 프랑스어 어휘들을 찾느라 종일 사전을 뒤적였다.

아울러 설교하는 내내 자연스러움을 잃지 않을 궁리를 하느라 연신 끙끙거렸다. 실수하지 않으려니 속내를 자유로이 표현하기 어려웠다.

그렇다고 실수가 무한정 되풀이되도록 두고 볼 수도 없는 노릇이었다. 그랬다가는 분위기가 산만해져서 설교에 집중하지 못하게 만들게 뻔했다.

하지만 그런 부류와는 차원이 현격하게 다른 정말 큰 문제가 있었다. 나보다 훨씬 깊이 변화된 것처럼 보이는 이들에게 어떻게 메시지를 전할 것인가? 절망이 가득한 세상 한복판에서 소망을 지키는 데 필요한 이야기를 해달라는 부탁을 받았지만, 희망의 생생한 증거를 삶으로 보여주는 식구들 앞에서 무슨 말을 한단 말인가? 이곳 라르쉬에서 일하는 250여 명의 도우미들은 세상에서 쓸모없는 존재 취급을 받는 사람들과 더불어 단순한 삶을 살기 위해 가정과 직장, 재물을 버려두고 들어온 이들이다. 소망을 선포하기에 이만큼 획기적이고 확실한 방법은 다시없을 것이다.

시쳇말로 번데기 앞에서 주름잡는 꼴이고, 관우장비 앞에서 칼 휘두르는 격이고, 물고기에 헤엄치는 법을 가르치는 셈이다. 표현이야 어찌됐든 이미 변화된 삶을 사는 이들에게 근사한 메시지를 전하는 건 까다로운 일이란 뜻이다. 요청을 받았으니 어찌 됐든 강단에 설 수밖에 없으며 복음을 전하는 게 내 사명이라는 걸 몰라서 하는 얘기는 아니다. 기왕에 이렇게 되었으니, 이번에는 내일 만나게 될 청중들이 더듬거리는 내 말에 매이지 않고 그 너머의 참뜻에 귀를 기울이며, 자발적으로 선택한 길을 다시 확인하고, 도리어 내게 새로운 용기를 주어서 스스로 쏟아낸 이야기들을 굳게 믿고 몸소 실행하도록 도와주리라는 신념을 갖기로 했다. 더러는 강사 자신의 회심이 메시지의 주요 한 열매가 될 수도 있는 법이 아니겠는가!

그런 소망을 품는다면 과감히 강단에 서서 내 말이 나를 움직이도록 맡길 수 있을 것이다.

참다운 교회를 경험하다 11월 29일 금요일

한 해를 통틀어 장애인들을 동반하지 않고 도우미들끼리만 모여 공동체 생활을 성찰하는 유일한 기간이라는 점에서, 묵상주간은 라르쉬에서 보기 드문 아주 독특한 행사다. 수련회면서 또한 잔치였다. 기도하고, 찬양하고, 생각하는 시간일 뿐만 아니라 서로를 알고 한 몸의 지체임을 확인하는 기회이기도 하다.

쉼터들이 여러 마을에 흩어져 있는데다가 도우미 노릇 자체가 종일 집안에 묶여 있을 수밖에 없는 일이어서 얼마나 많은 이들이 라르쉬를 섬기고 있는지 가늠하기가 쉽지 않다. 어젯밤, 묵상주간을 시작하는 자리에 가서 공동체의 커다란 몸집을 보고 깜짝 놀랐다. 남녀노소, 기혼과 미혼을 가리지 않고 세계 곳곳에서 가난한 심령을 품고 찾아온 이들이 250명을 웃돌았다. 축제 분위기가 무르익어가고 함께 며칠을 보내게 된 걸 다들 행복해했다. 장애를 가진 식구들은 대부분 집이나 잠시 머물 '지원 가정'으로 떠난 뒤여서 평소와 달리 도우미들이 공동체의 관심을 독차지할 수 있었다.

날이면 날마다 연약한 형제자매들과 머물며 온 집안을 분주하게 누비는 도우미들이야말로 더할 나위 없이 너그러운 이들이라는 사실이 새삼 마음에 다가왔다. 한데 어울려 이야기하고, 웃고, 노래하고, 기도하는 가운데 '하나님을 찬양하고 가난한 이들을 섬기는 사람들' 이란 말뜻이 가장 잘 살아 있는 교회를 경험했다.

아침에 메시지를 전하는 데는 무리가 없었다. 기대 이상이었다. 내가 구사하는 프랑스어를 알아듣는 데 어려움을 겪는 식구는 없어 보였다. 말하고자 하는 바가 명료하게 전달되고 서로 토론하는 데 도움이 된다고 여기는 이들이 대다수였다. 절망에서 소망으로 옮겨가는 이슈가 설교의 주제였다. 좁게는 개인적인 관계, 넓게는 세계와 교회에 자리 잡은 절망을 있는 그대로 드러낸 뒤에 체념과 포기가 지배하는 세상에서, 어떻게하면 '기도'와 '저항'과 '공동체'가 소망이 넘치는 삶의 세 가지 영역이 될 수 있는지 설명했다.

도우미들의 따듯한 반응에 감사한다. 덕분에 공동체의 일부가 되었다는 느낌이 깊어졌으며 이루 헤아릴 수 없을 만큼 많은 선물을 안겨준 이들에게 사소하나마 보답했다는 기분이 든다.

중요하고도 시급한 일

09

주님은 가난해지는 길로 부르십니다.
가난한 이들을 섬기는 쪽보다 한결, 아니 훨씬 험한 길입니다.

더 긴밀한 연락을 위하여 11월 30일 토요일

오늘 일어난 가장 중요한 사건은 함께 작업하는 동료, 피터가 온 일이다. 보스턴을 출발해서 오랜 비행 끝에 브뤼셀에 내린 다음, 오전에 기차에 올라 저녁 7시에 마침내 콩피에뉴에 도착했다. 두 주 동안 함께 지낼 수 있게 되다니, 신나는 일이다.

머나먼 거리를 사이에 둔 채로 공동 작업을 하는 게 늘 쉽지는 않았다. 편지와 전화로 꼬박꼬박 연락을 주고받기는 했지만, 소통이 되지 않는 경우가 많고 더러는 실망스럽기까지 했다. 피터의 입장에서는 프랑스에서 지내는 나의 일상을 상상한다든지 이 일기에 적고 있는 내용을 체감하기가 이만저만 어려운 게 아니었을 것이다. 여기서 함께 보내게 된 두 주간이 피터에게는 라르쉬와 더 가까워졌다는 느낌을 주고, 내게는 이곳에 머물며 글로 옮기고 있는 몇몇 관심사들을 더 깊이 생각할 수 있는 기회가 되면 좋겠다.

고딕양식으로 지은 최초의 아치 12월 1일 주일

오늘 오후, 피터와 함께 모리앙발 성모교회The Church of Our Lady of Morienval에서 저녁기도를 드렸다. 모리앙발은 트롤리에서 자동차로 30분쯤 가야 하는 조그마한 마을이다.

아무런 준비도 없이 뜻밖의 행사에 참석하게 되었다. 서른 명쯤 되는 이들이 모여서 대림절 첫 번째 주일 저녁기도를 음송하고 있었다. 대부분 사제서품을 받고 인근 지역에서 사역하는 이들이었다. 이 소박한 예배를 준비한 목회자는 1745년, 이 예배당을 관리하던 베네딕트회 수녀들이 떠난 이후로 처음 드리는 저녁기도라고 했다. 소수의 크리스천들과 더불어 기도하는 건 감동적인 경험이었다. 몇 세기 전에 살았던 옛 사람들에게 손을 내밀어 무려 240년 동안이나 끊어졌던 끈을 다시 잇게 되다니!

그것만 가지고도 대단히 특별했다. 하지만 기도를 마치고 예배당을 둘러보니, 보석처럼 값진 프랑스의 건축물을 대하고 있는 걸 실감할 수 있었다. 1050년, 로마네스크 양식으로 지어진 이 근사한 예배당은 중앙의 커다란 회랑을 중심으로 측랑 셋과 장엄한 시계탑을 갖췄다. 십자형 건물의 널찍한 양 날개와 반원형 성가대석 옆으로 우아하고 장식적인 탑 두 개를 배치했다. 대성당에 비해 작고 아늑한 느낌이다. 이토록 훌륭하게 보존된 11세기 교회 건축물을 보고 있노라니 절로 입이 벌어졌다. 중세 봉건영주들의 세력다툼에도, 프랑스혁명이나 두 차례에 걸친 세계대전에도 아무런 해를 입지 않았다. 프랑스 전역에서 가장 잘 보존된 로마네스크 양식의 예배당 가운데 하나라는 점에는 재론의 여지가 없다.

예배당을 지키는 목회자는 건물의 내력을 열성적으로 소개했다. 우리를 애프스로 데려가더니 둥그렇게 휘어지는 통상적인 로마네스크

스타일과 달리 뾰족하게 마감된 아치를 가리켰다. 그러곤 마치 천기를 누설하기라도 하듯 소곤거렸다. "저게 세계 최초의 고딕 아치라고들 하더군요." 향후 수세기를 지배하게 될 고딕양식의 발원지에 서 있다는 사실이 감격스러웠다. 전반적으로 예배당은 여전히 둥글고, 현실적이며, 소박한 모습이었다. 하지만 건물을 지은 이는 이미 더 높은 곳으로 올라가려는 욕구와 하늘나라를 향한 의지를 표현하기 시작하고 있었다.

목회자는 예배당 안의 불을 다 켜고 탑에 걸린 종들을 모두 울렸다. 갑자기 온갖 빛과 소리가 쏟아져내렸다. 900여 년 전에 살았던 이들의 헌신과 믿음을 살짝 맛보는 은밀하고도 영광스러운 기분이었다. 옛 사람들도 우리와 똑같은 시편을 노래했으며 우리가 섬기는 바로 그 주님께 기도를 드렸다. 기쁨과 소망의 끈이 과거와 연결지어주는 느낌이 생생했다.

예배당을 나서는데 십대 아이들 여럿이 볼륨을 한껏 올린 채로 포터블라디오를 들고 광장을 가로지르고 있었다. 마치 20세기로 끄집어 들이는 소리처럼 들렸다. 도로 고개를 돌려 예배당을 쳐다보았다. 참으로 아름다운 기도의 집이었다. 피터와 서로 다짐했다. "언젠가 꼭 돌아와서 다시 한 번 저녁기도를 드리세." 그게 올바른 일일 것 같았다. 예배당은 기도하기 위해 지어진 건물이 아니던가!

산산이 부서진 파편들만 가득한 삶 12월 2일 월요일

좌절을 불러오고, 맥을 끊고, 산란하게 만드는 소소하고 잡다한 일들 말고는 특별히 적을 거리가 없는 날이다. 사는 것 같지 않게 지나간다는 느낌이 드는 숱한 나날들 가운데 하루일 따름이다. 편지와 전화, 스치듯 지나쳐가는 손님들과 토막토막 짧은 대화 따위만 수두룩할 뿐, 일다운 일도, 움직이고 있다는 느낌도, 방향감도 없다. 산산이 부서져서 도로 짜 맞추는 게 가능할지 의심스러운 날이다. 예외가 있다면 아마 그걸 글로 남길 때 정도가 아닐까 싶다.

하지만 이런 날들조차 처음부터 끝까지 낭비만은 아님을 깨닫게 해준다는 점은 영성생활이 주는 고귀한 선물이다. 한 시간 남짓 기도가 이어졌고, 성찬예식이 있었고, 생명이 주는 은택에 감사할 만한 순간들이 있었다. 허구한 날 이런 세월을 보내고 있으면서도 딱히 손 쓸 방도를 알지 못하는 수천 또는 수백만 인류와 공감할 기회를 얻었다. 남녀노소를 가리지 않고 수많은 이들이 창의적인 삶을 갈망하지만 스스로 제 삶을 빚어낼 자유를 누리지 못하는 탓에 꿈꾸는 삶을 살아내지 못한다. 오늘 밤엔 그런 이들을 위해 기도하는 게 좋겠다.

중요한게 무엇인지 선택해야 12월 3일 화요일

오늘 앙드레André 신부와 만나서 동요하는 마음에 대해 이야기를 나눴다. 벨기에 출신인 신부는 예수회 소속으로 해마다 얼마쯤 시간을 내어 트롤리에 머물며 라르쉬에서 3년차 훈련과정을 밟고 있는 회원들을 지도하는 한편 여러 도우미들에게 영적인 지침을 주고 있다. 정말 바른 길을 간다는 생각은 들지 않고 다만 정신이 쏙 빠질 정도로 분주하다는 느낌뿐이라고 고백했다. 앙드레 신부는 급한 일과 중요한 일의 차이를 세심하게 분별할 필요가 있겠다고 했다. 하루 종일 급한 일에 정신을 팔다보면 참으로 중요한 일을 하지 못할 테니 늘 불만에 젖을 수밖에 없지 않느냐는 뜻이다. 신부는 말했다. "언제나 급한 일들에 에워싸여 지낼 겁니다. 성품과 생활방식의 일부로 자리 잡게 된다는 얘기예요. 분주한 삶에서 벗어나려고 하버드를 떠나 트롤리로 왔지만 머잖아 이곳 생활 또한 대학에 있을 때만큼이나 바쁘게 돌아가겠죠. 결국 어디에 있느냐는 문제가 아닙니다. 어디가 됐든 어떻게 사느냐가 핵심입니다. 한결같이 중요한 쪽을 선택하고 급한 일도 미루거나 제쳐놓을 수 있다는 사실을 인정하고 받아들여야 한다는 의미입니다."

더할 나위 없이 올바른 충고임을 모르지 않지만 나로서는 거기에 따르기가 한없이 힘들다는 사실도 잘 안다. 그래서 되물었다. "버려야 할 게 무언지 어떻게 압니까? 편지를 받아도 답장을 하지 말고, 책도 쓰지 말고, 누굴 찾아가거나 손님을 맞지도 말고, 기도도 하지 말고,

장애를 가진 이들과 너무 많은 시간을 보내지도 말아야 하는 건가요? 급한 일은 뭐고 중요한 건 또 뭐죠?" 신부는 대답했다. "누구한테 순종할지 결정해야 합니다."

한동안 순종의 문제를 두고 이야기가 오간 끝에 앙드레 신부가 말했다. "내 말에 따라보는 게 어때요? 책을 쓰고 글 짓는 일을 잠시 멈추세요. 서신에는 답장을 보내세요. 찾아오는 이들은 잘 맞아주세요. 불안해하지 말고 여기 라르쉬에 그냥 계세요."

집에 돌아왔을 즈음에는 한결 자유로워진 기분이 들었다. 편지에 답을 하면서 이렇게 시간을 보내는 게 행복했다. 심지어 스스로 다짐하기까지 했다. "다른 일은 안 돼!" 일을 시작했는데도 마음이 쫓기지 않았다.

마음으로 알다 12월 4일 수요일

오늘 밤에는 매주 열리는 모임에 참석하고 함께 저녁을 먹자는 오아시스(쉼터 가운데 하나)의 초대를 받았다. 때마침 거기서 함께 생활하는 식구 대니얼에게 부친이 세상을 떠났다는 소식이 날아온 터라 모든 게 예사롭지 않았다. 자기표현을 몹시 힘들어하는 이들을 위로하고 돕는 데는 각별한 주의와 관심이 필요하다. 오아시스의 도우미들은 어떻게 해야 대니얼이 크나큰 상실의 시기를 잘 헤쳐 나가도록 뒷받침할 수 있을지 궁금해했다.

쉼터 모임 내내, 대니얼은 온 식구들의 주목을 받았다. 그래서인지, 힘겨워하면서도 아들을 잃고 애통해하는 할머니를 보며 깊은 감동을 받았던 사연을 털어놓았다. 다들 관심과 사랑을 품고 이야기에 귀를 기울였다. 곧이어 대니얼이 깜짝 놀랄 만한 제안을 했다. 자기가 머무는 방에 가서 함께 기도해달라며 쉼터의 온 식구들을 초청한 것이다. 저녁기도에 참여한 적도 없고 프라이버시를 지키는 데 무척 예민한 편임을 감안하면 예삿일이 아니었다. 여태 아무도 방에 들인 적이 없던 터였다. 하지만 오늘 밤에는 달랐다. 삶 깊숙한 자리까지 들어와서 한없는 슬픔에 잠긴 자신 곁에 있어주기를 모두에게 청했다.

방바닥에 촛불 몇 개와 조각상이 놓여 있었다. 페페Pépé라는 또 다른 장애인 남성이 고인이 된 어머니의 사진을 가져다가 촛불과 조상들 곁에 세웠다. 절절한 아픔에 동참하는 몸짓이 더할 나위 없이 감동적이었다. 페페는 입을 떼지 않았지만 모친의 초상을 대니얼의 방바닥에 내려놓는 단순한 행동을 통해 그 어떤 동정과 위로의 말보다 많은 이야기를 전달하고 있었다.

우리 열두 명은 좁다란 방에 옹기종기 모여앉아 대니얼과 그의 아버지, 어머니, 할머니, 친구들을 위해 기도했다. 그러곤 예수님을 그린 그림을 보여주며 누군지 아느냐고 물었다. “예수님! 눈에 보이지 않는 분이요.” 대니얼이 대답했다. 그리스도는 좀처럼 잡히지 않는 대상이었지만 오늘 밤, 한데 모인 한 무리의 친구들은 그 어느 때보다 생생하게 주님을 실감하게 해주었다.

도우미로 일하는 식구가 자동차로 집에 데려다주는 길에 말했다. "어떻게 도와야 할지 몰라서 고민이 많았는데, 뜻밖에도 대니얼이 직접 아무도 몰랐던 길을 보여주었어요. 마음은 생각보다 아는 게 훨씬 더 많은 것 같아요."

가난한 이들은 복이 있나니 12월 5일 목요일

지난 주일 아침, 한 주간에 걸친 묵상주간을 마무리하는 자리에서 장 바니에가 짧은 메시지를 전했다. 몇 가지 내용은 일주일 동안 줄곧 머릿속을 맴돌았다. 그저 멋진 말씀들 가운데 하나로 치부하고 넘어가선 안 될 것 같다.

특별히 세 가지 이야기가 기억에 남았다. 첫째로, 장애를 가진 이들과 함께 살며 일하는 사역은 긴 세월이 흘러도 수월해지지 않는다는 지적이다. 도리어 더 힘들어지는 경우가 많다. 장은 스스로 어떤 어려움들을 겪어왔는지 들려주었다. "가난한 이들과 어울려 생활하며 부대끼기를 꿈꾸지만, 실제로 그이들에게 필요한 건 내 소망이나 근사한 사상, 내면의 생각 따위가 아니라 끈끈하게 곁을 지켜주는 일입니다. 함께 지내고 있다는 그럴싸한 생각과 정말 함께 지내는 걸 혼동하는 경우가 얼마나 많은지 모릅니다."

둘째로, 장은 감정에서 벗어나 믿음으로 옮겨가야 한다고 했다. 장애를 가진 이들과의 관계가 감정이나 느낌에 머무는 한, 장기적이고 평생 지속되는 헌신으로 이어질 수 없다. 내키지 않는 상황이 닥쳐도 꿋꿋이 장애인들과 동행하려면 기분의 좋고 나쁨과 상관없이 하나님이 항상 가난한 이들과 더불어 살라고 부르신다는 확신을 가져야 한다. 장은 라르쉬를 찾아와 한 달, 여섯 달 또는 한 해를 작정하고 라르쉬를 찾는 수많은 이들에게 고마운 뜻을 전했다. 주인공들과 라르쉬 모두에게 대단히 중요한 일이라며 높이 평가했다. 하지만 가장 필요한 건 영원히 장애인들과 함께하도록 부름 받았다는 신념을 품은 이들이라고 했다. 그러한 믿음이 가난한 이들과 언약을 맺고 끊어지지 않는 연대를 이룰 수 있게 해준다는 것이다.

마지막으로 가난은, 멋지지도 유쾌하지도 않다는 점을 지적했다. 진심으로 가난해지고 싶어 하는 이는 없다. 누구나 어떻게 해서든 가난을 떨쳐버리려 한다. 그럼에도… 하나님은 특별한 방법으로 가난한 이들을 사랑하신다. 장의 이야기가 가슴을 쳤다. "예수님은 '가난한 이들을 돕는 이들은 복이 있나니' 라고 말씀하지 않으셨습니다. '가난한 이들은 복이 있다' 고 하셨을 따름입니다. 주님은 가난해지는 길로 부르십니다. 가난한 이들을 섬기는 쪽보다 한결, 아니 훨씬 험한 길입니다."

괜찮은 인간이 된 것만 같은 느낌을 줄 힘이 전혀 없는 이들과 하나가 되어 눈에 띄지 않고, 변변찮고, 아무도 알아주지 않는 삶을 산다는 건 눈곱만큼도 매력적인 일이 아니다. 그게 가난으로 통하는 길이다. 탄탄대로는 아니지만 하나님의 길, 곧 십자가의 길이다.

이 세 가지 테마는 엄청난 파장으로 내게 다가왔다. 하나님은 도저히 흘려들을 수 없는 방식으로 내게 말씀하고 계신다. 장 바니에 신부의 생각들은 내 예상을 훌쩍 뛰어넘은 수준이었다. 새로운 방향을 분별하고 설정하는 과정에서 곰곰이 헤아려야 할 이야기들이다.

가 난 과
부 요 함

10

물질적인 가난 다음에는 정신적인 가난이.

정신적인 가난 뒤에는 영적인 가난이 있으며 그 뒤에는 아무것도 없고 '하나님은 곧 자비' 라는 적나라한 신뢰만이 남는다.

수도생활 12월 6일 토요일/파리

피터에게는 이번이 유럽과 첫 대면이어서 트롤리를 비롯한 주변의 조그만 마을들을 보여주는 데 그쳐서는 안 될 것 같았다. 그래서 파리에 하루 반나절 정도를 머물면서 이 엄청난 도시의 아름다움을 만끽하는 동시에 대도시의 영성을 맛볼 기회를 갖기로 했다. 오늘 밤에는 프랑스 전역을 통틀어 새로운 신앙의 기운이 가장 뜨겁게 살아 숨 쉬는 진원지로 단연 각광받는 생 제르베St. Gervais 성당의 저녁기도와 예배에 참석했다.

생 제르베는 예루살렘 수도회Monastic Fraternities of Jerusalem의 영적인 고향 같은 곳이다. 남성과 여성을 위한 공동체를 모두 갖춘 이곳은 지난날 유수한 단체들이 외딴 시골에 수도회와 대성당을 지었던 것과 대조적으로 도시 한복판을 기도처소로 선택했다. 수사와 수녀들, 그리고 예배를 드리려고 일터에서 곧장 달려온 수백 명의 파리지앵들과 어울려 생 제르베에 나란히 앉아 기도하는 건 피터는 물론 내게도 무척 감동적인 경험이었다. 예배의식은 축제적인 동시에 엄숙한, 찬양과 경배의 표현 그 자체였다. 수사와 수녀들은 흘러내리듯 길게 늘어지는 흰 예복을 입고 있었다. 기도하는 분위기를 자아내면서도 운율이 다채롭게 바뀌는 음악에서 비잔틴 예식의 향기가 났다. 이콘과 촛불, 향품이 보였다. 다들 맨바닥이나 조그만 의자에 앉아 있었다. 조용하고, 조화로우며, 경건하고, 평온한 분위기였다. 분주하고 부산한 도시의 대로에서 이 커다란 예배당으로 들어와 성례전이 빚어내는 담박한 광채에 안기는 건 우리 모두에게 감명 깊은 사건이었다.

피터가 예루살렘 수도회 형제자매들의 영성을 소개하는 브로슈어를 집어왔다. 거기 이런 글이 적혀 있었다.

> 더러 장래를 걱정하면서, 혹은 아예 무관심한 채로 제각기 서로에게 남이 되어 외로이 살아가는 허다한 남녀들에게 오늘날 도시의 삶은 광야생활이나 다름없습니다. 예루살렘 수도회 형제자매들은 지금 여러분이 어디에 있든 그 모습 그대로 맞아 하나가 되길 원합니다. 누구나 자유롭게 들어올 수 있는 일종의 오아시스, 기도가 넘치고 서로 반기며 나누는 정신이 살아 있을 뿐만 아니라 진실한 삶이 말과 행동 이상의 의미를 갖는 고요한 공간을 마련해드리고 싶습니다. 사회적인 배경이나 나이, 세계관이 어떠하든지 가리지 않고 모든 이들이 찾아와서 한마음으로 하나님을 찾아갈 수 있는 평화로운 자리입니다.

브로슈어가 설명하는 내용을 생 제르베에서 똑똑히 보았다. 예전부터 도시 한복판에서 참으로 묵상하는 삶을 살 수 있을지 궁금했다. 과연 그게 가능한 일일까? 낭만적인 꿈에 불과한 건 아닐까? 케임브리지대학 시절, 학생들 틈바구니에서 그 비슷한 시도를 해본 적이 있었다. 하지만 분주하고, 차분히 마음을 가라앉히지 못하고, 내면의 긴장을 의식하면서 아직 준비가 되지 않았다는 사실만 확인했을 뿐이다. 요구가 많은 대학에서 감당할 수 있는 차원을 훨씬 웃도는 내밀한 훈련이 필요했다. 그런데 예루살렘 수도회의 수사와 수녀들은 그 작업을 해내고 있었다. 소개의 글은 이렇게 이어지고 있었다.

> 형제자매들은 천만 인구가 붐비는 대도시, 파리에 살기로 했습니다. 도시생활의 고단함은 물론이고 그 소외와 갈등, 노고와 한계를 직접 체험한 터라 파리가 주는 스트레스, 소음공해, 기쁨과 슬픔, 사악함과 거룩함을 잘 알고 있습니다. 수도회의 형제자매들은 파리 시민들과 어울려 지내면서 세상과 구별되는 동시에 연합해 살아가며 분리되어 있지만 공유하는… 한없이 겸손하지만 더할 나위 없이 진실한 방식으로 '하나님나라를 드러내는 표징들'에 주목하도록 돕기를 소망합니다. 이들은 베네딕트 수도회도, 트라피스트 수도회도, 카르멜 수도회도, 도미니크 수도회도 선택하지 않았습니다. 그저 '도시의 사람들' 다시 말해서 '예루살렘의 수사와 수녀들'일 따름입니다.

저녁 7시 30분쯤 밥집을 찾으러 나서려다 친숙한 얼굴들을 보았다. 라르쉬에서 만났던 이들이었다. 이곳 예배당이 수많은 이들의 고향이자 함께 모여 조용히 기도하는 집이고 공동체의 구심점일 뿐만 아니라 예루살렘에 머물면서 바벨론에서 살아가는 게 가능하도록 해주는 쉼터 구실을 하고 있음을 알 수 있었다.

파리의 두 얼굴, 부유와 가난 12월 17일 토요일

오늘 피터와 파리 시내를 두루 걸으며 대도시의 빈곤뿐만 아니라 풍요에도 깊은 인상을 받았다. 서점이든 식료품점이든 다른 곳과는 비할 수 없을 만큼 다채로운 상품들이 가득하다. 도시로 몰려든 인파는 구경하고, 물건을 사고, 커피를 마시고, 생기발랄하게 대화를 나누고, 웃고, 키스하고, 즐겼다.

지하도에서는 기타리스트와 가수가 휴대용 마이크와 스피커를 들고 올라타서 록음악을 연주하며 한푼 보태주길 청했다. 한번은 지하철을 탔다가 춤추는 달과 말하는 곰이 등장하고 감미로운 선율이 흐르는 인형극을 보았다.

파리는 생명과 운동, 미술, 음악 그리고 나이와 인종과 국적을 초월해 각양각색의 사람들이 차고 넘친다. 흔하디흔해서 엄청나게 다양한 감정에 짓눌리는 기분을 떨쳐내기 어려울 만큼 무수한 일들이, 그것도 동시에 벌어지기 일쑤다. 파리는 신나고, 놀랍고, 흥분되고, 자극적이지만 한편으로는 몹시 피곤하기도 하다.

다른 측면도 볼 수 있었다. 거리에서 생활하며, 지하철역사에서 밤을 지새우고, 예배당 입구 계단에서 푼돈을 구걸하는 가난하고 굶주린 이들도 수두룩했다. 직장을 잃고, 알코올중독에 빠지고, 마약을 복용하고, 마음과 몸의 병을 앓는 이들이 이루 헤아릴 수 없을 만큼 많아서 잠자리와 먹거리, 따듯한 말 한마디를 보태주고 싶어도 밑 빠진 독에 물을 붓는 심정이 될 것만 같았다. 파리가 자랑하는 아름다움과 부요함, 풍요로움의 한복판에 어마어마한 고통과 감출 수 없는 외로움, 끝 모를 인간의 고뇌가 도사리고 있었다.

비참한 현실과 거룩한 자비가 교차되는 지점 12월 8일 주일/트롤리

매주 주일 오후 다섯 시에는 장 바니에가 복음서를 묵상하며 얻은 깨달음을 공동체와 나누는 게 관례이다시피 했다. 하지만 올해에는 세계 곳곳을 돌아다닐 일이 많아서 '나눔'이 드문드문 벌어지는 행사가 되고 말았다.

오늘은 신부가 집에 있는 주간이었다. 장은 레 마로니에의 큰방을 잡아 맨바닥에 앉았고 장애인과 도우미, 몇몇 방문객들을 포함해 마흔 명 남짓한 이들이 주위에 모였다. 신부는 누가복음의 본문을 읽고 그 말씀을 깊이 묵상했다. 이런 자리에 함께할 때마다 마치 기도 속으로 들어오라는 친구의 초대를 받은 느낌이 든다. 신학적인 분석도, 까다로운 말도, 복잡한 사상도 없이 그저 하나님 말씀에 깊이 침잠할 뿐이다.

마음을 울리는 이야기가 많았지만, 그 가운데서도 한 구절은 유난히 마음에 남아 점점 그 몸피를 불려갔다. 장은 말했다. "예수님은 끊임없이 작아지는 쪽으로 이끄십니다. 보잘것없고 쓸모없어지는 순간이야말로 비참한 현실과 거룩한 자비가 교차되는 지점입니다. 바로 하나님과 대면하는 마당인 셈입니다."

파리에서 가난한 이들을 보고 온데다가 지난 주일 설교시간에 크리스천이란 가난한 이들을 섬기는 게 아니라 스스로 가난해지도록 부름받은 존재라는 말씀을 들은 터여서 그 한마디가 더 절실하게 다가왔다. 변변찮은 이들, 작은 기쁨, 작은 슬픔을 선택하고 그곳에 하나님이 친히 임하시리라고 믿는 자세야말로 예수님이 걸으신 험한 길이다. 어떻게 해서든 그 길만은 피하고 싶은 거부감이 다시 한 번 불같이 일었다.

작고 연약한 이들을 위해 일하는 건 물론이고 기꺼이 함께할 수도 있지만, 그게 대단한 사건이 되었으면 좋겠다. 예수님을 좇는 길을 세상에서 높이 떠받드는 근사한 길로 바꿔놓고 싶어 하는 속내가 내 안에 늘 박혀 있다. 항상 작은 길을 큰 길로 만들려 한다. 하지만 세상이 한사코 피하길 원하는 곳으로 움직이는 예수님의 행보를 성공 스토리로 만들 수는 없는 노릇이다.

가난한 자리에 이르렀다고 여길 때마다 그 너머에 더 큰 빈곤이 기다리고 있음을 깨닫게 된다. 부유하고, 풍요로우며, 성공적이고, 인정받고, 칭찬받는 세계로 되돌아갈 길은 전혀 없다. 물질적인 가난 다음에는 정신적인 가난이, 정신적인 가난 뒤에는 영적인 가난이 있으며 그 뒤에는 아무것도 없고 '하나님은 곧 자비' 라는 적나라한 신뢰만이 남는다.

혼자서 갈 수 있는 길이 아니다. 오로지 예수님과 동행할 때만 자비만이 존재하는 자리에 도달할 수 있다. 주님이 "나의 하나님, 나의 하나님, 어찌하여 나를 버리셨습니까?"라고 부르짖으셨던 바로 그 곳이며, 그리스도가 새 생명으로 부활하신 지점이기도 하다.

예수님을 따르는 길은 그분과 함께해야만 갈 수 있다. 제힘으로 걸어보려 한다면 영웅주의 자체만큼이나 변덕스러운, 거꾸로 뒤집힌 형태의 영웅주의에 빠지고 말 것이다. 오직 하나님의 독생자이신 예수님만이 전폭적인 포기와 자비의 자리에 이를 수 있다. 예수님은 혼자 힘으로 어찌해보려는 태도를 경계하며 "너희는 나를 떠나서는 아무것도 할 수 없다"고 하셨다. 하지만 거기에 그치지 않고 약속도 주셨다. "사람이 내 안에 머물러 있고, 내가 그 안에 머물러 있으면, 그는 많은 열매를 맺는다." 요 15:5

기도가 뒷받침되지 않는 행동이 아무런 열매도 맺지 못했던 까닭을 이제는 분명히 알 것 같다. 기도 안에서, 그리고 기도를 통하지 않는 이상, 예수님과 긴밀하게 연합하고 그분의 길을 따라갈 힘을 얻을 데가 없다.

보기와 듣기 12월 9일 월요일

피터가 온 뒤로 듣기보다 보기에 더 관심이 간다. 그 친구가 이곳에서 두 주간을 보내는 주요한 목적 가운데는 트롤리 라르쉬의 일상을 포토에세이로 기록하는 것도 포함되어 있다. 그러기에 구구절절 설명하기 어려운 갖가지 요소들이 또렷이 드러날 수밖에 없다. 얼굴 하나만으로도 말로 다 표현할 수 없는 수많은 이야기들을 전할 수 있는 법이다. 장애를 가진 이들 사이에서 말은 으뜸가는 의사소통 수단이 아님에 틀림없다. 종종 눈은 입보다 더 많은 얘길 한다.

피터는 수백 장 씩 사진을 찍었다. 가옥, 문, 조각상의 아름다움과 매력을 포착하는 데서 차츰 뛰놀고, 웃고, 먹고, 어울려 기도하는 사람들의 쉬 드러나지 않는 아름다움과 매력을 잡아내는 쪽으로 서서히 이동해갔다. 슬기롭게도 이곳 공동체에 사는 남녀들의 사진을 찍기 전에 한동안 뜸을 들였다. 서슴없이 카메라 앞에 서자면 서로 신뢰하는 관계가 돈독해질 시간이 필요했다.

사진을 찍겠다는 허락을 받기보다 녹음하겠다는 승낙을 얻어내기가 놀라우리만치 수월했다. 촬영이 녹음보다 한층 더 깊숙이 사생활을 침해한다고 믿는 듯했다. 다행스럽게도 이곳 식구들은 사진가 피터의 존재를 갈수록 편안히 여기게 되었고 심지어 자신들이 머무는 집이나 일터에 와서 작업을 하라고 초대하기까지 했다. 친절하고 참을성 있는 심성 덕에 조금씩 위협적인 인물이라는 인상이 사라지고 하루하루 친구라는 느낌이 짙어졌던 것이다. 친구들에게 얼굴을 보여 주는 걸 즐거워하는 게 당연하다.

'보다'와 '듣다'라는 동사는 복음서에 가장 자주 등장하는 어휘에 속한다. 예수님은 제자들에게 말씀하셨다. "너희의 눈은 지금 보고 있으니 복이 있으며, 너희의 귀는 지금 듣고 있으니 복이 있다. 그러므로 내가 진정으로 너희에게 말한다. 많은 예언자와 의인이 너희가 지금 보고 있는 것을 보고 싶어 하였으나 보지 못하였고, 너희가 지금 듣고 있는 것을 듣고 싶어 하였으나 듣지 못하였다." 마 13:16-17

하나님을 보고 듣는 일이야말로 인간이 받을 수 있는 가장 멋진 선물이다. 둘 다 인식의 통로지만, 성경 전체를 통틀어 하나님을 보는 편이 더 친밀하고 인격적이란 느낌이 든다. 경험에 비추어 봐도 금방 알 수 있는 일이다. 누군가와 함께한다고 할 때, 얼굴을 마주하는 데 비해 전화를 걸어 이야기를 나누는 건 형편없는 방법이다. 통화를 하면서도 "조만간 얼굴 보자"라고 얘기하는 경우가 얼마나 많은가! 보는 게 듣는 것보다 낫다. 훨씬 가깝다.

청중과 독자들에게 들려주거나 읽힐 말을 찾는 나와는 달리, 피터는 보여줄 이미지를 탐색했다. 라르쉬에는 내 글이나 강연을 읽고 들을 만한 식구들이 거의 없겠지만, 피터가 찍은 사진은 몇 번씩이나 되풀이해 보는 이들이 많을 것이다.

피터가 이곳에 있다는 건 커다란 선물이다. 내게만이 아니라 그 친구가 본 걸 보고 똑같은 방식으로 누리고 즐길 이들 모두에게 그렇다.

마리아에게서 얻는 위안 12월 10일 화요일

요즘 기도생활이 무척 버겁다. 아침묵상 시간에는 하나님과 삶 속에 계시는 그분의 임재에 관한 성찰은 오간 데 없고 오만가지 잡다한 상념들이 난무한다. 걱정하고, 화나는 일을 곱씹고, 고민할 뿐, 진심으로 간구하지 않는다.

놀랍게도 다소나마 위안이 되는 건 마리아를 기억하는 기도뿐이다. 다른 신비로운 사건들을 되새길 때는 좀처럼 집중이 되지 않는데 유독 수태고지 사건을 곰곰이 돌아보는 순간에는 진정한 평안과 기쁨을 누리게 된다. "보십시오, 나는 주님의 여종입니다. 당신의 말씀대로 나에게 이루어지기를 바랍니다"눅 1:38라는 고백을 듣고 있노라면 안온한 평안이 밀려온다. 보통은 말씀을 붙잡고 이리저리 이해하려 안간힘을 쓰는 대신 가만히 앉아서 마음에 들려오길 기다렸다.

마리아는 한없이 솔직하고, 자유로우며, 신실하다. 이해의 폭을 훨씬 뛰어넘는 이야기에도 온전한 마음으로 귀를 기울인다. 천사가 전해준 소식이 하나님의 전갈임을 잘 알고 있다. 상황을 명쾌하게 파악하길 원하기는 했지만 말씀의 권위를 의심하지는 않았다. 가브리엘이 가져온 메시지가 삶을 완전히 흐트러뜨려놓을 줄 알면서도 물러서지 않았다. "그대가 잉태하여 아들을 낳을 터이니… 더없이 높으신 분의 아들이라고 불릴 것이다"라는 말을 들은 마리아는 물었다. "나는 남자를 알지 못하는데, 어떻게 이런 일이 있겠습니까?" 그러자 세상 누구도 들어본 적이 없는 뜻밖의 답변이 돌아왔다. "성령이 그대에게 임하시고, 더없이 높으신 분의 능력이 그대를 감싸줄 것이다. 그러므로 태어날 아기는 거룩한 분이요, 하나님의 아들이라고 불릴 것이다." 마리아는 전폭적인 순종으로 반응했으며 그 덕에 예수님뿐만 아니라 그리스도를 믿고 따르는 모든 이들의 어머니가 될 수 있었다. "당신의 말씀대로 나에게 이루어지기를 바랍니다." 눅 1:31-32, 34-35, 38

내면에서 사랑의 역사를 이루시는 하나님을 향해 보일 수 있는 가장 심오한 반응을 압축하고 있는 이 말씀을 듣고 또 듣는 중이다. 하나님은 성령님을 보내 삶을 인도하길 원하시지만 과연 우리는 그럴 수 있도록 자신을 내어 맡길 준비가 되어 있는가? 마리아, 그리고 가브리엘과 함께 머물며 역사의 흐름을 완전히 바꿔놓는 말씀을 듣고 있노라면 평화와 안식이 찾아든다.

오늘 아침, 앙드레 신부와 이런 경험을 나누었다. 신부는 말했다. "그냥 거기 계세요. 마리아와 함께요. 길을 알려주리라는 점을 굳게 믿으세요. 거기서 평화와 안식을 얻을 수 있다면 굳이 다른 데 눈을 돌릴 필요가 없습니다. 한결같이 바라봐주길 그분이 기대하고 있다는 건 어김없는 사실입니다. 그렇게 해드리세요. 그럼 마음이 그토록 어지러워지는 이유를 곧 알게 될 겁니다."

간단하고, 유익하고, 위안이 되는 조언이었다. 이제는 죽을힘을 다해 서두를 까닭이 없다. 위로를 구할 수 있는 자리에 멈춰 서도 좋다는 허락을 받았으니 말이다. 마리아가 하나님의 사랑에 "예"라고 응답했던 곳도 바로 그 지점이다.

함께하는 일 또는 함께 있는 것 12월 12일 목요일

오늘 피터가 떠났다. 공동체를 알아가면서 점점 더 편안해하던 참이라 좀 더 같이 지내고 싶었다. 작업을 다 끝내고, 만나야 할 이들을 다 찾아보고, 봐야 할 걸 다 보기에 열이틀은 지나치게 짧다는 생각이 들었다. 그래도 여기까지 와준 것만으로도 감사하다. 이제는 이곳 트롤리 라르쉬의 실상을 어느 정도 헤아리게까지 된 터였다. 앞으로 함께 일하는 데 적잖이 보탬이 될 게 틀림없다. 이편이 살고 있는 상황을 눈앞에 그리고, 글에 등장하는 이들의 이름을 알아보고, 케임브리지로 찾아오는 이들에게 프랑스에서 라르쉬가 무슨 일을 하고 어떻게 돌아가는지 설명해주기에는 한 점 부족함이 없을 정도였다. 여기서 지내는 동안 촬영한 600여 장의 사진들은 그런 이야기를 하는 데 분명 큰 도움이 될 것이다.

특별한 용무 없이 그저 함께 있었던 시간이 너무 적었던 게 다소 아쉽다. 언제나 무언가 할 일이 있었던 것 같다. 심지어 너무 조용해서 따분하기까지 한 시골마을에서조차 시간은 나는 듯 흘러갔다. 우정은 더할 나위 없이 소중한 선물이지만 툭하면 잊어버린다. "어떻게 살 것인가?"보다 "무슨 일을 해야 하는가?"를 먼저 생각하기 쉽다. 우리가 손발을 맞춰 해야 할 일보다 우정이 훨씬 중요하다. 피터는 말할 것도 없고 나 역시 지성적으로든 감정적으로든 그 사실을 정확하게 알고 있지만 행동으로 옮기는 데는 아직 부족한 것 같다.

서서히 역을 벗어나는 기차를 지켜보며 생각했다. '다시 오겠지. 그때는 더 오래 머물면서 더 많이 기도하고, 이야기하고, 하는 일 없이 시간을 보내기도 할 거야.' 그러자면 나부터 완전히 딴판이 돼야 한다는 걸 잘 안다.

그럼에도 더불어 시간을 보내면서 관계가 단단해지고 서로를 사랑하는 마음이 깊어진 건 엄연한 사실이다. 아직 서로 원하는 이는 끊임없이 서로 용서함으로써 성장하는 사랑이다. 아직까지 서로 함께 있지 못해 안달하는 사이는 아니기 때문이다.

뚜렷한 부르심

11

하나님은 언제나 우리 한 사람 한 사람을 개별적으로 택하셨지만,
그들이 연합해서 그분의 선택을 성숙시키길 기대하시는지도 모른다.

부르심 12월 13일 금요일

어제는 피터가 떠난 날이었을 뿐만 아니라 캐나다 데이브레이크로부터 그곳 공동체와 함께 해달라고 부르는 긴 서신을 받은 날이기도 했다.

친구가 떠난 날 편지가 도착했다는 사실은 내게 커다란 상징적 의미를 갖는 사건이었다. 8월 15일쯤 피터는 나와 함께 진행하던 작업을 마무리 짓고 지질학 논문을 쓰기 시작할 것이다. 조 이건은 8월 29일부터 데이브레이크 공동체에 들어와 살자고 초대했다. 무언가가 매조지 되어가고 한편으로는 새로운 일이 시작되려 한다. 케임브리지 시절이 끝나고 낯선 방향으로 움직이길 요구받고 있다.

조는 편지에 썼다. "데이브레이크 공동체 운영위원회에서 보내드리는 서신입니다. 우리 데이브레이크 공동체에 와서 함께 생활해주시는 문제를 신중하게 검토해주시길 부탁드리고자 합니다. … 우리에게 오셔서 나눠줄 은사가 신부님에게 있다고 진심으로 믿습니다. 동시에 데이브레이크는 귀하에게도 훌륭한 마당이 되리라고 생각합니다. 가정을 제공하고 사랑을 베풀며 성장을 이끌어줄 공동체를 마련해드림으로써 글 쓰고 강연하는 신부님의 중요한 소명을 뒷받침해드릴 수 있게 되길 바랍니다."

글을 읽으며 한없는 감동을 받았다. 이토록 명백하게 부름을 받은 건 생전 처음이었다. 서품을 받은 뒤로부터 목회자로서 했던 일들은 하나 같이 직접 주도권을 쥐고 이뤄낸 결과들이었다. 메닝거 병원 Menninger Clinic, 노트르담 대학, 예일 대학, 하버드 대학, 라틴아메리카에서 했던 일들도 모두 스스로 고른 사역들이었다. 전반적으로 만족스러웠지만 어쨌든 시종일관 나의 선택이었다. 알프링크Alfrink 추기경과 빌레브란츠Willebrands 추기경을 직속상관으로 모셨고 지금은 시모니스Simonis 추기경의 지도를 받고 있지만 이번처럼 구체적인 임무를 부여한 이는 아무도 없었다. 주체적으로 내린 결정을 언제나 인정하고 지지해주었을 따름이다.

그런데 지금 한 공동체가 말하고 있다. "우리와 함께 삽시다. 주기도 하고 받기도 하십시오." 조의 초대는 일자리를 주겠다는 제안이 아니라 와서 가난한 이들과 살라는 진정어린 부름임을 잘 안다. 넉넉한 급여나, 근사한 거처나, 특별한 혜택을 줄 만한 힘이 그이들에게는 전혀 없다. 이건 완전히 새로운 일이다. 그리스도를 좇으며 성공과 성취, 명예의 세계를 떠나서 예수님 한 분만을 믿고 의지하라는 실체적인 부름이다.

도우미와 장애인들 모두와 상의된 일이었다. 공동체 전체가 합의한 초대인 셈이다. 많은 기도와 검토 끝에 내린 결정이었다. 예수님의 뜻을 보여주는 구체적인 신호를 원한다면, 이만한 게 또 있을까 싶다.

몹시 망설여진다. 낯선 나라에 가서 장애를 가진 이들과 어울려 사는 건 단번에 끌릴 만한 일이 아니다. 그럼에도 조의 편지는 이러저러한 일을 해달라고 부탁하는 다른 서신들과는 사뭇 다르지 않느냐는 목소리가 마음 한 구석을 차지하고 있다. 이건 기도의 응답이다. 그동안 어디로 가야 할지 알려주시길 예수님께 간구해오지 않았던가! "주님, 거룩한 뜻을 보여주시면 그대로 따르겠습니다"라고 고백했던 게 한두 번이 아니었다. 결국 그분의 답을 받았다. 상상조차 하지 못했을 만큼 실질적이고 구체적인 응답이다.

다가올 몇 달은 거기에 대한 답변을 신실하게 성숙시켜가는 기간이 될 것이다. 네덜란드에 있는 시모니스 추기경에게 알리고 조의 제안을 받아들이는 데 대한 승인을 요청해야 한다. 설령 가기 싫은 곳으로 부르신다 하더라도 마음을 다해 예수님의 명령에 순종할 수 있는 힘과 용기를 주시도록 기도해야겠다.

오늘의 현실에 충실한 삶 12월 18일 수요일

세잔의 그림을 복제한 엽서 몇 장을 산 지 딱 일주일 만에 라이너 마리아 릴케가 쓴 《세잔의 작품에 부치는 편지 *Letters on Cézanne*》란 책을 크리스마스 선물로 받았다. 기분 좋은 우연이다. 《젊은 시인에게 보내는 편지 *Letters to Young Poet*》를 읽은 뒤로 작가와 마음으로 연결된 느낌이다. 이제 작가는 세잔을 내게 소개해줄 것이다. 화가의 그림을 아주 좋아하지만 아직 속속들이 알지 못했는데 구석구석 들여다볼 수 있도록 릴케가 도와주리라 믿는다.

아내 클라라에게 편지에서 생 빅투아르 산Mont Sainte-Victoire을 그린 세잔의 그림을 거론하면서 릴케는 이렇게 말했다. “모세 이후로 그 누구도 이처럼 장엄한 산을 본 적이 없을 거요. … 세잔이 자신의 작품과 하나가 된 것처럼 하나님과 연합할 수 있는 이는 오로지 성인들뿐이리라 믿소.”[5] 릴케에게 이 화가는 새로운 방식으로 실체를 볼 수 있게 해주는 참으로 신비로운 인물이었다. 작가는 편지에서 세잔을 “실재를 색깔만 남도록 졸이고 또 졸인 끝에 색채를 초월해 그 본질이 과거를 상상할 수 없을 만큼 완전히 새로워진 존재로 다시 살아나게 만드는”[6] 화가로 평가했다.

릴케에 따르면, 세잔은 오늘의 현실에 지극히 충실했기에 그 본질을 꿰뚫어볼 수 있었다. 이는 릴케의 소원이기도 했다. 작가는 현재에 온전히 머물지 못해서 또렷이 세상을 보지 못하는 걸 못내 아쉬워했다. 릴케는 이렇게 적었다. “늘 미완성이고, 무능력하고, 산만한 현재를 물려받는 까닭에 다들 몹시 형편없는 삶을 산다오. 돌아보면 그처럼 부끄럽거나 고약한 기억에서 자유로운 순간을 찾아보기 어렵구려. 아무것도 잃어버리지 않고 살았던, 그러니까 지극히 사소한 부분에 이르기까지 분명코 언제나 한결같은 상태로 존재하는, 말로 형언할 수 없는 실재를 발견했던 시절이라고는 루스(릴케의 딸)가 태어난 때로부터 열흘 정도가 고작이었던 것 같소.”[7]

세잔의 그림은 릴케에게 ‘상실 없이’ 살 수 있는, 다시 말해서 처음부터 끝까지 오늘에 충실해서 진정으로 볼 줄 아는 인물이었다. 작가

역시 그 경지에 이르려고 안간힘을 썼다.

릴케 그리고 세잔과 마주치게 돼서 얼마나 기쁜지 모르겠다. 둘 다 진실한 삶과 참다운 인식이 하나가 되는 지점으로 나를 더 가까이 데려다주기 때문이다.

올바른 영광, 헛된 영광 12월 18일 수요일

라르쉬에는 규모가 작은 갖가지 모임들이 있다. 평화, 갈등해소, 또는 의학과 관련된 그룹이 있는가 하면 영성, 정치, 경제를 연구하는 팀도 있다. 장 바니에는 나더러 요한복음을 공부하는 그룹을 인도해달라고 부탁했다. 오늘 밤 그 세 번째 모임을 가졌다.

'영광' 이라는 말에 관해 이야기를 나눴다. 보면 볼수록 이 단어가 요한복음의 핵심을 이루고 있다는 확신이 든다. 우선 하나님의 영광이 있다. 생명으로 이끄는 올바른 영광이다. 반면에 인간의 영광도 있다. 죽음으로 데려가는 헛된 영광이다. 자신이 기록한 복음서 전반에서 요한은 어떻게 주님에게서 비롯된 영광을 외면하고 헛된 영광을 좇으려는 유혹에 빠지게 되는지 보여준다.

인간의 영광이 어떤 형태로든 늘 경쟁에 끈이 닿아 있다는 사실을 깨닫기 전까지는 이러한 사실을 알면서도 별다른 감흥이 없었다. 인간의 영광은 남보다 더 낫거나, 아름답거나, 힘이 세거나, 성공했다는 의식의 소산이다. 사람이 주는 영광은 다른 이들에 비해 상대적으로 좋은 평가를 받은 결과다. 스코어보드에 기록된 점수가 높을수록 더 큰 영광이 돌아온다. 이런 영광은 상승곡선과 같은 궤적을 그린다. 성공의 사다리를 타고 꼭대기를 향해 올라갈수록 더 많은 영광을 거둘 수 있다. 하지만 바로 그 영광이 어둠도 몰고 온다. 경쟁을 기반으로 한 영광은 선두다툼으로 이어진다. 다툼은 폭력의 도화선을 품고 있다. 폭력은 곧 죽음으로 이어지는 통로다. 그러기에 인간의 영광은 허망하고, 거짓되며, 언젠가 스러질 영광이다.

그렇다면 어떻게 하나님의 영광을 보고 입을 수 있을까? 요한은 직접 기록한 복음서에서 하나님이 스스로 수치를 당하심으로써 그분의 영광을 드러내는 길을 택하셨다는 사실을 알려준다. 복음인 동시에 헷갈리는 소식이다. 끝없이 지혜로우신 하나님은 경쟁이 아니라 긍휼을 통해, 다시 말해서 인류와 더불어 고난을 받으심으로써 그 거룩함을 나타내기로 작정하셨다. 위에서 아래로 내려오는 방식을 취하신 것이다. 영광을 받는다든지 영화롭게 한다는 말씀을 하실 때마다 예수님은 늘 수치와 죽음을 함께 언급하셨다. 예수님이 하나님께 영광을 돌리고, 아버지의 영광을 입으며, 우리에게 그 영광을 알려주셨던 건 십자가의 길을 통해서였다. 부활의 영광은 십자가의 영광과 결코 나뉠 수 없다. 다시 사신 주님은 늘 그분의 상처를 드러내신다.

그러므로 하나님의 영광은 인간의 영광과 지극히 대조적이다. 인간은 위로 움직이며 영광을 추구하지만 주님은 아래쪽으로 이동하며 영광을 보여주신다. 진심으로 하나님의 영광을 목격하고 싶다면 예수님과 더불어 낮은 곳으로 내려가야 한다. 가난한 이들, 억압받는 이들, 장애를 가진 이들과 하나가 되어 살아야 할 가장 심오한 이유가 여기에 있다. 그이들이야말로 하나님의 영광이 밝게 비치는 통로기 때문이다. 그이들은 주님께 이르는 길, 구원의 길을 열어 제시한다.

라르쉬는 지금 막 그런 사실을 내게 가르치기 시작하는 참이다.

친구를 사귀다 12월 21일 토요일

네이선과 차츰 가까운 친구가 되어가고 있다. 새로운 우정이 싹트는 건 참으로 멋진 경험이다. 평소에도 우정을 하나님이 내게 주신 가장 큰 선물로 꼽아야 한다고 믿어왔다. 개인적인 생각이지만, 그만큼 생기를 불어넣는 선물은 다시없을 것이다. 트롤리에 와서 훌륭하고, 사랑스러우며, 따듯한 심성을 가진 이들을 수없이 만났다. 내게는 다들 큰 기쁨을 길어 올리는 샘물이었다. 여길 떠나게 되면 고맙고 애틋한 심정을 가지고 그리워하겠지만 지속적으로 서로 사랑하며 지지하는 관계를 유지하기는 힘들지 않을까 싶다. 그러기에 뭇 사람들 가운데서 친구, 곧 삶을 나눌 새로운 동반자, 죽는 날까지 어디든 함께 갈 상대를 찾는 일은 비길 데 없이 근사한 사건이다.

네이선은 캐나다 사람이다. 양친은 침례교회에 다니는 크리스천인데 캘거리 인근에 '킹스 폴드King's Fold'라는 조그만 수양관을 세우기도 했다. 이태 전, 네이선은 가톨릭교회에 들어왔다. 트롤리 라르쉬의 식구가 되어 장애인들과 함께 살고 일한 지 얼마 되지 않아서였다. 긍휼히 여기는 마음이 유난히 깊었다. 심하게 상하고 깨진 이들에게 쏟는 애정이 얼마나 각별한지 집 앞에서 친구들과 어울리는 모습을 볼 때마다 항상 가슴이 뭉클해지곤 했다. 장애를 안고 살다가 몇 해 전에 세상을 떠난 동생을 보살피면서 몸에 밴 태도였다.

지난 몇 달 사이에 서로를 더 잘 알게 되었다. 특히 네이선이 캐나다에 있는 가족과 친구들을 보러 한 달 남짓 자리를 비우면서 우리의 관계가 얼마나 의미심장한지 실감하게 됐다. 몹시 그리워하며 돌아올 날만 손꼽아 기다렸던 것이다.

이틀 전, 마침내 친구가 돌아왔고 오늘은 밖에 나가 저녁을 먹었다. 얼마나 보고 싶어 했는지 알릴 필요가 있다는 생각이 들었다. 낯을 익힌 뒤로 진실한 애정이 꾸준히 자라왔다는 사실을 떠나 있는 사이에 깨달았다는 얘길 해주었다. 네이선은 자신도 뜨거운 우정을 확인했노라고 화답했다. 지난날의 경험과 장래의 계획을 나누면서 이처럼 둘이 가까워진 데는 하나님의 분명한 뜻이 있음을 알게 됐다. 친구는 9월부터 토론토에서 신학공부를 시작하려 준비하고 있었다. 그동안은 데이브레이크에서 살 작정이었다. 주님이 새로운 나라와 새로운 공동체로 부르실 뿐만 아니라 한결 수월하게 그 명령을 따를 수 있도록 새로운 친구를 사귀게 하셨다고 생각하니 고맙고 기쁜 마음에 가슴이 벅차올랐다.

함께 듣다 12월 22일 주일

성탄절을 준비하는 의미에서 오늘은 복음서 가운데 두 어머니가 만나는 대목이 낭독되었다. 요 몇 달 새, 마리아가 사촌 엘리사벳을 찾아가는 이야기가 뜻 깊게 다가왔다.

마리아는 장차 “더없이 높으신 분의 아들”을 낳으리라는 엄청나고도 충격적인 전갈을 받는다. 인간의 머리로는 도무지 납득이 가지 않는 일인데다가 그동안 꾸려온 소박한 삶을 뿌리째 흔들어놓는 소식이었으므로 마리아는 극심한 외로움을 느낀다. 요셉이나 가까운 친구들, 친척들이 있지만, 누구라서 이처럼 기가 막힌 상황을 이해해줄 수 있겠는가? 스스로에게도 설명이 되지 않는 은밀한 이야기를 누구와 나눈다는 말인가?

마리아가 새로 부여받은 삶 앞에서 외로워하는 건 하나님의 뜻이 아니었다. 천사는 말한다. “보아라, 그대의 친척 엘리사벳도 늙어서 임신하였다. 임신하지 못하는 여자라 불리던 그가 임신한 지 벌써 여섯 달이 되었다. 하나님께는 불가능한 일이 없다.” 눅 1:36-37

하나님은 속내를 털어놓을 만큼 친밀한 친구를 소개해주셨다. 엘리사벳도 마리아처럼 주님의 거룩한 역사를 경험했으며 믿음으로 반응하길 요구받았던 인물이었다. 그이 말고는 아무도 그런 식으로 마리아 곁에 있어줄 수 없었다.

그러므로 "그 무렵에 마리아가 일어나, 서둘러 유대 산골에 있는 한 동네로 가서"[눅 1:39] 엘리사벳을 만난 건 충분히 납득할 만한 일이었다.

단순하고도 신비로운 이 만남은 참으로 감동적이다. 불신이 넘치고, 매사에 회의하며, 실용주의와 냉소가 판치는 세상에서, 두 여인은 서로 만나 주님이 주신 약속을 확인했다. 인간의 관점으로 보기에는 불가능한 사건이 둘에게 일어났다. 하나님이 친히 오셔서 오래 전에 약속한 구원을 이루기 시작하셨다. 두 여인을 통해서 주님은 역사의 방향을 바꾸기로 결심하셨다. 누가 이런 일을 상상이나 해봤겠는가? 누군들 이런 얘길 믿을 수 있겠는가? 누가 이런 엄청난 말씀에 고분고분 따를 수 있겠는가? 하지만 마리아는 말한다. "당신의 말씀대로 나에게 이루어지기를 바랍니다." 그러곤 엘리사벳만이라면 그런 판단에 동의해줄 수 있으리라는 사실을 알아챈다. 석 달 동안 두 여인은 함께 살며 하나님이 주신 어머니 역할을 진심으로 받아들이도록 서로 격려한다. 마리아의 존재는 엘리사벳으로 하여금 "더없이 높으신 분의 예언자"[눅 1:76]를 낳으리라는 확신을 더해주었으며, 엘리사벳의 존재는 마리아에게 "더없이 높으신 분의 아들"[눅 1:32]을 품은 어머니가 되리라는 인식이 갈수록 깊어지게 해주었다.

마리아도 엘리사벳도, 외로이 그날을 기다릴 필요가 없었다. '불가능한 일이 없으신' 하나님을 더욱 신실하게 믿도록 서로 격려해가며 함께 기다릴 수 있었다. 비길 데 없이 전격적으로 역사에 개입하시는 주님의 말씀을 그렇게 공동체를 이루어 귀를 기울이고 또 받아들였던 것이다.

두 어머니가 만나는 본문은 우정과 공동체의 의미를 가르쳐준다. 하나님의 은혜를 확인해주고, 깊이를 더해주고, 더 든든히 다져줄 이들의 공동체 가운데 머물지 않는다면, 어떻게 거룩한 은총이 삶 속에서 온전히 작동될 수 있겠는가? 혼자서는 이처럼 새로운 인생을 살 수 없다. 하나님은 은혜를 입은 자녀들이 외톨이가 되길 바라지 않으신다. 도리어 새로운 우정을 쌓고 은혜가 자라서 온전해지며 열매를 맺는 새로운 공동체를 이루길 원하신다.

따라서 교회 안에 새로운 생명이 드러나는 사건이 만남에서 비롯되는 경우가 적지 않다. 도로시 데이는 단 한 번도 '가톨릭일꾼The Catholic Worker' 운동을 스스로 고안해냈다고 주장하지 않았으며 늘 피터 모린과의 만남이 낳은 결실이라고 이야기했다. 장 바니에 역시 결코 제힘으로 라르쉬를 시작했다고 말하지 않는다. 토마 신부와 만난 게 이 공동체의 진정한 출발점이었다고 지적할 따름이다. 그처럼 둘 또는 그보다 많은 이들의 만남 가운데서 저마다의 은사를 확인하고 서로 세워서 "당신의 말씀대로 우리에게 이루어지기를 바랍니다"라고 고백할 수 있도록 힘을 보탰던 것이다. 하나님은 이런 방식으로 세상에 새로운 소망을 주셨다.

엘리사벳은 마리아로 하여금 하나님의 어머니가 되도록 도왔다. 마리아는 엘리사벳으로 하여금 독생자의 이름을 선포하는 세례 요한의 어머니가 되게 도왔다. 어쩌면 하나님은 언제나 우리 한 사람 한 사람을 개별적으로 택하셨지만, 그들이 연합해서 그분의 선택을 성숙시키길 기대하시는지도 모른다.

성탄절에 드리는 기도 12월 23일 월요일

오 예수님, 주님의 길을 인정하고 받아들이는 건 얼마나 힘든 일인지요. 주님은 고향에서 멀리 떨어진 이곳에 작고 힘없는 아이로 태어나 제게 오십니다. 저를 위하여 당신의 나라에서 이방인으로 사십니다. 저를 위하여 당신의 백성들로부터 배척당하시고, 친구에게서 오해를 받으시고, 하나님께 버림받는 아픔을 뼈저리게 맛보셨으며 마침내 범죄자의 신분으로 성 밖에 끌려 나가 처형을 당하셨습니다.

주님의 탄생을 축하할 준비를 하면서, 줄곧 사랑받고, 인정받고, 이 땅에서 안락함을 향유하려 안간힘을 쓰는 한편, 끊임없이 달려드는 소외감과 괴리감을 떨쳐버리려고 발버둥을 칩니다. 하지만 이제는 과연 드문드문 찾아오는 소속감이 집 없이 떠돌고 있다는 뿌리 깊은 감정보다 더 주께 가까이 다가서게 만드는지 의심스럽기만 합니다. 어디서 주님의 탄생을 진심으로 축하해야 하는 걸까요? 아늑한 집일까요, 아니면 낯선 주택일까요? 따듯하게 맞아주는 친구들이 있는 공간일까요, 아니면 낯선 얼굴들 틈바구니일까요? 행복감을 만끽하면서일까요, 사무치는 외로움을 느끼면서일까요?

예수님의 경험과 가장 비슷한 체험을 피할 이유가 없습니다. 주님이 세상에 속하지 않으신 것처럼, 저 또한 이 땅에 매이지 않습니다. 이런 느낌이 들 때마다 감사하며 주님을 더 잘 받아들이며 거룩한 기쁨과 평안을 한층 충만하게 맛볼 기회를 누립니다.

오소서, 주 예수님. 가장 가난해진 자리에 저와 함께해주소서. 주님이 구유를 찾고 빛을 비추실 자리가 바로 거기임을 믿습니다. 오소서 주님, 오소서 예수님.

아멘.

준비하라! 12월 24일 화요일

토마 신부는 설교를 하면서 성탄절을 앞둔 기간은 그리스도 오심을 기다리며 마음을 가다듬는 기도에 몰입하는 기간이 되어야 한다고 거듭 강조했다. 주님을 맞을 준비를 제대로 갖추어야 한다는 뜻이다. 그리스도는 우리 가운데 태어나길 바라신다. 물론 이편에서도 솔직하고, 기꺼워하며, 열성적이고, 진실하게 환영해야 한다. 그러기 위해 대림절, 특히 성탄절을 기다리는 며칠간이 필요한 것이다.

날마다는 아니지만, 자주 스스로 다짐한다. "오늘은 따로 시간을 내서 온전히 기도하고, 기대하는 마음으로 기다리며, 그저 가만히 앉아 있도록 해야지." 하지만 늘 관심의 초점을 흐트러뜨리는 오만가지 일거리들을 좇느라 하루해가 다 가곤 한다. 그래서 날이 저물면 좌절하고, 분노하고, 스스로에게 실망한다.

오늘은 더 심했다. 아침만 해도 하루를 완전히 비워 기도만 할 심산이었다. 그런데 막상 저녁이 되고 보니 시간이 어떻게 흘러갔는지 알 길이 없었다. 크리스마스의 껍질들(선물, 장식, 짤막한 방문)이 시간을 차지하는 바람에 마치 성기게 쌓은 돌둑 틈으로 물이 새나가듯 하루가 다 허비되고 말았다. 급한 일과 중요한 일을 구별하라는 앙드레 신부의 말을 떠올리기가 이토록 어렵다는 말인가!

종종 생각하기는 한다. '인생은 하루 같아서 쏜살같이 지나간다. 하루하루를 허투루 보낸다면 어떻게 평생을 깨어 살 수 있겠는가?' 급한 일을 제쳐두고 정말 중요한 일을 해야 한다는 가르침을 아직 온전하게 믿지 못하고 있다는 점을 부인할 수는 없을 듯하다. 이는 결국 깊고 강한 확신의 문제로 이어진다. 일단, 크리스마스트리를 준비하는 쪽보다 마음을 가다듬는 편이 더 중요하다고 진정으로 확신하게 되면, 하루를 마무리하며 좌절감에 시달리는 일이 썩 줄어들게 될 것이다.

크리스마스이브니만큼, 좀 멋진 내용을 적을 수 있었으면 좋으련만! 하지만 경건한 글을 쓰기보다 진실한 고백을 기록하는 편이 낫다. 하나님이 오고 계신다. 부산하고 불안한 심령에 그분이 오신다. 마음에 가득한 좌절과 혼란을 예수님께 드린다. 주님이 그걸로 무언가를 이루시리라 믿는다.

메마른 성탄절 12월 25일 수요일

다시 성탄절이 다가왔다. 초록색 나뭇가지, 빨간색 전등, 하얀 가운을 입은 성가대 소년들로 심야예배는 온통 잔치분위기였다. 예배당은 교인들로 발 디딜 틈이 없을 정도였고, 찬송은 감미로웠으며, 토마 신부의 설교는 감동적이었다. 마담 바니에의 다이닝룸에서 내가 인도한 새벽예배는 단출하고 조용했다. 오전 11시에 드린 낮 예배는 고매한 토마 신부가 전하는 여러 가지 귀한 말씀들로 기쁨이 넘치고 풍성했다.

토마 신부는 성탄절에 깃들인 신비는 한없이 깊어서 그 오묘함을 드러내기 위해 교회는 세 차례 예배를 드린다고 설명했다. 하나하나가 가장 내밀한 자아, 가족과 공동체 속에서 살아가는 삶, 피조세계 전반을 어루만져주었다.

낮 예배가 끝난 후에는 성대한 잔칫상이 차려지고 다들 선물을 주고받았다. 오후에 잠깐 눈을 붙인 뒤에 마담 바니에, 그리고 캐나다 데이브레이크 공동체에서 막 도착한 조 코크Jo Cork와 더불어 잠시 이야기를 나누었으며, 글도 조금 썼다.

아름다운 성탄절이 되기에 부족함이 없었다. 하지만 진심으로 하나가 되기가 어려웠다. 호의적인 방관자가 된 것만 같은 느낌이었다. 아무리 애를 써도 기분이 달라지지 않았다. 끼지 못하고 따로 놀고 있다는 느낌을 지울 수가 없었다. 심지어, 어쩌자고 저렇게들 분주하게 몰아치며 요란을 떠는지 의아해하는 신앙 없는 이들의 시선으로 눈앞에 펼쳐지는 광경들을 넋 놓고 바라보는 순간들도 있었다. 영적으로 대단히 위험한 마음가짐이다. 빈정대고, 비꼬고, 우울해하는 태도를 낳게 된다. 바라는 바도 아니고 그러려는 뜻을 가졌던 것도 아니었다. 제힘으로는 빠져나올 수 없는 정신 상태에 빠져 있었을 따름이다.

하지만 그런 가운데서도 어떤 면으로든 성탄절 자체로 은혜가 된다는 걸 알 수 있었다(비록 감정이 뒷받침되지는 않았을지라도). 노래와 음악, 들뜬 기분, 근사한 예식, 멋진 선물, 푸짐한 잔칫상, 오고가는 따듯한 말들 따위가 성탄절을 만들지 못한다는 점 정도는 진즉부터 알고 있었다. 크리스마스는 온갖 정서와 느낌을 초월해 무언가에 대해 "예"라고 답하고 있다. 이편의 생각이나 감정에 매이지 않는 하나님의 주권에 토대를 둔 소망에 대해 "예"라고 반응하는 것이다. 세상을 구원하는 일은 내가 아니라 하나님의 역사라는 믿음이 성탄이다. 제대로 보지도, 정확히 느끼지도 못하는 게 인생이다. 그럴 수 있다고 말한다면 거짓말이다. 세상은 완전하지 않다. 스스로 불행을 절감하는 내 현실만 보아도 알 수 있는 노릇이다. 이처럼 깨어진 세상이 더없이 높으신 분의 아들, 평화의 왕, 구세주라고 불리는 아기가 태어난 자리다.

그분을 바라보며 기도한다. “주님, 제 정서나 뜻과 상관없이 이곳에 와주셔서 고맙습니다. 주님의 마음은 제 의중보다 월등하게 큽니다.” 어쩌면 이렇다 할 느낌이나 생각이 없는 크리스마스가 나를 하나님이 인류와 함께하신다는 참다운 신비에 더 가까이 다가가도록 이끌어줄지 모른다. 지금 필요한 건 순전하고 적나라한 신앙이다.

집으로 가다

12

자족하는 분위기가 온 나라에 넘쳐흘렀다.

안팎을 통틀어 하나님과,

오로지 하나님 한 분과 함께할 여지 따위는 보이지 않았다.

걱정 12월 26일 목요일 / 네덜란드

마담 바니에, 조 코크와 더불어 성찬식을 인도한 뒤에 바버라가 자동차로 콩피에뉴 역까지 데려다주었고, 거기서 고국으로 가는 기차를 탔다.

네덜란드에 있는 가족과 친구들을 만나러 가는 내내 심중에 걱정과 두려움 같은 게 가득했다. 어린 시절을 함께했던 이들 가운데 대다수는 교회를 떠났으며 어렴풋하게나마 영적인 색채가 묻은 영역과는 아예 담을 쌓고 지내다시피 하는 실정이었다. 영성이 풍부한 이들에게 신령한 이야기를 하는 일은 식은 죽 먹기나 다름없다. 하지만 '하나님의 말씀'이라면 아픈 기억부터 떠오르기 십상인 이들에게 저마다의 마음과 가족, 일상적인 삶 가운데 계신 주님과 그분의 임재를 전하는 건 불가능에 가까워보인다.

아무튼, 여기 내 나라를 여행하고 있다. 이곳의 언어를 그 어느 나라 말보다 잘 구사하지만, 정말 하고 싶은 얘기를 할 단어들을 골라낼 수 있을까? 로센달에서 브레다를 거쳐 에인트호번과 헬몬트로 가면서 줄곧 기도했다. 한없이 침착하고, 더없이 진솔하며, 어쩌면 끝없이 침묵해야 하겠다는 마음이 들었다.

뜻밖의 손님 12월 27일 금요일

집에 돌아온 첫 날은 행복하고도 놀라웠다. 행복할 수 있었던 건 올해로 여든두 살이 된 아버지가 따듯하게 맞아준 덕이었다. 신체적으로나 영적으로 모두 건강했으며 나라 안팎에서 벌어지는 온갖 이들에 관심이 많아서 틈만 나면 열변을 토했다. 서재에 빼곡하게 들어찼던 법률서적은 이미 처분해버렸지만, 늘 앉아서 책을 읽는 의자 주위에는 문학과 역사, 예술 분야의 책들이 수북하게 쌓여 있었다. "이 책 읽어봤니? … 저 책은? … 저건 어떠냐? … 그건 아주 재미있더라"는 식의 이야기를 끊임없이 되풀이했다. 고향집, 다시 말해서 오랫동안 행복하게 살았던 추억들이 곳곳에 넘치도록 묻어 있는 공간에 있다는 건 멋들어진 일이다.

필립스사의 주요 생산시설들이 즐비한 에인트호번의 시장이 전화를 걸어 면담을 요청했다는 점에서는 놀라운 날이기도 했다. 몇 시간 뒤에 그가 도착했다. 에인트호번 시장이 그토록 서둘러 만나고 싶어 하는 까닭을 알 수 없었다. 한 번도 만난 적이 없는 터였고 상대편에서 내 얘길 어찌 들었는지도 확실치 않았다. 나중에 알고 보니, 내 책 가운데 하나를 읽고 아버지에게 전화를 해서 언제쯤 집에 돌아오는지를 물었던 모양이다.

질 보리Gilles Borrie는 그저 '하나님께 속한 일들'을 함께 나누길 원하는 고상하고, 온화하며, 점잖은 인물이었다. 마음에서 마음으로 전해지는 대화가 이어졌다. 네덜란드 교회와 트라피스트 수도원 생활, 기도, 꾸준히 하나님을 추구하는 문제 따위가 화제에 올랐다. 대화 도중에 질의 아내가 전화를 해서 모친이 심장발작을 일으켜 위중한 상태라고 알려왔다. 구순이 넘긴 했지만 정정해서 지금껏 아무런 조짐도 없었다고 했다.

우리 둘 사이의 관계가 갑자기 끈끈해졌다. 충격적이고 비통한 순간에 우정이 싹텄다. 함께 기도하면서 질의 삶에 닥친 이 끔찍한 순간을 곰곰이 묵상했다. 시장은 서로 연락하자는 굳은 약속을 남기고 떠났다. 별다른 행동이나 계획 없이 하나님을 좇는 이와 만나고 그이의 아픔에 동참하게 되었다는 사실이 사뭇 감동적이었다. 마치 주님이 나를 고향으로 불러 반가이 맞으며 다독이시는 것 같았다. "어울리는 말이나 어조를 찾아내는 일로 너무 초조해하지 말고 준비를 거의 갖추지 못한 상황에서도 내 영이 너를 통해 말하리라는 사실을 믿고 신뢰하거라."

똑똑하지만 산만한 12월 28일 토요일

네덜란드에 와서 가장 놀라웠던 점은 몰라보게 넉넉한 모습이었다. 프랑스, 영국, 미국과 달리 이곳에는 가난한 이들이 거의 없었다. 어디를 가든 다들 잘 먹고, 잘 입고, 좋은 집에 사는 것처럼 보였다. 특히 이번 크리스마스에는 누구나 원하는 물건을 사고, 구미가 당기는 음식을 먹고, 어디든 내키는 대로 가는 듯했다. 수없이 많은 이들이 스위스나 오스트리아로 스키를 타러 떠났다. 집에 남은 이들은 먹고, 마시고, 텔레비전을 보았다. 더러는 주도면밀하게 기획하고 꼼꼼하게 준비한 프로그램에 따라 예배를 드리기도 했다. 자족하는 분위기가 온 나라에 넘쳐흘렀다. 안팎을 통틀어 하나님과, 오로지 하나님 한 분과 함께할 여지 따위는 보이지 않았다.

네덜란드가 단 한 세대 만에 지극히 경건한 나라에서 한없이 세속적인 국가로 돌변한 까닭을 설명하는 건 만만한 노릇이 아니다. 이유를 찾자면 한두 가지가 아닐 것이다. 하지만 주위를 살피고 사람들을 만나 이야기를 나눠본 결과, 번영에 마음을 빼앗긴 게 주요한 요인 가운데 하나임이 분명했다. 다들 먹고, 마시고, 여기저기 돌아다니느라 마냥 분주했다.

유명한 네덜란드의 코미디언 폴 반 블리트Paul van Vliet는 '똑똑하지만 산만한 인간'을 크리스마스 TV쇼의 주제로 삼았다. 사실, 현대인들은 가장 필요한 게 무언지 잘 알고 충분히 이해하지만 온갖 장난감을 가지고 놀기에 바빠서 좀처럼 관심을 갖지 않는다. 세상엔 즐길 거리가 너무나 많다. '하나님과 이웃을 사랑하는' 꼭 필요한 일을 해낼 만큼 성장할 틈이 없다.

네덜란드인은 여기저기 한눈을 파는 산만한 인간이 되었다. 무척 착하고, 친절하며, 온화하지만 지나치게 많은 일들에 얽매어 산다.

파송을 요청하다 12월 30일 월요일

오전 10시, 담당주교인 위트레흐트 교구의 시모니스 추기경을 만났다. 데이브레이크 공동체로부터 연락을 받은 전말을 설명하고 흔쾌히 파송해줄 수 있는지 물었다.

부름을 받을 뿐만 아니라 파송을 받아서 어딘가로 가는 게 중요하다는 인식이 점점 더 짙어졌다. 캐나다에서 살며 일해주면 좋겠다는 부름을 받은 건 좋은 일이지만 교회가 사명을 부여해 뒷받침하지 않는다면 많은 열매를 거두기 어렵다고 생각한다. 사는 곳과 하는 일은 그저 자의적인 선택에 그치지 않으며 소명의 일부라는 인식은 상황을 완전히 바꿔놓는다. 설령 난관이 닥치더라도 파송 받았음을 의식하면 도망치지 않고 신실하게 자리를 지킬 힘이 생긴다. 일이 힘들고, 재능이 부족하고, 관계가 만족스럽지 못할 때도 "이런 어려움은 떠날 이유가 아니라 마음을 정결하게 할 기회야"라고 말할 수 있게 된다.

시모니스 추기경은 부름을 받은 게 기도의 응답이라고 믿는지 물었다. 한 점 의구심 없이 "예"라고 대답할 수 있었다. 그동안 "주님, 길을 보여주십시오. 따르겠습니다"라는 기도를 자주 드려왔다. 라르쉬를 경험해보라는 장 바니에의 초대와 그 첫 번째 부름에서 비롯된 데이브레이크의 초청은 명명백백한 응답이었다. 그러나 주교의 감독에 따르게 되어 있는 목회자의 신분이므로, 교회의 재가가 대단히 중요한 의미를 가질 따름이다.

자리를 정리할 무렵, 주교는 말했다. "그곳에 가야 한다는 점에는 일단 동의합니다. 하지만 며칠만 말미를 주십시오. 토요일 정오쯤 전화를 드리겠습니다. 신부님이 데이브레이크에서 받은 편지를 읽어보고 조금 더 찬찬히 곱씹어볼 기회를 갖고 싶습니다."

유익한 대화였다. 장 바니에나 토마 신부, 앙드레 신부와의 대화에 비해 다소 딱딱하고 실무적이기는 했지만(금방 부닥치게 될 재정부담, 연금, 보험 따위에 관한 문제를 언급하는), 프랑스가 아니라 네덜란드에 있으며 영적인 지침이나 정서적인 후원이 아니라 새로운 지시를 요구하는 자리임을 감안하면 얼마든지 그럴 수 있는 일이다. 시모니스 추기경은 담당주교로 교회의 권위를 대표한다. 그이가 부르심을 확인해준다면 단순히 허락하는 차원이 아니라 새로운 사역을 할 수 있도록 진정으로 파송해주면 좋겠다.

쓸쓸한 새해 전야 12월 31일 화요일

적잖이 힘든 날이었다. 이른 아침, 위트레흐트 시내를 돌아다니며 기도할 만한 데를 수소문했다. 하지만 어렵게 찾아간 예배당 두 곳은 문이 닫혔고 다른 한 군데는 사제관의 초인종을 눌렀지만 답이 없었다. 기도문을 암송하며 길을 걷노라니 동포들 사이에서 이방인이 된 느낌이었다.

나중에 암스테르담행 기차를 타고 친구를 만나러 갔다가 로테르담에 가서 동생 일가와 함께 새해 전야를 함께했다. 저녁 7시에 가까운 교구 예배당에 가서 성찬식을 인도했다. 여섯 살짜리 조카딸아이만 좋아라 하며 따라나섰을 뿐, 다른 식구들은 집에 남겠다고 했다. 크고 오래된 예배당에는 아무도 없었다. 관리인 말고는 사라와 내가 전부였다. 외로웠다. 가장 가까운 이들과 하나님의 선물을 나눌 수 없다는 게 더 쓸쓸하고 서글펐다. 어쩌다 보니, 다들 이편의 내밀한 생각과 감정을 낯설게 받아들이는 형국이 되고 말았다.

종일, 푸짐하고 근사한 잔칫상, 따듯하고 편안한 대화, 새해가 밝았음을 기념하는 샴페인 따위가 이어졌지만, 예전처럼 기도를 한다든지 성경을 읽는 모습은 찾아볼 수 없었다. 경건했던 가정이 어떻게 채 한 세대가 흘러가기도 전에 하나님, 그리고 주님의 교회와 맺었던 단단한 유대를 완전히 잃어버리게 됐을까 하는 의구심에서 헤어날 수가 없었다. 축하할 만한 일이 거의 없는 상황에서 온 마음을 다해 기뻐하기란 무척 힘든 노릇이었다. 더없이 소중한 이들 곁에 있는데도 외로웠다.

삼대 1986년 1월 1일 수요일

새해 첫 날이면 늘 에인트호번 인근의 리샤우트Lieshout로 가서 반 캄펀Van Campen 일가와 성찬식을 갖는 게 전통이 되다시피 했다. 캄펀 가문과는 양가 부모님 시절부터 교분이 깊었던 걸로 기억한다. 1978년 10월, 어머니가 세상을 떠난 바로 그 달에 당시 68세이던 필립 반 캄펀 씨도 심각한 뇌졸중으로 쓰러졌다. 그때부터 지금껏 몸을 쓰지 못한다. 한때는 성공한 은행가요 비즈니스맨이었지만, 지금은 늘 붙어 보살펴주는 아내와 간호사에 전적으로 기대어 생활하는 무기력한 존재가 되고 말았다. 환자의 생일인 정초마다 내외는 여섯 자녀와 딸린 식구들을 모두 집으로 불러서 성찬예식을 갖고 저녁을 함께 먹곤 한다.

내게는 네덜란드 가톨릭의 비극적 현실을 마주하는 날이기도 하다. 남편 필립과 아내 푸크Puck는 둘 다 신앙이 독실했다. 부부의 삶은 성찬예식을 중심으로 돌아간다. 몸을 뜻대로 놀리지 못하는 남편을 보살피는 일에 진종일 매달려야 하는 아내는 삶 가운데 계시는 예수님의 임재에서 지속적으로 소망과 힘을 얻는다. 하지만 자녀들의 경우는 얘기가 다르다. '하나님' 이라든지 '교회' 같은 말들의 참뜻이 갈수록 모호해지고 냉소를 불러일으키며 심하면 적대적인 생각까지 자극한다. 맏이와 둘째아들은 꼬박꼬박 예배당에 간다. 둘 다 그리스도의 품 안에서 사는 게 중요하다고 믿지만 자신들이 드리는 예배가 과연 영성생활에 깊이를 더하고 있는지에 대해서는 회의적이다. 두 아들보다 더 어린 친구들은 훨씬 더 거리가 멀어진 상태다. 교회는 관심권 밖이다. 더는 성경을 들춰보지 않으며, 예식과 절기에 무지하고, 기도는 사라졌으며, 현실을 뛰어넘는 더 위대한 삶 따위는 뜬구름 잡는 애기쯤으로 치부한다.

손자들은 신앙적인 의식 자체를 불편해하는 것처럼 보인다. 여섯 명 정도는 아직 세례도 받지 않았으며, 예복 가운과 어깨걸이를 걸친 내 모습을 연기가 어설픈 광대를 대하듯 바라보았다.

참으로 헌신된 크리스천인 부모, 갈수록 예배당에 가기를 부담스러워하는 자녀, 하나님의 사랑을 소개하는 이야기가 생소하기만 한 손자손녀로 이뤄진 가족들 틈에서 기도하고 성찬을 나누는 건 기묘하기 짝이 없는 경험이었다.

누구랄 것 없이 다들 훌륭하고, 자상하며, 책임감이 강한 이들이었다. 그이들과의 우정은 내게도 큰 의미가 있었으며 이루 말할 수 없는 기쁨을 가져다주었다. 그럼에도 불구하고, 부모들에게 그토록 엄청난 생명력을 불어넣었던 신앙이 자녀와 그다음 세대에 이르러서는 삶을 형성하는 데 아무런 영향을 미치지 못한다는 사실에 사무치는 서글픔을 느꼈다.

누구를 탓하겠는가? 지난 수십 년에 걸쳐 네덜란드 교회에 밀어닥친 대대적인 혼란에 휘말렸더라면 오늘의 내 형편이 어떠했을지 종종 궁금해진다. 비난은 급한 일이 아니다. 분을 품지 않은 상태에서 하나님의 사랑을 듣고 받아들일 수 있는 마음자리를 찾아내는 게 중요하다.

복음서를 읽은 뒤에, 누구나 간절히 소망하는 사랑을 베풀지 못한 허물을 서로 용서할 힘을 주시는 하나님의 '첫사랑'에 관해 이야기했다. 관계에 어려움을 겪는 친구들(그렇지 않은 이가 있기는 한 걸까?)은 귀 기울여 듣고 자신의 삶과 연결시켜보는 눈치였다. 내가 설명하는 고통에 대해서는 다들 "예!"라고 말했지만, 모두가 그 아픔을 치유하러 오신 분께 "예!"라고 대답할 준비가 되어 있는 건 아닌 듯했다. 더는 교회를 힘의 원천으로 삼지 않게 된 30대에서 50대 사이의 현대인들이 상처를 고쳐주시도록 예수님께 맡길 수 있을지 몹시 의심스럽다. 하지만 언젠가 그 자녀들은 해묵은 질문을 다시 던지게 될 것이다. "예수님은 메시아인가요? 아니면 또 다른 분을 기다려야 합니까?"

의미를 찾아서 1월 2일 목요일

가장 친한 네덜란드 친구 그리고 그 가족과 더불어 오후 시간 대부분을 보냈다. 처음 만난 건 60년대 초, 그가 임상심리학자 신분으로 네덜란드 육군에 복무하던 시절이었다. 지금은 위트레흐트 의과대학에서 심리학을 가르치고 있으며 정신건강 분야의 뛰어난 전문가로 널리 알려졌다. 고작 한 해에 한번꼴로 얼굴을 볼 따름이기는 했지만, 그래도 꾸준히 연락을 나눠왔으며 세월이 갈수록 우정도 돈독해졌다.

서로 허물없이 속내를 털어놓는 사이가 되기까지는 오랜 시간이 걸리지 않았다. 둘 다 삶 속에서 당장 겪고 있는 존재론적인 외로움에 대해 이야기했다. 이러한 고독은 친구가 없다든지, 배우자나 자녀와 관계의 문제가 있다든지, 직장에서 인정을 받지 못하는 데서 비롯된 게 아니다. 그러한 영역에서는 우리 둘 다 특별한 불만이 없었다. 그럼에도 친구와 가족, 일과 관련해 행복한 느낌이 들 때마다 그 이면에서 "지금 무얼 하고 있으며, 그 까닭은 어디에 있는가?"라는 질문이 스멀스멀 고개를 쳐들었다. 빔Wim은 '심리학적으로 설명되지 않는' 이른바 '현실이탈de-realization' 경험에 관해 이야기했다. 50줄에 들어서면서 더러 낯설고 기묘한 의문을 품고 세상을 바라보는 순간들과 맞닥뜨린다. "지금 뭘 하고 있는 거지? 이게 세상과 인간, 존재의 실체인가? 다들 뭘 하느라 저토록 분주한 거지?"

질문은 정서나 감정, 열정보다 더 깊은 곳에서 솟아난다. 존재의 의미를 캐는 물음이다. 정신만이 아니라 마음으로 답을 찾으려는 몸부림이기도 하다. 익숙한 환경 속에서 문득 이방인이 된 것만 같은 느낌이 들게 만든다. 요즘 사람들은 로봇처럼 변해간다. 일에 묻혀 지내지만 내면에서 생명의 기운이 감지되지 않는다. 외부의 힘이 작용해서 무엇이든 일을 하게 만드는 듯하다. 이러한 '현실이탈'은 극도로 고통스러운 경험이지만 더 깊은 연결로 이어지는 통로가 될 수도 있다.

빔과 함께 한층 심오한 연결에 관한 이야기를 나누었다. 흔들리지 않는 소속감이 없으면 삶은 쉬 차가워지고, 소원해지며, 고통스러운 일상의 무한반복으로 전락한다. 이처럼 더 깊은 연결은 '사랑'이란 이름을 가지신 분, 인간은 사랑으로 태어났으며 늘 사랑으로 돌아오라는 부름을 받고 있다는 사실을 깨닫게 해주시는 분과 닿아 있다. 이는, 하나님이야말로 우리가 죽음의 위협을 받을 때마다 언제 어디서

나 끊임없이 삶을 주시는 생명의 주님이라는 새로운 의식에 이르게 한다. 궁극적으로는 기도가 우리를 안내한다. 그러므로 인간이, 아이가, 형제자매가, 아비와 어미가, 할아버지와 할머니가 되는 데서부터 사랑이 많으신 하나님의 손에 붙들리는 새로운 체험이 시작되는 것이다.

말씀, 듣지만 받아들이지 않는다 1월 4일 토요일

오늘 아버지의 여든세 번째 생신잔치가 있었다. 어른은 자리를 마련하고 아들딸과 형제자매들을 부부동반으로 모두 초대했다. 전국 각지에서 스물한 명이 모여들었다. 오후 12시 30분, 다 같이 예배당에 가서 성찬을 나눴다.

제단을 중심으로 의자를 둥글게 배치해서 식구들이 둘러앉을 수 있게 했다. 식구들 대부분이 아직 '가톨릭의 관례'를 따르고는 있지만 어딘지 모르게 거리감이 들었다. 인생길을 가는 내내 예수님이 함께 걸어주실 뿐만 아니라, 온갖 씨름과 아픔이 암울하고 쓰라린 장벽들을 깨트리고 중심을 치유하시는 분의 임재를 발견하는 통로가 될 수 있음을 일깨워주신다는 말씀을 전했다. 잘 듣기는 하되 받아들이지는 않는 눈치였다. 예배 뒤에 나오는 얘기라곤 발이 시리다거나 집에 가는 길이 미끄럽다는 게 고작이었다. 삼촌 가운데 한 분은 말했다. "넌 정말 그렇다고 굳게 믿는 모양이지만, 내 생각은 달라."

소망과 생명을 주는 메시지를 전하고 싶었는데 맞춤한 말씀을 찾아내지 못한 셈이다. 형은 점성술 책자를 활용해 아버지의 성품을 풀이하는 흥미롭고도 솔깃한 건배사와 함께 앞장서 잔을 들었다. 뜨거운 반응과 엄청난 갈채가 쏟아졌다. 형은 나보다 청중들의 심리를 더 잘 꿰뚫고 있었다.

식구들 틈에서조차 이방인 같은 존재가 되었다는 느낌이 온종일 강하게 마음을 짓눌렀다. 잔치에 온 손님들 가운데 상당수는 십 년 넘게 얼굴을 보지 못했던 이들이었다. 오랜만에 다시 만나보니 그이들과 내게 일어난 커다란 변화를 실감할 수 있었다. 우리가 어떤 땅을 함께 딛고 서 있는지조차 알 수 없게 되었다는 게 가슴 아팠다.

반면에 아버지는 건강하고, 행복하고, 생기가 넘쳤다. 어떻게 나이 들어갈 것인가를 고민하는 나와 달리 노인에게는 어떻게 젊음을 지킬 것인가가 주요한 이슈였다. 그러니 마지막 때에 주님과 대면할 준비를 하는 문제는 애초부터 공동 관심사가 될 수 없었다.

이런 일들이 벌어지는 사이에 시모니스 신부에게 전화를 걸어 데이브레이크로 가는 건이 어떻게 결정되었는지 물었다. "진행하세요." 추기경은 말했다. 스태프들과 상의한 결과, 바람직한 일이라는 결론이 났다는 것이다. 하지만 그게 전부는 아니었다. "일단 3년만 하는 걸로 합시다. 그때쯤이면 고국으로 돌아오고 싶은 마음이 들 수도 있잖아요. 선택의 여지를 남겨두는 편이 좋을 성싶군요."

추기경의 축복을 받으며 장래를 설계할 수 있다는 게 대단히 기뻤다. 잔뜩 흥분해서 아버지와 가족들에게 그 소식을 전했다. 하지만 다들 마음이 콩밭에 가 있는 듯했다. 일생일대의 전환점이 될 만한 사건이 식구들에게는 아등바등 살아가는 인간세상의 여러 뉴스들 가운데 하나일 따름이었다. 하지만 그이들에게는 사소할지 몰라도 내게는 분명 좋은 소식이었다.

기도라는 이름의 씨름

13

기도하는 법은 기도하는 것뿐이다.
기도를 잘하려면 많이 기도해야 한다.

기도하는 법 1월 10일 금요일/트롤리

기도는 언제고 몹시 힘들다. 지금도 아침이면 라 페름의 앞마당을 거닐며 기도하고 기도실에 들어가 한 시간쯤 하나님의 임재 안에 말없이 머물곤 한다. 세월을 허송하는 게 아니라는 걸 잘 알고 있다. 온갖 잡생각이 다 떠오르지만 하나님의 영이 내 안에 역사하시는 걸 감지할 수 있다. 심오한 신앙적인 통찰이나 감정은 없을지라도 생각과 느낌을 뛰어넘는 평안을 누린다. 새벽기도를 통해 별다른 결실을 얻지 못하는 것 같아도 늘 그 특별한 시간을 고대하며 소중히 지켜나가고 있다.

12월 14일자 〈태블릿*Tablet*〉지에 덤 존 채프먼Dom John Chapman이 기고한 기도에 대한 짧은 글이 큰 소망을 주었다. 영성서신 가운데 일부를 뽑아낸 글에 작가는 이렇게 말한다.

> 하나님과 하나가 되어야 한다는 점에서 볼 때, 기도는 비할 데 없이 괴로운 작업이다. 기도는 무엇보다 하나님을 위해 드려야 한다. '거침없이 기도한다. 백발백중, 실패를 모르는 비법이 있다'는 사고방식으로는 어떤 만족도 얻을 수 없을 것이다. 그건 도리어 재앙이 될 수밖에 없다. 기도를 통해 배우고자 하는 건 스스로 한없이 연약하고, 무능력하며, 무가치하다는 사실이기 때문이다. '초자연적인 존재의 실재에 대한 감각'(내가 자주 쓰는 표현이다)을 기대해서

도 안 된다. 우리가 소망하는 기도는 하나님으로부터 받은 기도, 어쩌면 잡념에 시달리고 모든 면에서 만족스럽지 못할 수도 있는 그 기도가 전부일지 모른다.

한편 기도하는 법은 기도하는 것뿐이다. 기도를 잘하려면 많이 기도해야 한다. 그럴 여유가 없다면 적어도 시간을 정해놓고 꼬박꼬박 기도하는 원칙만큼은 지켜야 한다. 그러나 기도가 줄어들수록 형편은 점점 나빠진다. 규칙적으로 간구하는 것마저 주변 환경이 허용하지 않는 경우에는 기도하려 안간힘을 쓰지만 기도할 수 없는 현실을 감내해야 한다. 상황이 그러하다면 기도는 아마도 그 사실을 하나님께 말씀드리는 내용이 주류를 이룰 것이다.

어디서 새로 시작하고 또 멈출지에 관해서는 선택의 여지가 없다고 본다. 그저 자신의 처지를 인식한 바로 그 자리에서 시작해야 한다. 하고 싶고 해야 할 것 같은 느낌이 드는 그 일을 행동으로 옮기되, 스스로에게 어떠한 종류의 감정도 강요해선 안 된다.

15분 정도 예배당에 홀로 앉아 있었다면 어찌할 바를 모르겠다고 말하는 게 당연하다. 그렇다. 당장 해야 할 일이 있다면, 예배당 문을 걸어 잠그고 그밖에 모든 것들을 차단한 뒤에 자신을 하나님께 드리며 자비를 베풀어주시길 간청하며 세상의 온갖 잡다한 일들을 주님 손에 넘겨드리는 것뿐이라는 게 내 생각이다.[8]

"기도하는 법은 기도하는 것뿐이다. 기도를 잘하려면 많이 기도해야 한다"는 대목이 가장 마음에 든다. 채프먼의 견실한 지혜는 참으로 큰 도움이 되었다. 터무니없는 구석이 전혀 보이지 않는 대단히 진실한 조언이다. 핵심을 한마디로 정리하자면 이쯤 되지 않을까 싶다. "기분이 좋아지거나 보탬이 돼서가 아니라 하나님이 사랑을 베풀어 주셨으며 또한 자녀들의 관심을 원하시므로 기도해야 한다."

낮아지는 길을 선택한다는 것 1월 12일 주일

오늘은 주님의 세례를 기념하는 날이다. 어제와 오늘, 이 축일에 관해 많은 생각을 했다. 죄가 없으신 예수님은 죄인들 틈에 끼어 요한에게 세례를 받을 차례를 기다리셨다. 사역을 시작하면서 주님은 죄 많은 인류와 하나가 되는 길을 선택하셨다.

"요한은 '내가 선생님께 세례를 받아야 할 터인데, 선생님께서 내게 오셨습니까?' 하고 말하면서 말렸다. 예수께서 그에게 말씀하셨다. '지금은 그렇게 하도록 하십시오. 이렇게 하여, 우리가 모든 의를 이루는 것이 옳습니다.' 그제서야 요한이 허락하였다."마 3:14-15

예수님이 얼마나 철저하게 낮아지기를 추구하셨는지 여기서 분명히 볼 수 있다. 주님은 팡파르가 장엄하게 울리는 가운데 새로운 질서를 선포하는 강력한 구세주로 세상에 등장하지 않으셨다. 도리어 세례를 받고 회개하는 허다한 죄인들 사이 섞여 조용히 찾아오셨다. 그리스도의 선택은 하늘에서 들려오는 음성을 통해 인정을 받았다. "이는 내가 사랑하는 아들이다. 내가 그를 좋아한다."마 3:17

주님의 선택이 얼마나 확고했는지는 곧이어 시험을 당하는 과정에서 선명하게 드러난다. 마귀는 다른 길을 제시한다. "현실적이 되고, 굉장한 일을 벌이며, 세속적인 권세를 받아들이라!" 이것이 세상의 방식이다. 예수님은 그 노선을 거부하고 하나님의 길을 걸으셨다. 낮아지는 길, 갈수록 십자가와 가까워지는 게 드러나는 길을 택하신 것이다.

웬만해선 하나님이 자신을 비우고 나사렛 사람이라는 초라한 모습으로 인간사회에 그 임재를 나타내셨다고 믿기 어렵다. 영향력과 권세, 성공과 인기를 바라는 욕구가 내 안에 얼마나 많은지 모른다. 하지만 예수님의 길은 드러나지 않고, 권력이 없으며, 작아지는 길이다. 아무리 봐도 끌리는 대목이 없는 길이다. 하지만 주님과 진실하고도 단단하게 연합하기에 이르면, 그편이 참다운 평안과 기쁨으로 인도하는 좁은 길임을 확연히 깨닫게 될 것이다.

예수님의 세례를 기념하는 축일 하루 동안, 좁은 길을 선택하고 변심하지 않을 용기를 간구했다. 라르쉬는 틀림없이 거기에 도움을 줄 것이다.

기도 1월 14일 화요일

오늘 성례에서 처음 읽을 본문은 사무엘서에 나오는 한나의 기도와 얽힌 사연이다. 여호와께서 자식을 주시지 않은 까닭에 여인은 잔뜩 풀이 죽어 있었다. 성전에 갈 때마다 아들을 주셔서 수치를 벗어버리게 해달라고 하나님께 뜨겁게 간구했다. 기도가 너무도 간절해서 엘리 제사장은 술에 취한 걸로 오해했다. 하지만 한나는 단호하게 말했다. "제사장님, 저는 술에 취한 것이 아닙니다. 포도주나 독한 술을 마신 것이 아닙니다. 다만 슬픈 마음을 가눌 길이 없어서, 저의 마음을 주님 앞에 쏟아 놓았을 뿐입니다. 이 종을 나쁜 여자로 여기지 마시기 바랍니다. 너무나도 원통하고 괴로워서, 이처럼 기도를 드리고 있습니다."삼상 1:15-16

엘리는 여인을 축복했다. 한나는 낙담했던 마음을 추스르고 집으로 돌아왔으며 "그 길로 가서 음식을 먹었다. 그리고 다시는 얼굴에 슬픈 기색을 띠지 않았다."삼상 1:18 얼마 후에 아기를 가졌으며 마침내 아들을 낳고 사무엘이라고 불렀다.

여호와께서 기도에 응답하고 아들을 주시기 훨씬 전, 그러니까 기도를 드린 직후부터 여인은 암담한 심정을 떨쳐버렸다는 점이야말로 이 이야기에서 가장 감동적인 대목으로 꼽을 만하다. 한나의 간구는 참담했다. 수치심과 거절감, 원망이 뒤섞인 감정을 남김없이 하나님 앞에 내어놓는 고백이었으며, 결국 내면의 어둠을 거둬간 기도이기도 했다. 남편 엘가나는 "여보, 왜 울기만 하오? 왜 먹지 않으려 하오? 왜 늘 그렇게 슬퍼만 하는 거요? 당신이 열 아들을 두었다고 해도, 내가 당신에게 하는 만큼 하겠소?"삼상 1:8 라는 말로 다독이곤 했지만, 여인에게는 위로가 되지 않았다. 그러나 "괴로운 마음"삼상 1:10 을 송두리째 하나님께 쏟아냈고 그분의 어루만져주심을 받아들이면서 새로운 여인으로 거듭났으며 주님이 그 기도를 들으셨음을 확인했다.

기도는 치유한다. 응답이 전부가 아니다. 하나님과 경쟁하기를 포기하고 터럭만큼도 감추는 구석 없이 온전한 마음을 그분께 드리면, 우리에게 향하신 거룩한 사랑이 측량할 수 없이 크며 주님의 품 안에서 얼마나 안전하게 지내는지 실감하게 된다. 일단 하나님은 결코 자녀들을 외면하신 적이 없으며 무한정 소중히 여기신다는 사실을 다시 의식하고 나면, 스스로 기대했던 쪽과 전혀 다른 방향으로 주님이 인생을 이끌어가신다 할지라도 삶의 기쁨을 되찾게 될 것이다.

기도는 대단히 중요하다. 인간으로서는 흉내조차 낼 수 없을 만큼 큰 사랑을 베풀어주시는 분과 더더욱 가까워지는 삶으로 안내하기 때문이다. 간구하기를 마친 한나는 하나님의 사랑을 입고 있음을 새삼 깨달았다. 기도하면서 참다운 자아를 되찾았다. 자식을 갖는 일에 기대어 행불행을 가늠하지 않게 되었으며 완전하고 무한한 하나님의 사랑을 기준으로 삼기에 이르렀다. 그러기에 눈물을 닦아내고, 다시 음식을 먹고, 우울한 심사에서 벗어날 수 있었던 것이다. 하나님이 사랑으로 아들을 주셨을 때, 여인은 마음 깊이 감사했다. 자신이 아니라 주로 하나님의 선하심이 환희의 원천이었던 까닭이다.

포기하는 기도 1월 15일 수요일

오늘 아침 기도시간에는 조금이나마 하늘 아버지께 내어 맡겨보려고 노력했다. 이만저만 어려운 씨름이 아니다. 여전히 내키는 대로 움직이고, 계획들을 좇아가며, 장래를 설계하고, 직접 결정을 내리려는 욕구가 가득한 탓이다.

그러나 아프게 하시든 건강하게 하시든, 실패하게 만드시든 성공을 주시든, 가난에 처하게 하시든 부요하게 이끄시든, 외면당하게 두시든 칭찬받게 하시든 하나님이 원하는 방식대로 날 사랑해주시도록 맡기는 데서 참다운 기쁨이 비롯된다는 걸 잘 안다. 나로서는 "주님을 기쁘시게 하는 일이라면 무엇이든 기꺼이 받아들이겠습니다. 주님의 뜻이 이루소서"라고 고백하기가 몹시 힘들다. 그러나 하늘 아버지가 순전한 사랑 그 자체이심을 참맘으로 믿는다면, 중심으로부터 이런 기도를 드리는 게 차츰 가능해지리라고 믿는다.

샤를 드 푸코는 주께 맡기는 기도를 적었다. 언젠가는 반드시 이르고 싶은 영적인 자세를 멋지게 표현한 글이다. 아직 진심에서 우러나지 않은 대목들이 남아 있기는 하지만, 더러 그 기도문을 가지고 간구한다. 여기에 옮겨본다.

아버지,
거룩한 손에 저를 맡깁니다.

주님 뜻대로 써주십시오.
어찌 하시든 감사할 따름입니다.
무엇이든 할 준비가 되었습니다.
무엇이든 받아들이겠습니다.
오로지 주님의 뜻만 내 안에서,
그리고 모든 피조물 안에서 이뤄질 것입니다.

오, 주님!
바라는 건 이뿐입니다.

제 심령을 거룩한 손에 맡깁니다.
주님, 당신을 사랑하기에
마음에 품은
온 사랑을 담아 바칩니다.
하나님은 저의 아버지시기에
뒤돌아보지 않고
한 점 망설임 없이
저를 드릴 수밖에 없습니다.
주님의 손에 다 넘겨드립니다.

자주 이대로 간구하는 게 좋을 성싶다. 마땅히 가야 할 길을 알려주는 성자의 기도다. 혼자 힘으로는 도저히 그 한 마디 한 마디를 진심으로 고백할 수 없겠다는 생각이 든다. 하지만 세상에 임하신 예수님의 영은 그렇게 기도하며 또한 이뤄지게 도우실 수 있다. 얼마나 기꺼운 마음으로 이 기도를 내 것으로 삼을 수 있느냐에 내면의 평안이 달려 있다.

깊게 박힌 뿌리들

14

참다운 슬픔은
내면에 가진 불멸의 환상을 주저앉히는 데 의미가 있다.

초대 1월 16일 목요일

1월 19일, 주일은 헤르더 출판사 대표 헤르만 헤르더Herman Herder 씨의 예순 번째 생일이다. 잔치에 참석해달라는 초대장은 진즉에 받았다. 그래서 내일은 독일 프라이부르크에 갈 작정이다. 만찬과 오르간 콘서트, 리셉션, 루돌프 슈나켄부르크Rudolf Schnackenburg의 강연이 이어질 예정이다. 처음부터 끝까지 자리를 지킬 것이다.

기왕 간 김에 6주 정도 머물며 독일쪽 편집자 가까이서 작업하며 이콘에 관한 소책자를 마무리할 요량이다.

아름다움과 질서 1월 17일 금요일/프라이부르크

말도 다르고, 스타일도 다르고, '톤'도 다르다. 손바닥만 한 유럽 땅에서 다닥다닥 붙어사는 민족들 사이에 얼마나 큰 차이가 있는지 생각할 때마다 깜짝깜짝 놀라곤 한다.

파리에서 스트라스부르로 가는 열차를 탔다. 헤르더 출판사의 편집자로 일하는 프란츠 요나Franz Johna가 거기서 나를 맞아 차편으로 국경을 넘어 프라이부르크로 데려가게 되어 있다. 장엄하고 화려한 뮌스터 대성당을 중심으로 건설된 아름답고 우아한 데다 친숙하기까지 한 프라이부르크는 라인 강과 슈바르츠발트가 시작되는 언덕 사이 계곡에 진귀한 보석처럼 자리 잡고 있다. 대학도시여서 산업시설이라곤 거의 찾아볼 수 없다. 도심에는 차량 진입이 금지되어 있다. 사람들은 좁다란 물길을 따라 뻗은 도로를 걸어 다닌다. 멋진 예배당들과 성문, 중세풍의 작은 골목들, 현대적인 조형물이 배치된 조그만 광장 따위가 곳곳에 박혀 있다. 실제로는 제2차 세계대전이 끝난 뒤에 완전히 새로 세운 신도시지만, 지나간 시대의 양식과 분위기를 살려 재건했다는 점에서 아주 오래된 도시기도 하다. 다들 넉넉해 보인다. 가게들마다 옷이며 음식, 책, 현대적인 기구, 공예품을 비롯한 갖가지 상품들이 들어찼다. 더할 나위 없이 풍요로운 모습이었다.

오전 11시, 프란츠는 나를 숙소가 준비된 합스부르크 대로의 빈첸시아노 수녀회Vincentian Sisters 모원까지 태워다주었다. 수녀들은 정성스럽고 따듯하게 맞이해주었으며 편안히 머물도록 널찍한 방 한 칸을 내어주었다. 이곳에 머물게 돼서 정말 행복하다. 독일에는 평생 몇 차례 와보지 않았고 그나마도 잠깐 머물다 떠나곤 했었다. 제2차 세계대전 기간 중에 네덜란드를 점령했던 기억까지 남아서 독일을 찾는다는 게 쉽지 않았다. 관심의 초점이 온통 서쪽에 쏠려 있었던 게 사실이다. 하지만 이제는 새로운 나라, 새로운 민족 그리고 하나님을 찬양하는 새로운 방식을 알 수 있게 될 것이다.

더욱 심오하고 본질적인 질문 1월 21일 화요일

빈첸시아노 수녀회 모원에 상주하는 목회자들과 아침저녁으로 나눈 대화가 독일 교회 내부에서 벌어지는 씨름의 내용을 조금이라도 파악하는 데 적잖은 도움을 주었다. 토론을 벌이는 이슈마다 동료 사역자들 사이에도 의견이 엇갈리기 십상인 걸 보면, 논란의 수준이 가볍게 지나칠 정도가 아님에 틀림없다. 혼신의 힘을 다 기울여 치열하게 옳고 그름을 다투는 걸 보면서 혀를 내두를 때가 한두 번이 아니다.

그럼에도 불구하고 한 가지 사실에 대해서만큼은 같은 입장을 보인다. 교황, 주교의 임명권, 성직자의 복장, 예식의 스타일 같은 사안들뿐만 아니라 산아제한과 임신중절, 안락사 따위와 관련된 문제들 또한 어김없이 "진정으로 하나님을 믿고 있는가?"라는 더 본질적인 질문에서 비롯된 현상이라는 점이다. 프랑스나 네덜란드의 경우와 마찬가지로 독일인들 역시 새로운 시대로 이행하고 있다. 하나님의 존재, 그리스도의 신성, 교회의 영적인 권위 따위는 더 이상 서구사회를 구성하는 기본적인 요소들이 아니다. 기독교적인 전통을 통해 빚어지다시피 한 가치체계를 바탕으로 구축되었던 17세기, 18세기, 19세기와 달리, 20세기 후반의 사회에서는 보편적 가치를 거의 찾아보기 어렵다. 생명을 부여하고 거두는 일과 같은 핵심적인 사회문제에 대한 법률을 마련할 때도 누구나 권위를 인정하는 근거가 더 이상 존재하지 않는다. 삶은 하나님의 선물이며 어떤 대가를 치르고서라도 잘 양육하고 발전시켜야 한다는 크리스천의 중심사상은 입법 관계자들의 판단과 결정에 가이드라인이 되지 못한다. 형편이 그러하다 보니 법률과 규칙, 규정들은 갈수록 더 기능적이고 실용적이 되어갈 뿐이다. "무엇이 현재 시점에서 다수에게 최선인가?"에만 신경을 쓴다.

한편 수많은 교회 지도자들은 소명의식을 더하기보다 혼란만 부채질하는 이슈들에 소중한 에너지를 쓰거나 낭비하기 일쑤다. 진보진영과 보수진영은 교회 안에서 서로 싸우지만, 양측 모두 현대사회에 강력한 영향을 주는 주체에 관해서는 총체적으로 무지해질 위험에 상시 노출되어 있다.

인생을 보살피시는 하나님은 존재하는가? 자비로운 손길이 역사를 이끌어간다는 어떤 표적 같은 게 있는가? 개인이나 집단 또는 국가의 한계를 초월하는 관계라는 게 가능한가? 생명은 심리학자, 사회학자, 생물학자, 화학자가 정의할 수 있는 것 이상의 무엇인가? 흙으로 돌아간 이후를 기약해도 좋을 만한 소망이 있는가? 답을 가늠하기 어려운 질문들이다. 문명의 고갱이를 건드린다. 교회는 학문적으로뿐만 아니라 일상생활의 차원에서 이러한 이슈들을 다룰 준비를 갖추고 있는가? 예배당을 들락거리는 독일인들 가운데 상당수는 더 이상 죽고 난 뒤에 또 다른 삶이 기다린다는 사실을 믿지 않는다. 교회에서 제시하는 말씀을 읽고 듣는 데 국한되지 않는 다양한 이유를 가지고 예배당을 찾는다. 얼마나 오랫동안 그 울타리 안에 머물지 지극히 의심스럽다.

앞으로 몇 주간 동안 그러한 문제들에 관해 생각해볼 풍부한 기회가 있을 것이다. 관련된 이슈들을 하나하나 구체적으로 정리하고 파고들 수 있도록 도와줄 동료 목회자들이 있어서 정말 행복하다. 덕분에 기독교신앙의 정수에, 아니 무엇보다도 나 자신의 신앙과 정직하게 직면할 수 있게 되었다.

예측가능성 : 미덕 또는 부담 1월 22일 수요일

예상치 못하거나 놀랄 만한 일이 거의 또는 전혀 남아 있지 않은 세상에 사는 터라, 다윗이 사무엘의 기름부음을 받고 왕이 되고 골리앗을 물리치는 기사를 읽을 때마다 진정한 의미의 경고를 받는다. 나로서는 이곳 사람들에게서 볼 수 있는 예측 가능한 삶을 선호한다고 고백할 수밖에 없다. 여기서는 오후 4시에 날 데리러오겠다고 했으면 단 일 분의 늦고 빠름도 없이 제시간에 도착하는 게 보통이다. 콘서트가 오후 5시부터 시작하기로 되어 있으면, 괘종시계가 정시를 알리기가 무섭게 오르간의 첫 음을 들을 수 있다. 6시 15분에 저녁밥을 내놓겠다고 얘기했으면 정확히 그 시간에 밥상을 대령한다. 시간에 정확한 것처럼 장소에도 철저하다. 무엇이든 고유한 위치가 있다. 아침을 먹고 방에 돌아가 보면 모든 물건이 손을 대기 전에 있었던 자리로 돌아가 있는 걸 볼 수 있다.

적어도 당분간은 이처럼 폭넓은 예측가능성이 마음을 아주 편안하게 해준다. 예상 못할 일이 없으므로 계획을 차근차근 실현해갈 수 있다. 하지만 다윗은 경우가 달랐다. 왕위에 오른다는 건 발생가능성이 지극히 낮은 일이었다. 블레셋과의 전쟁에서 골리앗을 누르고 승리를 거둔 것 또한 예상치 못했던 사건이었다. 그렇다면 '다윗의 자손' 예수님은 어떠하셨는가? 나다나엘은 주님을 일컬어 "나사렛에서 무슨 선한 것이 나올 수 있겠소?"요 1:46 라고 했다. 예수님을 따랐던 이들 가운데서도 주님이 그러셨던 것처럼 예상을 뒤엎는 놀라운 삶을 살던 사례가 많았다. 물론, 이곳 사람들처럼 예측 불가능한 영역이 조금도 남지 않도록 삶을 꾸려가는 생활방식도 존재한다. 어쩌면 프랑스 라르쉬에 와서 오래도록 봉사하는 독일의 젊은이들이 그토록 많은데도 자체적인 공동체가 세워지지 않는 까닭이 거기에 있는지도 모른다. 독일의 장애인 사역은 너무도 체계적이고 질서정연해서 격식에 매이지 않고 자유분방하게 꾸려가는 라르쉬의 스타일을 받아들일 여지가 거의 없다. 하지만 하나님의 영을 울타리 안에 가둘 수 있을까? 예수님은 말씀하신다. "바람은 불고 싶은 대로 분다. … 성령으로 태어난 사람은 다 이와 같다."요 3:8 바울도 이렇게 적었다. "성령을 소멸하지 마십시오."살전 5:19

일하기에는 독일만 한 곳이 없을 것 같다. 하지만 성령님이 진정으로 역사하실 기회를 드리려 한다면 프랑스식 '자유방임주의laissez-faire'가 어느 정도 내 안에 살아 숨 쉬게 하는 편이 낫겠다.

그리스도의 부요함을 선포하는 일 1월 24일 금요일

오늘은 내 쉰네 번째 생일이다. 프란시스 드 살레St. Francis de Sales를 기념하는 예식에 따라 처음 읽는 본문이 내 느낌을 간단명료하게 요약해준다. 바울은 에베소의 크리스천들에게 이렇게 썼다. “하나님께서 모든 성도 가운데서 지극히 작은 자보다 더 작은 나에게 이 은혜를 주셔서, 그리스도의 헤아릴 수 없는 부요함을 이방 사람들에게 전하게 하시고, 만물을 창조하신 하나님 안에 영원 전부터 감추어져 있는 비밀의 계획이 무엇인지를 [모두에게] 밝히게 하셨습니다.” 엡 3:8-9

오늘, 여태 살아온 삶을 되짚으면서 나야말로 ‘성도 가운데서 지극히 작은 자’라는 생각을 했다. 돌아보면 29년 전 서품을 받을 당시에 가졌던 문제들과 여전히 씨름하고 있음을 금방 알 수 있다. 수많은 기도를 드리고, 오랜 수련기간을 거쳤고, 여러 친구와 카운슬러와 고해신부의 조언을 들었음에도 불구하고 내적인 통합과 평안을 추구하는 노력에는 이렇다 할 진전이 없다. 아직도 안달복달하고, 초조하고, 격렬하며, 산만하고, 충동에 휘둘리는 인간이다. 영적인 여정을 시작할 때와 매한가지인 셈이다. ‘성숙’이란 말에 어울리는 나이에 접어든 터라, 내면의 성숙이 한없이 모자란다는 현실에 좌절감을 느끼는 일이 잦아졌다.

하지만 내게는 위안을 길어올릴 우물이 있다. ‘그리스도의 헤아릴 수 없는 부요함’을 선포하고 ‘하나님 안에 영원 전부터 감추어져 있는 비밀의 계획이 무엇인지를' 밝히고 싶은 마음이 있다는 점이다. 그 욕구는 갈수록 짙고 절박해진다. 성직자로서 첫 발을 디뎠던 1957년보다 그리스도의 부요함을 전하려는 소망은 한결 더 커졌다. 서품을 주었던 베르나르트 알프링크Bernard Alfrink 추기경의 소맷부리에 적혔던 "그리스도의 부요함을 선포하라*Evangelizare Divitias Christi*"라는 글귀가 생생하게 기억난다. 오늘, 예식서에서 똑같은 말씀을 읽으면서 이 말씀을 차츰 내 것으로 삼아왔음을 깨달았다. 이루 말로 다 할 수 없는 그리스도의 부요함을 큰 소리로 또렷이 외치기를 원하는 마음이 간절하다. 개인적으로 단단한 확신을 품고 단순하고, 직선적이며, 평이하게 전하고 싶다. 독일에 온 뒤로 무언가가 내 안에서 자라나고 있는 느낌이 든다. 29년 전과 똑같은 인간이 아니라는 인식이 생겼다.

그리스도의 헤아릴 수 없는 부요함을 알리고자 하는 하루하루 커지는 욕구와 아울러, 갈수록 절절해지는 죄의식이 교만하고, 독선적이며, 남을 조종하거나 억압하는 존재가 되지 않도록 지켜줄 것이다. 오늘, 스스로 죄인임을 자각해서 겸손해지며 그리스도의 용감한 증인이 되는 소명을 잊지 않게 해주시길 기도한다. 프란시스 드 살레는 당장 삶을 허락하신 하나님께 감사하며 맡은 사역을 충실하게 감당하기를 구하는 모범으로 삼기에 가장 맞춤한 인물이다.

겸손에 대해 중세가 주는 교훈 1월 27일 월요일

뮌스터 대성당은 대략 1210년경부터 화려한 자태로 프라이부르크를 지켜오고 있는데, 로마네스크식으로 설계된 정문의 화강석 장식 가운데는 예배당을 들락거리는 이들을 겸손의 길로 이끌 의도로 새긴 장난스러운 부조도 끼어 있다. 조그만 광주리에 왕이 앉았고 그 양쪽 모서리에 묶인 끈을 커다란 새 두 마리가 목에 감은 채 지탱하고 있다. 왕은 토끼를 꿴 기다란 꼬치를 한 손에 하나씩 들었다. 주린 새들은 부리를 뻗어 토끼를 쪼려 발버둥 치다가 저도 모르게 왕을 하늘 높이 들어 올리게 되는 것이다.

이 우스꽝스러운 릴리프는 온 세상을 정복한 것도 모자라 하늘까지 어찌해보려 했던 알렉산더 대왕의 사연을 그려내고 있다. 여기에는 여러 가지 버전이 있는데, 공중에서 발아래를 굽어보며 세상이라는 게 고작 너른 바다에 떠 있는 모자 정도에 지나지 않는 걸 알게 된 왕은 세계가 얼마나 작은지, 그리고 그걸 차지하려 평생을 바쳐가며 안간힘을 쓰는 게 얼마나 허황된 짓인지 통감했다는 이야기도 있다. 경건한 교인들에게 어리석은 교만의 본보기로 알렉산더를 제시하고 있는 셈이다.

뮌스터 대성당에 관해 《돌로 빚어낸 하늘나라*Heaven in Stone*》라는 멋진 책을 쓴 콘라트 쿤체Konrad Kunze는 1260년 어간에 나온 베르톨트 폰 레겐스부르크Berthold von Regensburg의 설교를 소개하면서 이렇게 요약했다. "넓디넓은 세상도 한없이 좁게 여겼던 알렉산더지만 결국은 가장 보잘것없는 인간과 마찬가지로 2미터 남짓 되는 흙덩이로 돌아가고 말았다. 맨손으로 하늘의 별도 떨어트릴 듯 기세등등했던 대왕처럼, 다들 할 수만 있다면 높이 날아오르고 싶을지 모른다. 그러나 알렉산더의 이야기는 그처럼 치솟는 게 어떤 결과를 가져오는지 보여주며 대왕이 온 세계를 통틀어 가장 멍청한 인간임을 입증하고 있다."[9]

그렇다. 복잡할 것 하나 없는 얘기다. 베르톨트가 보잉 747기를 어떻게 생각할지 모르겠다. 그럼에도 불구하고… 고딕양식의 아치가 하늘을 찌를 듯 우뚝 선 뮌스터 대성당은 하나님의 눈앞에서 스스로 낮추는 표현인 동시에 그 자체로 인간의 교만을 드러내는 표식이 될 수도 있다. 인간은 늘 동기를 뒤섞는다. 하나님이 자비를 베풀어주시길!

인간의 슬픔 1월 30일 목요일

신문마다 죄다 비극적으로 삶을 마친 일곱 우주비행사들에 관한 기사로 도배가 되어 있다. 미국 전체가 슬픔에 잠겼다. 텔레비전으로 현장을 지켜본 수백만 국민들, 그중에서도 학교에서 늘 대하는 선생님 가운데 한 분이 우주탐사라는 대모험에 참여하는 걸 구경하려 수상기 앞에 앉았던 수많은 어린이들은 아직도 충격에서 벗어나지 못하고 있다. 인간의 위대함을 보려다가 허약함만 확인한 꼴이다.

비극적인 사태를 두 눈으로 똑똑히 목격한 아이들에게 영구적인 트라우마가 남지 않을까 염려하는 이들이 많다. 미국에서는 죽음을 직접 마주하기 어려운 게 사실이다. 그런데 불쑥 얼굴을 나타냈으니 그 심각성은 헤아리기 어려울 정도다. 어떻게 슬퍼하고 또 슬퍼하게 해야 할 것인가? 우주를 정복하려는 인간의 기도가 좌절된 걸 서글퍼해야 하는가? 목숨을 걸고 인류의 발전을 위해 봉사했던 영웅들의 죽음을 슬퍼해야 하는가? 그토록 자신만만하게 시작했던 사업을 지속시켜 나갈 새로운 에너지를 찾기 위해 애통해야 하는가?

미국의 우주개발 프로그램은 방위계획과 직결되어 있으며 이번 참사 또한 적어도 부분적으로는 우위를 확보하고 세계를 지배하려는 국가들 사이의 경쟁이 낳은 열매라는 점을 감안하면, 그러한 슬픔이 평화로 이어질지, 아니면 더 철저한 전쟁준비로 귀결될지 판단이 서질 않는다. 아무튼 우주왕복선사업이 전략방위계획의 일부라는 사실 만큼은 누구도 부정할 수 없을 것이다.

참다운 슬픔은 내면에 가진 불멸의 환상을 주저앉히는 데 의미가 있다. '무한정 사랑하는' 이들이 세상을 떠날 때 인간의 중심에서 또 다른 무언가가 함께 죽는다. 그렇지 않으면, 실체와 괴리된 채 삶은 나날이 피상적이 될 수밖에 없으며 공감하고 긍휼히 여기는 능력을 완전히 잃어버리고 만다.

허황된 자부심과 어떤 대가를 치르더라도 가장 우수하고 강력해지고 말겠다는 민족적인 염원을 떨쳐버리고 군사적인 우위에 기대지 않는 평화의 길을 모색할 수만 있다면, 일곱 우주인의 죽음을 애도하는 국민적인 분위기는 결코 헛되지 않을 것이다. 크리스타 맥컬리프Christa McAuliffe는 아이들에게 지금 살고 있는 우주에 관해 무언가 새로운 사실을 가르쳐주겠다는 소망을 품고 챌린저Challenger호에 올랐다. 이제 어린 친구들이 부모와 교사, 영웅, 더 나아가서 자신들의 상처와 유한성을 이해하고 두려움 없이 받아들이도록 돕는 게 진정한 도전과제가 되었다. 이번 참사가 차츰 아이들로 하여금 자신은 물론이고 앞길을 안내해주는 어른들을, 소중하고 한없이 연약하며 유한한 인간으로 인식하고 사랑하게 조금씩 도울 수 있다면, 연대와 긍휼을 기술적인 탁월함과 남을 지배하는 능력보다 더 큰 선물로 여기는 평화의 도구로 키워낼 수 있을 것이다.

근엄하고 단호한 가이드 2월 4일 화요일

오늘 오후 뮌스터 대성당을 다시 한 번 돌아보려고 시내에 나갔다. 다른 중년여성 한 명과 더불어 가이드투어에 나섰다. 근사한 경험이었다. 공무원으로 일하다 은퇴했다는 가이드는 교회의 역사, 건축가와 조각가의 이름, 석상과 그림, 강단에 실린 의미를 들려줄 뿐만 아니라 투어를 전도의 기회로 삼고 있었다. 손님들의 마음을 돌려서 기도하게 만드는 게 자신의 본분이라고 생각했다.

구원받은 백성들과 심판받은 무리들을 생생하게 묘사하고 있는 장엄한 정문을 보여주며 가이드는 말했다. "의로운 그룹에 속하도록 기도합시다." 멜기세덱을 묘사한 거대한 태피스트리 앞에 서서는 작품의 주인공에게 무슨 사연이 있었으며 성만찬과 연계해 어떤 의미를 갖는지 공들여 이야기했다. 돌판이나 유리, 캔버스에 그려진 신약성경의 여러 장면들을 설명할 때는 복음서의 긴 본문들을 감격스러운 음성으로 인용했다. 진귀한 예술작품들 사이에 볼품없이 끼어 있는, 나무로 짓고 이용자가 있는지 없는지 알려주는 등불을 단 현대식 고해소까지 일일이 보여주며 적어도 두 주에 한 번은 죄를 고백하러 가는 게 좋다고 열심히 권했다.

더러는 개인적인 정치성향을 드러내기도 했다. 막시밀리안 1세, 필리프 1세, 카를 5세, 페르디난트 1세를 비롯해 막강한 권력을 휘둘렀던 합스부르크가 출신 세도가들의 화려한 스테인드글라스가 돋보이는 '황실 예배소' 두 곳을 안내하며 말했다. "요즘에는 학생들에게 이처럼 위대한 분들의 이야기를 들려주지 않는 것 같더군요. 대신 마르크스나 레닌을 가르치죠. 하지만 이런 크리스천들에게 지속적으로 관심을 가지고 깊이 생각해보는 편이 더 나을 겁니다."

널찍한 중앙통로를 걸어 나가는데, 가이드가 갑자기 야구 모자를 쓴 젊은이를 손가락질하며 거침없이 소리쳤다. 여기는 하나님의 집이니, 모자를 벗기 싫으면 썩 나가라는 것이다. 난데없는 봉변에 당혹스러워하면서 청년은 자리를 떴다. 당당하고, 경건하며, 민족주의적이고, 대단히 도덕적인 가이드의 모습이 놀라웠다. 뮌스터 대성당과 완벽하게 들어맞는 인물이라는 생각이 들었다. 예배당이 가진 위대한 면모와 아울러 중세적이고, 목회적이며, 권위적인 특성들이 안내하는 태도에 여실히 배어 있었다. 하지만 밖으로 내몰린 젊은이는 어찌할 것인가? 다시 돌아와 온유하며 숱한 허물을 덮는 하나님의 사랑을 발견할 수 있을까?

소책자 몇 권을 사 넣으며 또 구경하러 오겠노라고 약속했다. 가이드는 무려 3세기가 넘는 시간을 들여 하나님의 집을 완성한 이들의 사고방식에 더 가까이 다가가도록 해주었다. 그러나 다른 한편으로는 중세의 강력한 하나님을 마다하면서 상처 입은 심령을 치유해줄 따듯하고 긍휼이 넘치는 주님을 찾아 헤매는 이들을 돌보는 사역과 관련해 고통스러운 질문을 남긴 것 또한 사실이다.

선 택 하 는

삶

15

우리는 기쁨을 택할 수 있다.

순간순간 마주치는 상대 또는 사건의 슬픔 대신

기쁨으로 반응하기로 작정하는 건 얼마든지 가능한 일이다.

애타게 성찰을 요구하는 목소리 2월 5일 수요일

프라이부르크는 마르틴 하이데거의 도시다. 이곳에 도착한 지 얼마 안 돼서, 프란츠 요나가 모는 차를 타고 하이데거가 머물며 철학적인 글들을 수없이 써냈던 뢰테부크벡Rötebuchweg 47번지를 지나간 적이 있었다.

그이만큼 내 사고에 짙은 그림자를 드리운 이도 없다. 전문적으로 하이데거의 철학을 연구해본 적은 없지만 사상적인 체계를 잡는 데 힘을 보태준 여러 철학자들과 심리학자, 신학자들은 이 거장에게서 큰 영향을 받았다. 하이데거의 실존주의 철학을 모르고서는 발그라페Walgrave, 빈스방거Binswanger, 라너Rahner의 사상을 온전히 이해할 수 없다.

오늘은 1955년, 하이데거가 자신의 출생지기도 한 메스키르히Messkirch에서 강연했던 내용을 정리한 짧은 글을 읽었다. 역시 그곳에서 태어난 음악가, 콘라트 크로이처Conrad Kreutzer를 기리는 "평정Gelassenheit"이라는 제목의 연설이었다.

하이데거는 기술혁명의 일부인 계산적인 사고방식이 지배적이다 못해 독보적인 사고방식으로 자리 잡게 되는 현상을 이 시대가 당면한 가장 큰 위험으로 꼽았다. 어째서 그토록 위험하다는 것일까? 그는 말한다. "그렇게 되면, 가장 고상하고 성공적인 사상의 발전을 성찰에 무관심하고 사고가 발붙일 여지가 전혀 없는 계산적 차원에서 평가하게 되며… 인류는 인간을 그 무엇보다 인간답게 만드는 요소, 즉 성찰의 능력을 포기하고 내팽개치기에 이를 것이다. 인간됨의 정수를 살려내는 게 관건이다. 반성적 사고Das Nachdenken를 지속적으로 살아 움직이게 만드는 게 중요하다."[10]

하이데거는 새로운 첨단기술이 일상적인 삶에 보탬이 되면 "예스!"라고 말하되, 존재 전체를 요구할 때는 "노!"라고 반응하는 마음가짐을 가지라고 주문한다. 아울러 일체의 '존재에 대해 초연(실체로 하여금 스스로 말하게)' 하며 그 신비에 대해 열린 마음을 가지기를 요구한다. 이러한 평정과 개방성은 새로운 뿌리를 내리고, 새로운 근거를 찾고, 새로운 소속감을 갖게 해준다. 성찰하는 인간으로 남아서 자아가 '계산적인 삶'의 희생물로 전락하지 않게 지켜낼 수 있다는 것이다.

오늘날 하이데거의 사상이 말할 수 없이 중요하게 되었다는 건 명백한 사실이다. 그 어느 때보다도 성찰하는 마음을 단단히 지켜야 한다. 하이데거는 연설에서 새로운 영성, 세상에 속하지 않고 그 안에 사는 새로운 방식의 필요성에 대해서도 간접적으로 언급하고 있다.

보호받고 있다는 느낌 2월 7일 금요일

기도생활의 새로운 차원이 열리고 있다는 걸 갈수록 또렷이 의식하게 된다. 어떻게 설명해야 좋을지 모르겠지만 산만함과 두려움, 유혹과 내면의 혼란 따위가 뒤엉킨 가운데서도 하나님과 마리아, 천사들,

그리고 성인들이 곁에서 지켜준다는 느낌이 든다.

강렬하거나 풍성한 기도를 드리지는 못하지만, 기도하며 이 한 주간을 보내고픈 마음이 간절하다. 빈첸시아노 수녀회 모원의 어둑한 소예배실 한구석에 앉아 있기만 하는데도 참 좋다. 천사들이 날개를 펴서 품어주는, 또는 구름이 갑옷처럼 감싸주는 기분이 들었다. 무어라 꼭 집어 말하기는 어렵지만, 세상의 유혹으로부터 보호받고 있다는 새로운 체험이었다. 부드럽고, 따듯하고, 자상한 보장이었다. 돌담이나 쇠창살의 분위기가 아니었다. 어깨에 손을 얹거나 이마에 입맞춤을 해주는 쪽에 가까웠다. 하지만 이처럼 안전한 울타리에도 불구하고, 세상의 유혹에서 벗어난 것은 아니었다. 폭력과 미움, 욕정과 탐욕을 깨끗이 털어내지 못했다. 도리어 그것들이 내 존재의 중심에 똬리를 틀고 관심을 독차지하려 안간힘을 쓰는 걸 느낀다. 잠시도 쉬지 않고 시끄럽게 떠들어댄다. 그렇지만 그 손, 그 입술, 그 눈길들은 사라지지 않고 한결같이 곁을 지킨다. 하늘의 선한 영혼들이 그렇게 사랑으로 붙잡아주고, 보살피며, 보호해주므로 안전하다는 걸 믿어 의심치 않는다.

그러기에 기도해야 할 바를 알지 못하면서도 기도한다. 초조하지만 안연하고, 유혹을 받으면서도 평안하고, 여전히 근심하면서도 안심하고, 어두움 속에 있으면서도 빛의 구름에 에워싸여 지내고, 아직도 회의하지만 사랑 가운데 머문다.

시도 때도 없이 방을 나와 하릴없이 온종일 예배당에 박혀 시간을 보내며 믿음을 다지는 건 그런 은혜가 있는 까닭이다. 하나님의 천사들은 늘 거기서 나를 기다리고 있으며 찰싹 달라붙어서 날개로 덮어주며 내면의 어두운 구석에서 흘러나오는 엄청나게 시끄러운 소리에 시선을 빼앗기지 않고 편히 쉬게 해준다. 이러니저러니 수다를 떨지 않는다. 시시콜콜 설명하지도 않는다. 말없이 지켜 서서 하나님의 마음이 내 속보다 한없이 크고 넓음을 가르쳐줄 따름이다.

긍휼히 여기시는 주님의 눈길 2월 8일 토요일

프라이부르크 아우구스티너Augustiner 박물관에 전시된 〈나귀를 탄 그리스도Christ on a Donkey〉는 주님을 그린 가장 감동적인 작품 가운데 하나다. 그림이 인쇄된 엽서들을 여러 친구들에게 보냈고 기도서 책갈피에도 한 장 간직하고 있다.

오후에는 박물관에 가서 〈나귀를 타고 예루살렘에 들어가시는 예수님Christus auf Palmesel〉을 보며 호젓하게 시간을 보냈다. 14세기에 만들어진 이 조각상은 본래 라인 강 유역 브라이자흐Breisach 근처의 작은 마을, 니더로트바일Niederrotweil에서 온 물건이다. 종려주일 행진을 벌일 때 수레에 실어 끌고 다니던 걸 1900년, 아우구스티너 박물관이 사들여 제1전시실 중앙에 세워놓은 것이다.

넓은 이마, 속내를 들여다보는 두 눈, 치렁치렁한 머리칼, 갈라진 짧은 수염을 가진 그리스도의 길고 갸름한 얼굴은 그 고난의 신비를 숨이 막히도록 여실하게 드러낸다. "자기들의 겉옷을 길에다가 폈으며… 나뭇가지를 꺾어다가 길에"마 21:8 깔고 "호산나!"를 외치는 백성들에 에워싸인 채 나귀를 타고 예루살렘 성으로 들어가는 예수님은 엉뚱한 데 정신이 팔려 있는 것처럼 보인다. 열광하는 이들에게는 눈길조차 주지 않으신다. 손을 흔드는 법도 없다. 요란한 함성과 갈망함을 넘어 눈앞에 기다리는 현실을 바라보실 따름이다. 배신과 고문, 십자가의 형벌과 죽음으로 이어지는 참혹한 길이다. 주위에 있는 이들 가운데 아무도 보지 못하는 광경을 초점 없는 눈으로 지켜보신다. 주님의 훤칠한 이마는 인간의 이해를 훌쩍 뛰어넘는 지혜를 상징한다.

우수가 깃들었지만 평온하게 인정하는 기운도 배어 있다. 하루에도 열두 번씩 변하는 인간의 마음을 꿰뚫는 통찰과 함께, 한없이 안타까이 여기시는 긍휼이 있다. 말로 다 못할 만큼 혹독한 고통을 감내해야 한다는 뼈아픈 자각뿐만 아니라, 하나님의 뜻을 이루겠다는 단호한 각오도 서려 있다. 무엇보다도 사랑이 있다. 무엇으로도 끊을 수 없을 만큼 친밀한 하나님과의 관계에서 나오는 사랑이며 지금 어디에 있고, 어디에 있었으며 또 어디에 있을지 가리지 않고 모든 이들에게 두루 미치는 한없이 깊고 넓은 사랑이다. 주님은 누가 됐든, 상대를 가리지 않고 온전히 사랑하신다.

〈나귀를 탄 그리스도〉를 볼 때마다 내 모든 죄와 허물, 부끄러움을 아시면서도 용서와 자비, 긍휼을 쏟아 사랑해주신다는 사실을 다시 한 번 되새긴다. 주님과 더불어 아우구스티너 박물관에 머무는 것만으로도 기도가 된다. 바라보고, 바라보고 또 바라본다. 그리스도가 내 마음 깊은 곳을 들여다보시는 게 느껴진다. 두려워할 필요가 없다.

창문으로 보이는 얼굴들 2월 10일 월요일

프라이부르크의 로젠몬탁(Rosenmontag, 사육제의 하이라이트가 되는 월요일)이다. 오후 2시쯤, 시내에 나가서 카니발 행진과 어릿광대, 악대와 크고 작은 꽃마차, 가지각색 가면들, 끝없이 쏟아지는 색종이를 구경했다. 날씨는 매섭게 쌀쌀했다. 다들 체온이 떨어지지 않도록 와플과 글뤼바인(Gluhwein, 향신료를 넣고 뜨겁게 데운 와인)을 먹고 마셨다. 퍼레이드가 149가지 쇼를 펼치며 다 지나가기까지는 무려 두 시간이나 걸렸다.

가장 인상적이었던 건 거대한 마스크들이었다. 분노, 기쁨, 미움, 사랑, 선악 따위의 다양한 감정을 표현하는 예술품에 가까운 것들이 많았다. 몇 점은 하도 생생해서 가면을 쓴 이가 거기에 드러난 것과 다른 감정을 품고 있다고 생각하기 어려울 정도였다.

일부는 머리통이 너무 커서 목에 난 창을 통해서만 그걸 뒤집어쓴 주인공의 얼굴을 볼 수 있었다. 창틈으로 트럼펫이나 플루트 또는 호

큰을 내놓고 불어대는 이들도 적지 않았다. 가면의 표정과 창을 통해 보이는 얼굴이 무척 대조적이어서 깜짝 놀랐다. 머리에 쓰고 있는 탈바가지의 신나는 표정과 달리, '창을 통해 보이는 얼굴들'은 하나같이 진지하기만 했다. 퍼레이드는 오늘 하루 동안 근심과 걱정은 털어버리고 미친 듯이 놀아보자는 손짓을 보내지만, 맥없이 풀어져서 진정으로 잔치를 즐기기가 현대인들에게 얼마나 힘든 일인지 확인했을 따름이다. 보도에서 행진을 지켜보는 구경꾼들 역시 더할 나위 없이 심각한 표정이었다. 수많은 밴드가 꼬리를 물고 지나가지 않았더라면 한없이 음울한 행사가 되고 말았을 것이다. 의무감 비슷한 성향이 지배하고 있었다. 울긋불긋 차려입은 이들조차도 애써 웃는 기색이 역력했다. 그들에게는 아주 진지한 작업인 모양이었다. 누구보다 심했던 건 아이들이었다. 고양이, 생쥐, 북극곰, 스크루드라이버, 인디언, 멕시코인, 마녀, 그밖에 무슨 탈을 보든 조그마한 얼굴에 마치 막중한 임무를 수행하는 것만 같은 표정이 떠올랐다.

이런 장면들을 지켜보며 와플을 먹고, 글뤼바인 두 잔을 마신 뒤에 집에 돌아왔다. 문을 열어준 수녀는 아무것도 가리지 않는 낯빛과 밝은 미소, 함박웃음으로 맞아주었다. 문득, 어떠한 가면도 인간을 진정으로 행복하게 해줄 수 없다는 생각이 들었다. 행복은 반드시 내면에서 비롯되어야 한다.

사순절 기도 2월 11일 화요일

사랑하는 주 예수님,

오늘부터 사순절이 시작됩니다. 특별한 방식으로 주님과 더불어 지내며, 기도하고 금식하면서, 예루살렘에서 골고다로, 마침내 죽음을 넘어 승리를 향해 가셨던 주님의 길을 좇는 기간입니다.

여전히 마음이 갈리고 나뉘어 있습니다. 진심으로 예수님을 따르고 싶지만, 꿈을 추구하고 특권과 성공, 세간의 존경과 쾌락, 권력, 영향력 따위가 속삭이는 소리에 솔깃한 것 또한 사실입니다. 그런 잡음에 귀를 기울이지 않으며 생명으로 통하는 좁은 길을 택하라고 명령하시는 거룩한 음성에 더 촉각을 곤두세울 수 있도록 도와주세요.

사순절이 몹시 힘든 시간이 되리라는 걸 잘 압니다. 그리스도의 길을 택하는 결단은 죽는 날까지 매순간 이뤄져야 합니다. 주님이 생각하는 대로 생각하고, 말씀하시는 대로 말하고, 행하시는 대로 행하는 쪽을 골라야 합니다. 선택이 필요치 않은 시간과 장소는 존재하지 않습니다. 게다가 주님 쪽으로 돌아서는 선택을 제가 얼마나 완강하게 거부하는지도 잘 알고 있습니다.

주님, 부디 언제 어디서나 동행해주십시오. 사순절 기간 내내 신실하게 살아서 부활의 아침이 밝았을 때 주님이 예비해두신 새 생명을 감격 속에 맛볼 수 있도록 힘과 용기를 허락해주십시오.

아멘.

기쁨을 선택하다 2월 13일 목요일

오늘 성만찬에서 읽은 첫 번째 말씀은 신명기 30장 19-20절이었다. "나는… 생명과 사망을… 당신들 앞에 내놓았습니다. 당신들과 당신들의 자손이 살려거든, 생명을 택하십시오. 주 당신들의 하나님을 사랑하십시오. 그의 말씀을 들으며 그를 따르십시오."

어떻게 생명을 선택할 것인가? 생명과 죽음은 늘 가까이 있게 마련이므로 선택이 없는 순간이란 존재하지 않는다는 사실을 확연하게 깨달아가고 있다. 기쁨을 택하는 것 또한 생명을 선택하는 일의 한 측면이다. 즐거움은 생기를 불어넣지만 슬픔은 죽음을 불러온다. 슬픈 마음은 내면에서 무언가가 죽어가는 마음을 가리킨다. 기쁜 마음은 안에서 무언가가 새로 태어나고 있는 마음이다.

기쁨은 기분의 차원을 넘어서는 정서라고 생각한다. 기분은 갑자기 밀려든다. 선택의 여지가 없다. 정신 차리고 보면 언제부터인가 행복하거나 우울해지는 경우가 허다하다. 신령한 삶은 기분을 초월한 삶이다. 기쁨을 선택하고 행복하다든지 침울하다든지 하는 일시적 감정에 자신을 내맡기지 않는다는 뜻이다.

분명히 말하거니와, 우리는 기쁨을 택할 수 있다. 순간순간 마주치는 상대 또는 사건에 슬픔 대신 기쁨으로 반응하기로 작정하는 건 얼마든지 가능한 일이다. 하나님은 생명일 뿐만 아니라 유일한 생명이라고 마음을 다해 믿는다면 어떤 세력이 개입한다 해도 죽음으로 이어지는 슬픔의 세계로 끌려들어가지 않을 것이다. 기쁨을 선택한다는 건 행복한 감정을 택하거나 인위적으로 유쾌한 분위기를 조성한다는 뜻이 아니다. 무엇이 됐든지 생명의 하나님께 한 걸음 더 나갈 수 있도록 이끌어주는 일을 하기로 결단하는 걸 가리킨다.

조용히 묵상하고 기도하는 시간이 그토록 중요한 까닭이 여기에 있는지도 모른다. 기분을 비판적인 시각으로 바라보고 자기기만에서 벗어나 자유로운 선택으로 옮겨가게 해주기 때문이다.

오늘 아침, 잠자리에서 일어나는 데 다소 우울한 기분이 들었다. 까닭을 알 수 없었다. 인생만사가 공허하고, 쓸모없으며, 피곤한 느낌이었다. 어두운 영이 몰려드는 듯했다. 기분이 거짓말을 하고 있음을 직감했다. 인생은 허무한 게 아니다. 하나님은 사랑의 표현으로 삶을 창조하셨다. 비록 체감하지 못한다 할지라도 사실을 알고 있는 것만으로도 도움이 됐다. 그 지식을 토대로 다시금 기뻐하는 쪽을 택할 수 있었다. 기쁨을 선택한다는 건 단순히 사실을 좇아 행한다는 의미다. 우울한 정서는 사라지지 않고 그대로 남아 있다. 힘쓰고 애써도 마음에서 몰아낼 수 없다. 그러나 최소한 그 기분의 허황된 실체를 드러내고 내 행동의 근거로 자리 잡지 못하게 막는 건 얼마든지 가능하다.

하나님은 기뻐하라고 부르신다. 기쁨을 선택할 수 있다는 깨달음은 큰 위안을 준다.

뮌스터 대성당에선 모든 게 태평하다 2월 15일 토요일

토요일 오후 5시, 뮌스터 대성당. 광장은 여전히 평온하다. 눈에 띄지도 않을 만큼 가는 눈발이 돌길 위에 부드럽게 내려앉고 있다. 예배당 주위로 집들이 들어서서 조용하고 평화로운 마을을 이루고 있다. 마치 불가에 둘러앉아 옛 이야기에 귀를 기울이는 어린아이들 같다. 소음은 거의 들리지 않는다. 정오부터 가게들도 문을 닫았다. 자동차도 없고, 고함도 없고, 꼬맹이들이 뛰노는 소리마저 들리지 않는다. 여기저기서 눈 덮인 빈 광장을 가로질러 예배당으로 들어가는 이들이 눈에 띈다.

해는 졌지만 아직 깜깜하진 않다. 잿빛 하늘에 하얀 점들이 가득하다. 게스트하우스들이 문밖에 밝혀놓은 전등이 어서 들어와 포도주를 한 잔 하거나 따듯한 음식으로 배를 채우라고 손짓한다.

대성당의 첨탑을 올려다본다. "지난번 그 얘기를 또 해주세요!"라고 조르는 손자손녀들을 보며 인자한 미소를 짓는 지혜로운 할머니처럼, 예배당은 말없이 자기 이야기를 들려준다. 바닥부터 꼭대기까지 빛줄기가 첨탑을 온통 뒤덮고 있다. 열린 문으로 예배당 안쪽의 따듯한 광선이 쏟아져 나온다. 볼수록 등을 토닥이며 위로하는 느낌이 들었다. "너무 걱정하지 마세요. 하나님이 그댈 사랑하십니다"라고 이야기하는 듯했다.

예배당 안은 어두웠다. 성모의 품에 안긴 아기 예수를 묘사한 커다란 조각상 정면은 빛이 섬을 이뤘다. 조그만 촛불 수백 개가 피워 올리는 불꽃들이 마치 살아 움직이는 생물처럼 보였다. 몇몇 사람들이 거기 서서 눈을 감고 기도를 드리고 있었다.

본당 강단을 둘러싼 소예배실에선 목회자들이 신자들의 고백을 듣고 있었다. 다들 조용조용 들고났다. 죄를 고백하기 위해 무릎을 꿇고 앉았다. 고해신부는 귀 기울여 듣고 늘 즐겁게 사는 자세가 얼마나 중요한지 자상하게 이야기해주었다. 성부와 성자, 성령의 이름으로 죄를 용서해주는 순간, 얼마쯤 그 기쁨을 맛볼 수 있었다.

성모상 앞에서 잠깐 기도하고 나서 마음에 평안을 가득 담고 집으로 돌아왔다. 이제는 아주 캄캄해졌다. 첨탑은 여전히 그 자리에 서서 밝은 빛을 내뿜으며 내게 미소를 짓고 있었다. 만사가 태평하다.

행복한 재회 2월 19일 수요일

저녁 7시, 보스턴에서 조너스가 왔다. 전화를 걸어 독일에 머무는 기간 가운데 마지막 며칠을 함께 보내고 싶다는 뜻을 밝힌 게 몇 주 전이었다. 뛸 듯이 기뻤다. 친구는 짧은 휴가를 낼 수 있게 된 데다 유럽행 항공권도 값싸게 구할 수 있을 것 같다고 했다.

그리고 마침내 오늘 아침 브뤼셀에 내려서 기차를 갈아타고 쾰른을 거쳐 프라이부르크에 이른 것이다. 세상이 얼마나 좁아졌는지, 입을 다물 수 없을 지경이다. 어젯밤만 해도 서로 수만 킬로미터씩이나 떨어져 있었는데, 하루 새에 나란히 앉아 저녁을 먹고, 온갖 잡다한 이야기들을 나누며, 예배당에서 기도를 드리고 있다니! 며칠 동안 둘이서 평화로운 날들을 보낼 수 있기를 간절히 바란다.

구별하는 마음을 내버리고 2월 21일 금요일

오늘 아침, 조너스와 함께 복음서에서 예수님의 말씀을 읽었다. "그러므로 네가 제단에 제물을 드리려고 하다가, 네 형제나 자매가 네게 어떤 원한을 품고 있다는 생각이 나거든, 너는 그 제물을 제단 앞에 놓아두고, 먼저 가서 네 형제나 자매와 화해하여라. 그런 다음에 돌아와서 제물을 드려라." 마 5:23-24

하루 종일 이 구절이 뇌리에서 떠나지 않는다. 아직도 적잖은 이들과 더불어 온전한 화평을 이루지 못하고 있다는 생각이 든다. 지난날 우정을 나누고, 오가며 마주치고, 더러 충돌했던 이들을 되짚을 때마다 분노와 쓰라린 감정과 원한이 섬처럼 마음 깊은 곳에 점점이 박혀 있는 걸 깨닫게 된다. 개인적으로 알고 있거나, 누군가에게서 들었거나, 책에서 본 인물들을 떠올리면, 내 편 네 편, 좋은 사람 싫은 사람, 함께 있고 싶은 상대와 어떻게든 피하고 싶은 상대를 얼마나 가리는지 절감한다. '형제자매들' 에 대한 의견과 판단, 편견이 내면의 삶을 가득 채운 터라 진정한 평안에 이르는 길은 아직 멀기만 하다.

예수님 말씀을 곱씹어보면 이처럼 구별하는 정서와 사고방식을 버려야 하나님의 모든 백성들과 화목할 수 있다는 걸 금세 알 수 있다. 이는 거리낌 없이 자발적으로 해묵은 두려움과 쓰디 쓴 감정, 원한과 분노, 정욕을 버리고 용서하며 화해를 이루는 마음가짐을 가리킨다.

그래야 참으로 화목하게 하는 일꾼이 된다. 먼저 이편의 중심에 넘치는 평안은 누구를 만나든 평화를 이루는 원천이 된다. 그제야 비로소 형제자매들과 화목함을 드러내는 증거로 하나님의 제단 위에 예물을 올려놓을 수 있게 된다.

껄끄러운 형제자매들과 평화를 가꿔갈 구체적인 방법을 궁리하기 시작해야 한다. 무얼 버려야 할 것인가? 평화를 이룬다는 말은 함부로 상대를 판단하는 자세를 버려서 나와 내 원수들을 가리지 않고 그 거룩한 손아귀에 단단히 움켜쥐고 계시는 하나님과 적대적인 이들을 동시에 사랑할 수 있게 된다는 의미다.

오늘, 조너스와 우정을 나누고 있다는 사실에 깊이 감사했다. 지난 11월에 이룬 화해가 가시적인 열매를 맺고 있음에 틀림없다.

인간의 몸을 통해 빛나는 하나님의 광채 2월 23일 주일/스트라스부르

오전 8시, 프란츠Franz와 로베르트 요나Robert Johna가 차를 몰아 조너스와 나를 스트라스부르까지 데려다주었다. 덕분에 오전 11시에는 대성당의 성찬식에 참여할 수 있었다. 주임사제는 예식을 공동으로 집전하자고 초대해주었다. 스트라스부르 대학에서 교목으로 일하는 프란체스코회의 젊은 목회자가 메시지를 전했다.

신부는 복음서에서 예수님의 모습이 변하는 기사를 다룬 본문을 읽은 뒤에, 예배당 중앙으로 가서 조각장식이 화려한 강단에 올랐다. 예배에 참석한 이들은 의자를 돌려놓고 설교자를 바라보며 귀를 쫑긋 세웠다. 신부는 예수뿐만 아니라 피조물 전체의 변화에 관해 이야기했다. 노란색, 흰색, 푸른색 장미가 찬란하게 새겨진 예배당 입구 위쪽 창문을 가리키며 말했다. "대단한 예술작품이지만 햇빛이 투과되어야만 화사한 면모를 제대로 볼 수 있습니다." 그러곤 하나님이 손수 빚어 만든 작품인 인간의 몸을 비롯한 모든 존재들은 그분의 조명을 받을 때에만 아름다운 자태를 뽐낼 수 있다는 사실을 차근차근 설명했다. 메시지를 듣는 내내 장미가 그려진 커다란 창문(가로가 13미터에 이르는 여태까지 제조된 가장 큰 창)을 지켜보며 다볼 산에서 일어난 변화를 '예수님의 몸으로부터 쏟아져 나오는 하나님의 빛'이라는 새로운 의미로 인식하게 되었다. 6세기 전에 만들어진 장미문양 창문이 오늘날 이전과 전혀 다른 방식으로 그리스도의 영광을 보도록 이끌고 있었다. 하나님의 백성들 여러 세기에 걸쳐 이어가고 있는 긴 여정에 동참하고 있음을 다시 한 번 절감했다. 여기에는 옛것도 많았고 새것 또한 많았다. 오래 전 성인과 왕과 여왕의 조각상들이 있었다. 아울러 목까지 가리게 만든 덩거리(올이 굵은 데님 계열의 옷감 – 옮긴이) 옷을 입은 다정한 목회자들, 여성 봉사자들, 예배당 주위에 세워둔 많은 자동차들도 있었다. 역사가 흐르는 걸 볼 수 있었다. 하지만 사순절 둘째 주일이면 예수님의 모습이 변화되신 기사와 관련된 똑같은 이야기가 수없이 되풀이된다.

오후 12시 45분, 작별의 순간이 왔다. 천천히 움직이는 기차에 조너스와 나란히 서서 프란츠와 로베르트에게 손을 흔들면서, 스트라스부르 대성당만이 일깨워줄 수 있는 심오하고도 영원한 무언가의 일부가 되었음을 느꼈다.

낮은 데로 내려가는 길

16

가치가 있는 건 내 가난이 아니라
내 삶을 통해 드러나는 하나님의 가난뿐이다.

친구들이 벗들을 만나다 2월 24일 월요일/트롤리

온종일 "안녕!"과 "또 봐요!"를 무수히 반복하면서 트롤리로 돌아왔다. 마담 바니에와 파키타Paquita, 바버라, 시몬느, 미렐라Mirella를 비롯해 여러 식구들이 우리 둘을 다시 만나게 된 걸 진심으로 기뻐하며 따듯하게 환영해주었다. 오늘 내게 가장 중요했던 사건은 조너스, 그리고 네이선과 한자리에 앉아서 점심을 먹었던 일이다. 지난번 조너스가 왔을 때 만나기는 했지만, 아직 네이선과 잘 아는 사이는 아니었다. 요 몇 달 새, 네이선과 나누는 우정이 급속도로 깊어지고 있던 터라, 둘이 서로를 더 잘 알아볼 수 있는 기회를 주고 싶은 마음이 간절했다. 우정은 나눌 필요가 있다. 조너스가 보스턴으로 돌아가기 전에 네이선과 더 많은 시간을 보낼 수 있게 돼서 정말 기쁘다. 우리는 우정, 그리고 그게 살아가는 데 얼마나 중요한지에 관한 의견을 주고받았다. 견디기 어려울 만큼 심해졌을 때만이 아니라 막 시작되는 시점부터 갈등과 씨름을 털어놓는 게 대단히 중요하다는 이야기를 나눴던 게 무엇보다 기억에 남는다. 조너스는 말했다. "마귀는 어둡고 은밀한 걸 좋아하죠. 홀로 간직하고 있는 내면의 두려움과 싸움은 점점 더 지배력을 키워가게 마련입니다. 하지만 신뢰하는 심령으로 털어놓으면 뿌리가 드러나고 거기에 대처할 수 있게 됩니다. 일단 서로 사랑하는 관계의 빛 속으로 끌어내면 마귀는 힘을 잃고 서둘러 달아날 수밖에 없습니다."

조너스가 하는 말이 곧 고백의 핵심이란 생각이 들었다. 고백하고 용서하는 과정을 거치면서 하나님의 사랑에 담긴 치유와 화해, 재창조의 힘을 경험할 수 있다. 그런 훈련을 통해 얻은 깨달음들이 신실한 우정을 쌓아가는 일과도 관련이 있음을 알게 돼서 기쁘다. 성찬예식이 언제 어디서든 감사하게 이끌 듯, 죄를 고백하는 훈련 또한 언제든 지체 없이 털어놓고 용서를 구하는 삶의 길로 불러낸다.

오늘 저녁, 기차역까지 배웅해준 조너스에게 손 흔들어 인사하면서 지난 몇 달 동안 우정의 끈이 부쩍 탄탄해진 데 감사했다. 이런 결합은 큰 틈을 좁혀주고 무거운 짐이라도 가벼이 여기게 만들어준다.

천천히 저무는 태양에 관하여 3월 4일 화요일

프라이부르크에서 돌아온 뒤로 산더미 같은 일들에 쫓겨 분주하게 살았지만, 무엇 하나 제대로 끝냈다 싶은 일이 없는 기분이다. 이른 아침부터 늦은 밤까지 편지를 쓰고, 전화를 걸고, 누군가를 찾아가고, 회의에 참석하고, 급해 보이는 일들을 처리해냈다. 하지만 이곳으로 올 때 마음먹었던 기도하고 글 쓰는 일은 많이 하지 못했다. 아침묵상 시간을 꾸준히 지켜내고, 매일 성찬을 떼고, 저녁기도를 드리지만 생동감을 찾을 수가 없다. 경직되고, 냉담하고, 메마른 느낌뿐이다. 자잘한 일들을 닥치는 대로 해치워가며 하루하루를 흘려보내고 있다.

독일에서 여섯 주를 보내는 사이에 차곡차곡 쌓인 편지가 가방 하나를 채우고도 남을 만큼 수북했다. 하나같이 멋지고 사랑스러운 글들이었다. 하지만 하나하나 읽고 답하는 사이에 시간은 쏜살같이 흘러 몇 날 며칠이 금방 지나가고 말았다.

그처럼 분주한 일상 속에서도 종이 위에 쏟아내고 싶은 아이디어와 깨달음, 감정 따위가 쉴 새 없이 샘솟는 까닭에 갈증이 이만저만 심한 게 아니었다. 생각과 통찰, 느낌 따위가 차오를수록 좌절감도 깊어갔다. 훗날을 위해 붙잡고, 기억하고, 간직해야 할 게 너무 많았다.

한 친구는 편지에 이렇게 적었다. "글 쓸 시간이 나길 바라지만 너무 심각하게 받아들이지는 말았으면 좋겠어." 어쩌면 집착과 충동에 가벼운 미소를 지어보여야 할지도 모른다. 정말 필요한 순간이 되면 그만한 시간이 생길지도 모른다. 하지만 하루를 겨우 스물네 시간으로 지으신 하나님을 끊임없이 원망하고 있다. 쉴 새 없이 좋알거린다. "주님, 제발 해가 느릿느릿 떨어지게 해주세요!" 그러나 태양은 아랑곳하지 않고 여느 때처럼 돌고, 돌고, 또 돌 뿐이다. 빨라지지도 않고 느려지지도 않고 하루에 스물네 시간씩 어김없이!

피터가 전화를 걸어 〈아메리카*America*〉지에 보낸 글이 퇴짜를 맞았다고 알려왔다. 프라이부르크에 머물며 정리했던 '성령강림절 이콘'에 관한 묵상이었다. 그동안 썼던 이콘에 관한 묵상 4부작 가운데 단연 으뜸이라고 생각했는데 〈아메리카〉 편집장은 짤막하게 토를 달아 되돌려 보낸 것이다. "헨리 나우웬이란 작가에게 기대하는 수준에 미치지 못하는 글입니다." 이쯤 되면, 태양이 아니라 내가 천천히 가라앉을 판이다. 너무 심각하게 받아들이지 않는 게 상책이다.

제힘으로는 절대로 거룩해질 수 없음을 되새기는 계기가 될 만한 일이었다. '거룩'은 열심히 애써서 얻은 결과라고 우길 수 있는 게 아니라 하나님의 선물이다.

인생은 낮아지고, 더 낮아진다. 그렇게 흘러가도록 내버려두어야 한다. 오늘, 누군가가 말했다. "인간은 큰 수모를 겪어야 조금이나마 겸손해지는 법이지!"

예수님과 연결된 끈을 한사코 붙잡고 3월 12일 수요일

오늘 전례에서 읽은 복음서 본문에서 예수님은 처음부터 끝까지 모든 일을 아버지와의 관계 속에서 행했음을 밝히신다. "내가 진정으로 진정으로 너희에게 말한다. 아들은 아버지께서 하시는 것을 보는 대로 따라할 뿐이요, 아무것도 마음대로 할 수 없다. 아버지께서 하시는 일은 무엇이든지, 아들도 그대로 한다." 요 5:19

어제 단절을 절절히 경험한 터라, 예수님 말씀이 남다르게 다가왔다. 그리스도와, 그분을 통해 하늘 아버지와 현재진행형의 관계를 가져야 한다. 그래야 인생을 다 탕진해가며 일에 매몰되는 지경에 빠지지 않는다. 따분하고, 피곤하며, 메마르고, 우울하고, 낙담한 채 하루

하루 살아가지 않게 지켜준다.

하는 일마다 사랑하는 마음으로 모든 걸 다 내어주고 또 받는 하나님의 생명에 참여하고 있음을 표현하게 된다면, 그밖에 다른 것들도 하나같이 은혜를 입으며 분열된 속성들이 사라질 것이다. 그렇다고 만사가 쉽고 조화로워진다는 뜻은 아니다. 커다란 괴로움들은 그대로 남아 있겠지만, 하나님의 고통과 연결되어 있기만 하면, 그 고뇌마저도 생명에 가 닿게 된다.

이 모든 이야기를 한마디로 요약하면, 쉬지 말고 기도하라는 명령이 되리라고 믿는다.

예수님을 사랑하기는 하지만 … 3월 15일 토요일

오늘 읽은 복음서 본문을 보면, 예수님에게는 어디로 가든 발 벗고 따라나서는 선량하고 신실한 친구들과 어떻게든 해치우지 못해 조바심을 치는 사나운 원수들뿐만 아니라, 매력과 두려움을 동시에 느끼는 동조자들도 숱하게 많았음을 알 수 있다.

부자 청년만 하더라도 예수님을 사랑했지만, 재물을 버려두고 좇지는 못했다. 니고데모는 예수님을 만나보고 깊은 감동을 받았지만, 동료들 사이에서 명망을 잃지나 않을까 두려워했다. 이런 동조자들을 살펴보는 게 중요하다는 사실을 갈수록 절감하고 있다. 그런 무리들

쪽으로 마음이 끌려들어가는 날이 허다하기 때문이다.

예수님을 사랑하지만 친구들도 놓치고 싶지 않다. 주께 가까이 다가가지 못하도록 가로막는다 할지라도 마찬가지다. 예수님을 사랑하지만, 독립성을 잃고 싶지 않다. 제힘으로 어찌해보려는 기질이 진정한 자유를 가져다주지 못한다 할지라도 마찬가지다. 예수님을 사랑하지만, 같은 영역에서 일하는 동료들의 존경도 잃고 싶지 않다. 그이들의 인정이 영적으로 성장하는 데 아무 보탬이 되지 않음을 잘 알고 있지만 어쩔 수 없다. 예수님을 사랑하지만, 글을 쓰고 여행하며 강연하는 계획들을 포기하고 싶지 않다. 그러한 일정들이 하나님을 영화롭게 하기보다 스스로에게 영광이 되는 경우에도 마찬가지다.

그렇다면 한밤중에 살짝 예수님을 찾아왔고, 탈이 나지 않을 만큼만 주님에 관한 정보를 동료들에게 전달했으며, 죄책감을 감출 수 없어서 필요하거나 바람직한 양보다 훨씬 넘치는 몰약과 침향을 들고 무덤을 찾았던 니고데모와 다를 게 무어란 말인가!

니고데모는 동료 바리새인들에 말했다. "우리의 율법으로는, 먼저 그 사람의 말을 들어보거나 또 그가 하는 일을 알아보거나 하지 않고서는 그를 심판하지 않는 것이 아니오?" 요 7:51 조심스럽기 짝이 없다. 주님을 증오하는 이들에게 한 말이지만, 그편의 입장에 서서 그쪽의 어휘로 의중을 표현한다. "예수가 너무 미워서 죽이고 싶더라도 품위를 잃지 말고 여러분이 정한 규정을 지키세요." 예수님을 구해내려는 의도에서 이런 이야기를 하면서도 한편으로는 친구들도 잃고 싶지 않았다. 상황은 뜻대로 돌아가지 않았다. 동료들의 비아냥거림이 돌아왔을 따름이다. "당신도 갈릴리 사람이오? 성경을 살펴보시오. 그러면 갈릴리에서는 예언자가 나오지 않는다는 것을 알게 될 것이오." 인격적이고 직업적인 정체성이 공격을 받게 된 것이다.

너무도 익숙한 장면이다. 교구위원회 모임이나 학과회의에서 발언하면서 니고데모처럼 굴었던 게 한두 번이 아니다. 예수님의 사랑을 직설적으로 언급하는 대신, 고상한 친구들이 문제의 다른 측면으로 눈길을 돌리게 유도하는 교묘한 어법을 구사하곤 한다. 동료들은 자료를 충분히 검토하지 않았다거나 감상적인 사고방식에 빠져 진정 전문적인 방식으로 접근하지 못하고 있다는 식의 반응을 보이기 일쑤다. 그렇게 말하는 이들은 정상적으로 사고할 능력을 가진 이들이어서 나로서는 입을 다물 수밖에 없었다. 거절당할 각오로 진심을 털어놓지 못하게 만드는 건 두려움이었다.

그러니 니고데모에게 관심이 쏠릴 수밖에 없었다. 바리새인의 입지를 지키면서 예수님을 따를 수도 있는 걸까? 뒤늦게 값비싼 향유를 사들고 무덤을 찾았다가 야단을 맞지는 않을까?

수련회 3월 17일 월요일/느베르

오늘 밤, 트롤리에서 차로 다섯 시간쯤 떨어진 느베르에 있다. 장 바니에를 비롯해 라르쉬 도우미 40여 명과 함께 '언약 수련회'를 갖기 위해 이곳에 왔다. 일주일 내내 여기 머물면서 기도를 드리고, 라르쉬에서 복음을 살아내는 문제에 관한 장의 이야기를 듣고, 생각과 경험을 나누며, 장애를 가진 식구들과 맺고 있는 유대관계를 검토해볼 예정이다.

가난한 이들의 부르짖음 3월 18일 화요일

두 가닥의 주제가 장의 성찰 전반을 관통하고 있다. 하나는 친히 낮아지신 하나님의 방법이고, 다른 하나는 가난한 이들을 섬길 뿐만 아니라 스스로 가난해짐으로써 주님을 찾으라는 명령이다. 더할 나위 없이 근사하게 우주를 지으신 하나님은 창조세계를 통틀어 가장 작은 행성들 가운데 한곳, 그중에서도 초라한 소읍에 사는 젊은 여인을 통해 육신을 입음으로써 거룩한 생명의 신비를 인류에게 드러내 보이셨다. 작고, 낮고, 가난하고, 소외되고, 무시당하는 것들 쪽에 섰던 심오한 선택이야말로 예수님의 삶에 일관되게 나타나는 특징이다. 하나님은 가난한 이들 가운데 즐겨 머무신다. 그런 까닭에 가난한 이들은 주님과 만나는 길이 되었다.

장애인들은 가난할 뿐만 아니라 이편의 빈곤을 드러내주기도 한다. "나를 사랑하나요?"와 "왜 날 버렸죠?"라는 부르짖음은 그이들이 쏟아내는 일차적인 외침이다. 지성이라는 방어막 뒤로 숨을 능력조차 없는 이들에게서 생생하게 확인할 수 있는 그 외마디소리에 직면하면, 어쩔 수 없이 자신의 끔찍한 외로움과 근원적인 울부짖음을 바라보게 된다. 세계 방방곡곡에서 이런 비명이 들려온다. 유대인, 흑인, 팔레스타인인, 난민들을 비롯한 수많은 이들이 한 목소리로 외쳐대고 있다. "어째서 깃들일 곳이 없는가? 왜 거절당해야 하는가? 어째서 밀려나야 하는가?" 예수님은 우리와 더불어 온몸으로 이 원초적인 외침을 살아내셨다. "나의 하나님, 나의 하나님, 어찌하여 나를 버리셨습니까?" 인류를 아버지께로 이끌기 위해 하나님의 자리에서 내려오신 예수님은 인간이 겪을 수 있는 가장 뼈저린 아픔, 곧 온 생명의 근원이신 분으로부터 홀로 버림받고, 거절당하고, 잊혀지고, 외면받는 고통을 겪으셨다.

라르쉬는 가난한 이들의 이런 신음을 기반으로 세워졌다. 예수님의 부르짖음, 고통에 몸부림치며 과연 누군가와 연대를 이룬다는 게 될 법한 일인지 회의하는 모든 이들의 외침에 대한 응답이기도 하다. 그리스도는 다시 연합하게 만들고, 치유하며, 유대를 맺게 하고, 화해시키러 세상에 오셨다. 인간의 고뇌를 공유하고 나누어서 그 아픔을 통해 하나님께로 돌아가는 길을 보게 이끄셨다. 주님은 올라가기 위해 내려오셨다. "오히려 자기를 비워서 … 자기를 낮추시고, 죽기까지 순종하셨으니, 곧 십자가에 죽기까지 하셨습니다. 그러므로 하나님께서는 그를 지극히 높이시고, 모든 이름 위에 뛰어난 이름을 그에게 주셨습니다."빌 2:7-9

라르쉬, 몸 위에 세운 공동체 3월 20일 목요일

라르쉬가 말이 아닌 몸 위에 세워졌다는 이야기는 수련회기간 동안 장 바니에로부터 들은 말 가운데 으뜸으로 중요한 내용이다. 이곳에 오면서 치렀던 씨름을 규명하는 데도 큰 도움이 되었다. 지금까지도 내 삶은 공부하고, 가르치고, 읽고, 쓰고, 강연을 하는 등 온통 말을 중심으로 돌아가고 있다. 말이 빠진 삶이란 생각조차 하기 어렵다. 행복한 날이란 즐거운 대화를 나눈다든지, 멋진 강연을 하거나 듣는다든지, 훌륭한 책을 읽는다든지, 괜찮은 글을 쓴 날을 가리킨다. 기쁨도 아픔도 대부분 말과 연관이 있다.

그러나 라르쉬는 말이 아니라 몸을 토대로 세워졌다. 장애를 가진 이들의 상처 입은 몸뚱이를 중심으로 형성된 공동체다. 먹이고, 씻기고, 어루만지고, 붙잡아주는 일들을 통해 구축된 세계다. 여기서 말은 부차적인 문제다. 이곳의 장애인들은 구사할 수 있는 말이 몇 마디 안 된다. 입도 뻥긋하지 못하는 이들도 수두룩하다. 여기서 가장 중요한 건 몸의 언어다.

"말씀은 육신이 되어 우리 가운데 사셨다." 이는 기독교가 전하는 메시지의 핵심이다. 성육신의 역사가 일어나기 전까지는 몸과 말 사이의 관계가 또렷하지 않았다. 말이 표현하고자 하는 바를 온전히 실현하는 데 지장을 주는 방해요인쯤으로 몸을 낮춰보기 일쑤였다. 하지만 예수님은 보이고, 들리고, 만질 수 있는 말씀을 우리 앞에 들이대셨다. 그렇게 몸은 말을 알고 말과 관계를 맺는 길이 되었던 것이다. 예수님의 몸은 생명의 통로가 되었다. "내 살을 먹고, 내 피를 마시는 사람은 영원한 생명을 가지고 있고." 요 6:54

개인적으로 그 길에 심한 저항감을 느낀다. 여태까지 먹고, 마시고, 씻고, 옷을 입는 일은 읽거나, 강연하거나, 가르치거나, 쓰는 작업에 반드시 필요한 여러 전제조건들 가운데 일부로 여겼던 게 사실이다. 어떤 면에서는 순수한 말이 곧 참다운 것이었다. '물질세계에 속한' 일들에 시간을 소모하는 건 불가피하지만 최소화하는 게 최선이라고 믿었다. 하지만 라르쉬에서 온 신경이 집중되는 자리는 바로 그곳이었다. 몸은 온갖 말이 빨려 들어가는 소실점이었다. 장애를 가진 이들의 상한 몸뚱이와 맺어가는 관계 가운데서 하나님 찾는 법을 배워야 했다.

말할 수 없이 힘들다. 대낮에 식탁에 앉아 오랫동안 밥을 먹는 건 시간낭비라는 생각을 버리지 못했다. 아직도 밥상을 차리고 느릿느릿 수저를 놀리고, 설거지를 하고, 다시 테이블을 정리하는 것보다 더 중요한 일이 수두룩하다고 믿는다. 속으로 중얼거린다. "물론, 먹어야지. 하지만 그 뒤에 하는 일이 더 중요하단 말씀이야." 하지만 라르쉬는 그런 마음가짐을 용납하지 않는다.

언제쯤이나 어떤 모습으로 성육신의 삶을 온전히 살아내게 될지 궁금하기만 하다. 오로지 장애를 가진 이들만이 그 길을 제시해줄 수 있지 않을까 싶다. 하나님이 꼭 필요한 스승을 보내주시리라 믿어야겠다.

언약 3월 21일 금요일

이 집회는 언약수련회다. 여러 해 동안 라르쉬에서 살며 일하는 이들에게 내면에서 성숙시켜온 언약, 곧 예수님은 물론이고 가난한 이들과 맺은 언약을 공개적으로 선언하도록 초청하는 모임이다. 언약을 공표한다는 건 맹세를 한다거나 무슨 약속을 한다는 뜻이 아니다. 가난한 이들, 그리고 그이들 가운데 계시는 예수님과 맺고 있는 특별한 유대가 해를 거듭하면서 발전해왔음을 여럿이 있는 자리에서 확인한다는 의미다.

이런 언약은 교회에서 흔히 보기 어려운 개념이다. 언약을 맺는다고 해서 수도회나 종교단체 같은 데 가입하게 되는 건 아니다. 특정한 기관의 구성원이 되지도 않는다. 그렇다고 특별한 지위나 특권이 생기지도 않는다. 라르쉬에 발이 묶이거나 지적장애를 가진 이들과 계속 보살펴야 하는 것도 아니다. 언약은 훨씬 친밀하고, 인격적이며, 은밀하다. 없던 무언가를 만들어내는 게 아니라 이미 만들어진 유대를 확인하는 작업이다. 한 공동체의 형제자매들에게 선포되는 하나님의 역사다. 하늘 아버지께서 예수님을 통해 가난한 이들과 함께 사역하는 일꾼들 가운데서 어떤 일을 행하시는지 생생하게 보여주는 증거이며, 그러기에 복음 앞에 더 신실해지기를 추구하는 모든 이들에게 소망과 격려의 상징이 되는 선언이기도 하다.

스스로 언약을 선포하기에 턱없이 부족하다는 건 두말할 필요가 없는 사실이다. 이제 막 라르쉬를 알아가는 중이며 어느 쉼터에 전적으로 소속되어 살아가는 처지도 아니다. 라르쉬의 영성을 어느 정도 알고 있지만 여전히 체화되지 않은 지식에 지나지 않는다. 생김새도 됨됨이도 가지각색인 장애인과 도우미들에게 마음이 끌리고 있지만 아직 깊은 유대를 맺지는 못했다. 언약이 내 안에서 성장하려면 더 오래, 더 진지하게 '라르쉬를 살아내야' 한다. 그제야 비로소 다른 이들을 값없이 받은 선물로 인정하고 공개적으로 선언할 수 있게 될 것이다.

수련회에 참석하면서 그동안 얼마나 분열된 삶을 살아왔는지 실감했다. 생활방식에 개인주의와 경쟁, 라이벌의식, 특권, 특혜, 예외 따위가 수두룩해서 깊고도 지속적인 유대가 자라날 길이 없었다. 하지만 예수님은 유대를 이루기 위해 세상에 오셨다. 주님 안에, 주님과 더불어, 주님을 통해 산다는 건 곧 내 안에서 그러한 유대를 발견하고 남들에게 나타내 보이는 걸 말한다. 장애인과 도우미, 장애인과 그 가족, 장애인과 이웃, 무엇보다도 장애인과 동료 장애인 사이에는 유대관계가 형성되어 있다. 가톨릭 크리스천과 개신교 크리스천, 크리스천과 신을 믿는 이, 신을 믿는 이와 동일한 인간성을 가진 사람 사이에도 유대가 존재한다. 인류와 동물, 인류와 지구, 인류와 온 우주 사이도 마찬가지다. 사탄은 분열시키고, 떼어놓고, 산산이 부수고, 교란시킨다. 예수님은 연합하게 하고, 화해하게 만들고, 치유하고, 회복시키신다. 어떤 유대를 경험하든지 그 자리에는 반드시 그분이 있다. 주님은 자신과 아버지 사이에 존재하는 친밀한 언약 속에 들어오도록 우리를 초대하기 위해 오셨다. 이는 모든 결합의 근원이요, 목표가 되는 유대다. 피조물들은 예외 없이 전 존재가 사랑의 끈으로 거룩한 하늘 아버지와 단단히 결속되어 있는 그리스도 안에서, 그리고 그분을 통해서 하나님과 연합하라는 부르심을 받고 있다.

언약을 선포하다 3월 22일 토요일

수련회에 참석한 이들이 강단 앞에 서서 예수님과 가난한 이들과 맺은 언약을 공개적으로 선포하는 장면을 지켜보았다. 참으로 감동스러웠다. 낮은 데로 임하신 예수님의 뒤를 좇기로 작정한 형제자매들의 얼굴을 보면서, 언젠가 적절한 시점이 오면 그이들에게서 힘을 얻어 똑같은 언약을 고백할 수 있으리란 생각이 들었다.

장 바니에의 이야기를 곱씹을수록 나더러 따라오라고 손짓하는 그 길이 얼마나 터무니없는 여정처럼 보이는지 모른다. 내 안에 있는 것들은 하나같이 위로 올라가고만 싶어 한다. 예수님과 더불어 아래로 내려가는 움직임은 내 성향은 물론이고, 주위를 둘러싼 세상과 깃들여 살고 있는 문화와 정면으로 대치된다. 라르쉬의 가난한 이들과 더불어 가난하게 사는 길에 들어서면서도, 남들이 그 선택을 칭찬해주길 바라는 마음만큼은 여전하다. 고개를 돌릴 때마다 그리스도가 가신 십자가의 길을 따르기를 한사코 거부하는 뿌리 깊은 저항감과 물질적이 됐든, 지성적이 됐든, 감성적이 됐든 일체의 가난을 회피하려 온갖 핑계를 들이대는 내 속성과 마주친다. 하나님의 성품을 온전히 가지신 예수님만이 철저하게 가난해지는 길을 한 점 망설임 없이 완벽하게 선택할 수 있다.

가난해지기를 택한다는 건 곧 인생여정의 모든 영역에서 예수님과 동행한다는 의미임을 갈수록 또렷이 깨닫게 된다. 진정으로 가난해지는 건 불가능하지만 "하나님께는 불가능한 일이 없다." 눅 1:37 그리스도 안에서, 그리고 그리스도를 통해 가난해지는 길은 언제나 활짝 열려 있다고 믿는다. 결국 가치가 있는 건 내 가난이 아니라 내 삶을 통해 드러나는 하나님의 가난뿐이다.

비현실적으로 들릴 수 있지만 예수님과, 그리고 가난한 이들과 맺은 언약을 공포하는 이들을 바라보고 있노라면 그리스도를 좇아 낮아지는 길을 걷는 게 얼마든지 가능하며, 첫 발을 떼는 순간부터 혼자가 아니라 '예수님의 몸'을 이루는 수많은 지체들과 함께임을 깨닫게 된다. 개인적인 영웅주의와 공동체적인 순종의 차이를 이처럼 선명하게 경험해본 적이 없다. 가난해지는 걸 성취해야 할 목표로 인식할 때는 암울하기만 하다. 하지만 형제자매들이 예수님 말씀에 순종해서 이

길을 같이 걷자고 부르고 있음을 알아차리기 무섭게 소망과 기쁨이 마음에 가득 들어찬다.

오늘 오후, 수련회를 마친 이들은 저마다 소속된 공동체와 쉼터로 돌아갔다. 고단했지만 은혜가 넘치는 한 주였다.

수난, 죽음 그리고 부활

17

나 역시 '넘겨짐으로써' 소명을 이뤄야 한다.

넘겨지다 3월 25일 화요일/트롤리

예수님은 제자들과 나란히 테이블에 앉아 말씀하셨다. "너희 가운데 한 사람이 나를 팔아넘길 것이다."요 13:21 오늘, 복음서에서 이 대목을 읽었다.

그리스어로 적힌 원전에서 예수님의 말씀을 꼼꼼히 살펴보면, "너희 가운데 한 사람이 나를 넘겨줄 것이다"라고 번역하는 편이 더 나을 성 싶다. '*paradidomi*'는 '넘기다, 내주다, 건네주다'라는 뜻이다. 유다가 저지른 짓을 표현하는 것뿐만 아니라 하나님이 행하신 일을 설명할 때도 대단히 중요하다. 바울은 "자기 아들을 아끼지 않으시고, 우리 모두를 위하여 내주신 분이, 어찌 그 아들과 함께 모든 것을 우리에게 선물로 거저 주지 않으시겠습니까?"롬 8:32 라고 적었다.

유다의 행동을 지금처럼 '팔아넘기다'로 번역하면 거룩한 신비를 온전히 드러내지 못하게 된다. 본문말씀은 유다를 하나님의 역사를 이루는 도구로 묘사하고 있기 때문이다. 예수님이 "인자는 자기에 관하여 성경에 기록되어 있는 대로 떠나가지만, 인자를 넘겨주는 그 사람은 화가 있다. 그 사람은 차라리 태어나지 않았더라면, 자기에게 좋았을 것이다"마 26:24 라고 하신 까닭이 거기에 있다. 목숨을 좌지우지할 권세를 가진 자들의 손에 예수님이 넘겨지는 바로 그 순간이야말로, 거룩한 사역의 전환점이었다. 활동이 끝나고 수난이 시작되는 전환이다. 가르치고, 전하고, 치유하고, 와주길 바라는 데는 어디든 가리지 않고 다니시던 예수님은 어디로 튈지 모르는 원수들의 손에 넘겨졌다. 이제 주님이 일을 행하는 게 아니라 당하는 형국이 됐다. 채찍질을 당하고, 가시관이 씌어지고, 침 뱉음을 당하고, 조롱을 받고, 옷 벗김을 당하고, 벌거벗은 채 십자가에 달렸다. 누군가의 행동에 끌려가는 수동적인 희생자가 되셨다. 남의 손에 넘겨지는 시점부터, 수난은 시작됐으며 그 고난을 통해 그리스도는 소명을 이루셨다.

예수님이 손수 하신 일이 아니라 당한 일을 통해 사명을 성취하셨다는 사실을 인식하는 건 내게 대단히 중요한 의미가 있다. 다들 그렇듯, 내 삶 또한 십중팔구 남들이 내게 하는 일에 좌우된다. 그러니 수난일 수밖에 없다. 인생의 대부분이 수난, 곧 '당하는' 일들이므로 살면서 스스로 생각하고, 말하고, 행해서 결정할 수 있는 부분은 지극히 작다. 삶에서 수난이 차지하는 비중이 행동에 비해 압도적인 게 현실이다. 이런 점을 외면하는 건 자기기만이며 사랑으로 고난을 받아들이지 않는 행위는 자기부정이다.

예수님이 고난에 넘겨졌으며 수난을 통해 하나님의 거룩한 뜻을 지상에 실현시키셨다는 건 반가운 뉴스다. 온전해지기를 갈구하는 세상에 전해진 복된 소식이다.

베드로에게 주신 예수님의 말씀은 그분의 길을 좇고자 한다면 행동에서 수난으로 옮겨가셨던 예수님의 발자국도 흔쾌히 따라야 한다는 점을 일깨워준다. 그리스도는 말씀하셨다. "네가 젊어서는 스스로 띠를 띠고 네가 가고 싶은 곳을 다녔으나, 네가 늙어서는 남들이 네 팔을

벌릴 것이고, 너를 묶어서 네가 바라지 않는 곳으로 너를 끌고 갈 것이다."요 21:18

나 역시 '넘겨짐으로써' 소명을 이뤄야 한다.

떠나가거나 돌아가거나 3월 26일 수요일

이번 주 내내, 유다와 베드로가 절망에 빠져 예수님께 등을 돌리고 떠나가거나 소망을 품고 그분께 돌아서는 선택으로 다가왔다. 유다는 주님을 배신하고 스스로 목을 맸다. 베드로는 그리스도를 부인했지만 눈물로 돌이켰다.

모든 일의 매듭을 부정적으로 풀어가는 절망이 더러 매력적으로 보일 때가 있다. 낙담은 귓가에 속삭인다. "죄를 수없이 되풀이해 짓고 있어. 다음에는 좀 나아지겠다고 자신에게 다짐하고 남들한테 약속하지만, 정신을 차리고 보면 언제나 예전의 그 어두컴컴한 구석에 돌아와 있지. 변하려고 발버둥치는 짓은 그만두는 게 좋겠어. 한두 해 애써 본 게 아니잖아. 그래봐야 소용없고 앞으로도 마찬가지야. 인간의 굴레를 벗어버리고 죽어버리는 게 낫겠어. 제자리를 끝도 없이 맴도는 수고를 집어치우고 깨끗이 잊히는 거지."

묘하게 잡아끄는 이 목소리는 불확실성을 말끔히 정리하고 내면의 씨름도 마무리 짓는다. 단호하게 어둠을 대변하면서 부정적인 정체성을 명백하게 드러낸다.

하지만 예수님은 내 귀를 열고 또 다른 목소리를 들려주신다. “내가 네 하나님이란다. 손수 너를 빚어 만들었고 친히 만든 것들을 사랑하지. 너를 한없이 사랑한다. 사랑을 받은 그대로 사랑하기 때문이지. 달아나지 말거라. 내게 돌아오렴. 한두 번 하다 말지 말고, 늘 되돌아오려무나. 넌 내 자녀다. 널 다시 끌어안고, 내 가슴에 품으며, 입 맞추고, 손으로 네 머리칼을 쓰다듬어 주리라는 사실을 어떻게 의심할 수가 있다는 말이냐? 나는 네 하나님이다. 자비롭고 측은히 여기는 하나님, 용서와 사랑의 하나님, 온유하며 속속들이 보살펴주는 하나님이다. 너를 버릴 테고, 더는 참아주지 않으며, 돌이킬 길이 없다는 말만큼은 부디 말아다오. 그건 사실이 아니다. 네가 함께 있어주었으면 하는 마음이 간절해. 꼭 곁에 있어주면 좋겠다. 난 네 생각을 낱낱이 안단다. 네 말을 한 마디도 놓치지 않고 듣지. 네 행동도 빠짐없이 알고 있어. 네가 너무 아름다워서 사랑하지 않을 도리가 없구나. 넌 가장 내밀한 사랑의 표현으로 내 형상을 좇아 만들어진 존재거든. 스스로 정죄하지 말거라. 자신을 저주해선 안 된다. 자기를 거부하지 말거라. 가장 깊고 은밀한 구석을 어루만지며 네 아름다움, 스스로는 보지 못하지만 거룩한 빛을 받으면 다시 선명하게 드러나는 그 아름다움을 끄집어내 보여줄 수 있도록 마음을 열거라. 오너라. 어서 와서 네 눈의 눈물을 닦아주고 네 귓가에 속삭이게 해주렴. ‘사랑한다, 사랑한다, 사랑한다.’”

그게 예수님이 들려주고 싶어 하는 음성이다. 사랑으로 한 사람 한 사람을 빚으시고 자비로운 손길로 재창조해주길 원하시는 분께로 언제든 돌아오라고 부르는 소리다. 베드로는 그 음성을 듣고 신뢰했다. 그 목소리가 두루 어루만지도록 마음을 내어맡기자 눈물이 쏟아졌다. 슬픔의 눈물이자 기쁨의 눈물이고, 회한의 눈물이자 평안의 눈물이며, 회개의 눈물이자 감사의 눈물이었다.

우리 마음이 하나님의 자비로운 음성을 듣는 건 만만한 일이 아니다. 죄를 깨닫고 용서를 받으며 새로이 사랑하는 열린 관계를 늘 요구하는 까닭이다. 목소리는 해법보다 우정을 제시한다. 문제를 거둬가는 게 아니라 피하지 않게 해주겠다고 약속한다. 힘겨운 과제가 어디쯤 가서 마무리될지 알려주는 대신, 결코 홀로 버려지지 않으리라는 확신을 심어주신다. 사랑한다는 건 숱한 눈물과 수많은 미소가 따르는 고된 과정이므로 참다운 관계를 꾸려가는 일 또한 힘겨운 작업이다. 하지만 그게 하나님의 역사다. 그러기에 주님이 하시는 일 하나하나가 소중한 것이다.

오, 주님! 나의 주님! 거룩한 음성에 귀를 기울이며 그 자비를 선택하게 해주세요.

가난한 이들의 발을 씻기는 일 3월 27일 목요일

오늘 오후, 파리행 열차를 타고 라르쉬 공동체 가운데 하나인 '노마

스테Nomaste' 식구들과 함께 성목요일 기념예배를 드렸다. 감동적인 잔치였다. 온 가족이 큰 방에 모였다. 얼추 40명쯤 돼보였다. 공동체의 리더인 토니 파올리Toni Paoli는 환영인사를 하면서, 라르쉬가 단순히 장애인들이 안락하게 머물 수 있는 공간에 그치지 않고 예수님의 이름으로 서로 섬기는 공동체가 되어야 한다는 비전을 공표했다. 이어서 복음서를 읽은 뒤에, 예수님을 향한 깊은 사랑을 다시 한 번 선포했다. 그러곤 일어서서 공동체 식구 넷의 발을 씻어주었다.

성찬예식이 끝나자 쌀로 만든 요리가 가득 담긴 대접과 빵, 와인이 상위에 올라왔다. 복음서의 짤막한 본문 세 곳을 읽으면서 차츰 차분해진 분위기 속에서 소박한 음식을 나누었다.

파리의 어느 지하방, 마흔 명 남짓한 이들과 둘러앉아 있으면서 예수님이 공생애를 마무리하셨던 방식에 깊은 감명을 받았다. 수난의 길에 들어서기 직전, 주님은 제자들의 발을 씻고 스스로의 몸과 피를 먹고 마실 음식으로 내놓으셨다. 이 두 가지 행동은 서로 단단히 맞물려 있다. 둘 다 하나님의 사랑이 온전하고 완전함을 보여주시려는 거룩한 결단의 표현이다. 그러기에 요한은 제자들의 발을 씻는 기사를 소개하면서 이렇게 말한다. "예수께서는… 세상에 있는 자기의 사람들을 사랑하시되, 끝까지 사랑하셨다."요 13:1

한층 더 놀라운 점은 양쪽 모두 똑같은 명령을 주셨다는 사실이다. 제자들의 발을 닦아주신 뒤에 주님은 "내가 너희에게 한 것과 같이, 너희도 이렇게 하라"요 13:15 고 이르신다. 자신을 먹고 마실 음식으로 제시한 후에는 "이것을 행하여 나를 기억하여라"눅 22:19 라고 하셨다. 예수님은 하나님의 완전한 사랑을 세상에 드러내는 사명을 계속 이어가라고 명령하고 계신다. 전폭적인 자기헌신의 길로 부르시는 것이다. 우리가 자신을 위해 무언가를 따로 챙겨두길 바라지 않으신다. 그분이 그러셨던 것처럼 온전하고 철저하게 그리고 완벽하게 사랑하길 원하신다. 바닥에 주저앉아 가장 더러운 부분을 서로 씻어주길 기대하신다. 서로 "내 살을 먹고, 내 피를 마시라"고 말하기를 소망하신다. 이처럼 서로를 온전하게 보살핌으로써 하나님의 사랑으로 연합하여 한 몸과 한 영이 되길 간절히 염원하신다.

예수님을 향한 사랑을 공동체에 분명히 보여주는 메시지를 전하고, 식구들의 발을 씻으며, 빵과 포도주를 나눠주는 토니의 모습을 보면서 마치 예수님이 이루신 새로운 나라를 살짝 엿보고 있는 것 같은 기분이 들었다. 방 안에 있는 이들 모두가, 자신이 하나님의 완전한 사랑의 표현과 얼마나 동떨어진 존재인지 잘 알고 있었다. 하지만 너나없이 예수님이 가리키는 방향으로 기꺼이 발을 떼어놓고 싶어 했다.

쉬 잊지 못할 파리의 밤이었다.

인류의 어마어마한 고통 3월 28일 금요일

성금요일. 십자가의 날이고, 고난의 날이고, 소망의 날이며, 버려짐의 날이고, 승리의 날이고, 애통의 날이고, 기쁨의 날이고, 종말의 날이며, 시작의 날이다.

트롤리에서 성례를 치르면서 토마 신부와 도우미로 일하다가 목회자로 라르쉬를 섬기게 된 질베르Gilbert 신부가 강단 뒤편 벽에 걸렸던 십자가를 양편에서 붙들어 공동체의 식구들이 돌아가신 그리스도의 몸에 입 맞출 수 있게 했다.

온 식구들이 다 모였다. 장애를 가진 이들은 물론이고 도우미와 친구들까지 4백 명은 족히 넘어 보였다. 다들 거기에 담긴 의미를 잘 아는 듯, 앞다퉈 생명을 주신 예수님께 사랑과 감사를 표현했다. 모두들 십자가 주위에 몰려 예수님의 발과 머리에 입을 맞추는 동안, 눈을 감고 거룩한 몸을 펼쳐 지구별 전체를 덮은 채 못 박히신 주님의 모습을 떠올렸다. 여러 세기에 걸쳐 인류를 엄습해온 엄청난 고난이 눈에 들어왔다. 서로를 살해하는 이들, 굶주림과 돌림병으로 죽어가는 이들, 보금자리에서 쫓겨나는 이들, 대도시 길가에서 잠을 청하는 이들, 절박한 심정으로 서로에게 집착하는 이들, 채찍질을 당하거나 고문을 받거나 불태워지거나 팔다리가 잘려나가는 이들, 굳게 닫힌 단칸방이나 지하감옥이나 강제노동수용소에 외로이 갇힌 이들, 따듯한 말 한마디라든지 다정한 편지 한 통이라든지 포근한 포옹을 사무치게 갈망하는 이들, 한결같이 비통한 목소리로 "나의 하나님, 나의 하나님, 어찌하여 나를 버리셨습니까?"라고 부르짖는 어린아이들과 십대 청소년, 어른들과 중장년, 노인들이 보였다.

여기저기 찢긴 예수님의 벌거벗은 몸이 온 세상을 감싸고 있는 장면을 그리자 두려움이 밀려들었다. 하지만 눈을 뜨자 자크Jacques가 보였다. 얼굴에 아픔의 흔적이 역력했다. 눈물이 그렁그렁한 채, 예수님의 몸에 뜨겁게 입 맞추고 있었다. 미셸의 등에 업힌 이반Ivan도 보이고 휠체어를 타고 오는 에디트Edith도 보였다. 걷기도 하고 절뚝이기도 하고, 보기도 하고 못 보기도 하고, 듣기도 하고 못 듣기도 하는 다가오는 친구들을 대하니 예수님의 거룩한 몸 주위로 끝없이 몰려드는 인류의 행렬을 마주하는 듯했다. 다들 눈물과 입맞춤으로 주님의 몸을 덮고, 그 큰 사랑에서 위로를 받고 해결을 얻은 뒤에 천천히 물러가고 있었다. 안도하는 기운이 또렷했다. 눈에 어린 눈물 위로 미소가 피어났다. 손에 손을 잡고 서로 팔짱을 끼었다. 저마다 외톨이가 되어 괴로워하던 거대한 무리가 두 눈으로 보고 입술로 느낀 사랑에 힘입어 서로 하나가 되어 십자가 곁을 떠나는 장면을 마음의 눈으로 확인했다. 공포의 십자가는 소망의 십자가가 되었다. 고문당한 몸은 새 생명을 주는 몸이 되었다. 쩍 벌어진 상처는 용서와 치유, 화해의 원천이 되었다. 토마 신부와 질베르 신부는 묵묵히 십자가를 붙들고 서 있었다. 마지막 사람이 와서 무릎을 꿇고 그리스도의 몸에 입 맞추고 떠나갔다. 고요했다. 더없이 고요했다.

질베르 신부가 따로 구별된 빵이 담긴 커다란 그릇을 넘겨주며 눈짓으로 주위에 둘러선 이들을 가리켰다.

그릇을 받아들고 십자가 앞으로 나온 이들에게 다가갔다. 주린 눈을 들여다보며 같은 말을 수없이 되풀이했다. “그리스도의 몸입니다…. 그리스도의 몸입니다…. 그리스도의 몸입니다.”

조그만 공동체는 온 인류가 되었다. 죽는 날까지 무슨 말을 해야 할지 알 것 같았다. “받아먹으십시오. 이것은 그리스도의 몸입니다.”

부활의 약속 3월 29일 토요일

부활절 철야기도. 주님이 참으로 부활하셨다. 프랑스어, 독일어, 영어, 스페인어, 포르투갈어, 이탈리아어, 네덜란드어, 그리고 아랍어로 사람들이 외쳤다. 종이 울리고, 할렐루야 찬양이 들리고, 미소가 떠오르고, 웃음이 오가고, 소망이 있음을 실감했다. 그리스도가 주검으로 무덤에 머물지 않고 새로운 생명으로 다시 일어나셨으며 우리의 몸 또한 주님과 더불어 그 영광에 들어가리라고 선포하는 소리로 장애인들과 도우미들의 공동체 전체가 시끌벅적했다.

이러한 환희가 예배당을 가득 채우고 있는 한편에서 네이선이 필리프를 안고 문을 나서는 게 보였다. 품에 안긴 이의 몸이 심하게 뒤틀려 있었다. 말하고, 걷고, 옷을 입고, 제힘으로 밥을 먹을 능력이 없어서 눈을 뜨고 있는 한, 누군가의 도움이 없으면 일분일초도 움직일 수 없는 친구였다. 도우미의 무릎을 베고 편안히 잠들었다가 잔치 분위기가 한껏 고조됐을 무렵부터 괴성을 질러대기 시작했다. 존재의 심연에서 토해내는 고통스러운 비명이었다. 갈수록 소리가 격해지고 커져서 네이선이 차에 태우고 집으로 돌아갈 수밖에 없었다.

네이선에게 안긴 필리프를 보자 문득 부활절 철야기도를 드리며 외치고 있는 내용이 실감나게 다가왔다. 친구의 몸은 새로운 생명, 부활한 생명이 약속된 몸이다. 예수님이 십자가의 상처를 지닌 채 영광을 입으셨던 것과 마찬가지로, 필리프는 새로 얻을 육신에 고난의 흔적을 간직하게 될 것이다. 비록 더 이상 고통을 당하지 않고 여러 성도들과 더불어 어린양의 제단을 곁을 지킬 테지만 말이다.

육신의 부활을 기념하는 축제는 또한 이처럼 장애를 가진 이들의 몸을 날마다 보살피는 손길들을 기리는 잔치이기도 하다. 씻기고, 먹이고, 휠체어에 태우고, 이리저리 데리고 다니고, 입 맞추고 어루만져주는 일들 하나하나는 새로운 생명을 얻는 순간을 맞도록 상하고 깨어진 육신들을 준비시키는 과정이다. 장애인들이 입은 상처뿐만 아니라 그이들이 받았던 돌봄의 흔적도 부활의 역사를 속에 생생히 드러나게 되어 있다는 뜻이다.

위대하고도 강렬한 신비다. 필리프의 볼품없고 뒤틀린 육신은 언젠가 땅에 묻혀 한 줌 흙으로 돌아가겠지만 죽은 이들이 부활하는 날, 다시 일어날 것이다. 새로운 몸으로 무덤에서 일어나 견뎌야 했던 고통과 누군가에게서 입은 사랑을 영광스럽게 보여줄 것이다. 그건 그냥 육신이 아니다. 인간의 몸과는 전혀 다른 그분의 몸이다. 만져지기는 하지만 괴롭힘을 당하거나 파멸에 이르지 않는 몸이다. 수난은 막을 내리게 될 것이다.

이 얼마나 대단한 믿음인가! 얼마나 놀라운 소망인가! 얼마나 큰 사랑인가! 몸은 탈출해야 할 감옥이 아니라 이미 하나님이 머물고 계시며 부활의 날에 온전히 선포될 주님의 영광이 깃든 성전이다.

부활, 그 사사로운 사건 3월 30일 주일

부활절 아침이다. 마담 바니에의 다이닝룸 테이블에 둘러앉아 소박하고 조용하게 성찬예식을 치렀다. 마담 바니에를 비롯해 캐나다에서 온 수 홀Sue Hall, 미국에서 온 엘리자베스 버클리Elizabeth Buckley, 영국 출신인 리즈 에머지Liz Emergy와 나까지 다섯 명이 모였다. 작은 모임에서만 맛볼 수 있는 행복감이 찾아들었다.

복음서를 읽은 뒤에 부활에 관한 이야기를 나누었다. 고통 받는 이들과 더불어 일한 경험이 많은 리즈는 말했다. "무덤에서 빠져나오지 못하게 가로막고 있는 거대한 돌덩이를 끊임없이 굴려내야 합니다." 라르쉬 쉼터에서 장애인 넷과 함께 지내는 엘리자베스도 입을 열었다. "부활하신 예수님은 친구들과 더불어 아침을 잡수셨어요. 사소하고 평범한 일상사가 얼마나 중요한지 몸소 보여주신 거죠." 하나님이 온두라스로 가서 그곳 라르쉬에서 일하라고 부르시는 게 아닌가 싶다며 수는 말했다. "부활하신 예수님의 몸에 상흔이 고스란히 남아 확인할 수 있었다는 사실이 위안이 됩니다. 상처는 사라지지 않지만 그게 다른 이들에게 소망을 주는 근원이 된다는 거잖아요."

이야기를 듣고 있노라니 부활 사건이 바로 눈앞에서 벌어지고 있는 것 같은 느낌이 들었다. 부활은 누구라도 믿을 수밖에 없도록 몰아가는 거창한 행사가 아니었다. 오히려 이미 예수님을 알고, 그 말씀에 귀를 기울이며, 그분을 믿는 친구들을 위한 사건에 가까웠다. 그러니까 이편의 말 한 마디, 저편의 몸짓 하나를 보며 눈치채기 어려울 만큼 소소하긴 하지만 세계의 동향을 바꿔놓을 만한 잠재력을 가진 어떤 새로운 움직임이 싹트고 있다는 인식을 점점 키워갔던 지극히 사사로운 사건이었던 셈이다. 막달라 마리아는 제 이름을 부르는 소리를 들었다. 요한과 베드로는 빈 무덤을 두 눈으로 확인했다. "그분은 살아나셨다"는 놀라운 말을 들은 예수님의 친구들은 조만간 만남이 이뤄지리라는 기대감에 마음이 타는 듯했다. 모든 게 그대로였지만 실상은 모든 게 달라져 있었다.

잘게 썬 빵조각과 포도주를 앞에 두고 테이블에 둥글게 둘러앉아 삶 속에서 주님을 알아보는 방법을 두고 조곤조곤 이야기를 나누면서, 우리 다섯에게도 모든 게 변했지만 또한 모든 게 그대로임을 마음 깊은 곳에서 의식하고 있었다. 씨름은 아직 끝나지 않았다. 부활절 아침이지만 세계의 고통, 가족과 친구의 아픔, 마음의 통증은 여전히 생생하기만 하다. 아직도 남아 있고 앞으로도 오래도록 그대로일 것이다. 그럼에도 불구하고 모든 게 변했다. 예수님을 만났고 그분이 우리에게 말씀하셨기 때문이다.

단순하고도 평온한 기쁨과 죽음보다 강한, 훨씬 강한 사랑을 입고 있다는 강렬한 감각이 우리 안에 퍼져나갔다.

알고 또 사랑하며 4월 1일 화요일

오늘은 예수님과 막달라 마리아라는 서로 사랑하는 두 사람이 마주치는 이야기를 들었다. 예수님은 "마리아야!" 하고 부르셨다. 여인은 주님을 알아보고 "라부니!"(선생님이란 뜻이다) 하고 대답했다. 이 간단하면서도 감동적인 이야기는 알려지는 데 대한 두려움과 알려지고 싶어 하는 욕구를 한꺼번에 드러내준다. 마리아의 이름을 부르시는 주님의 행위는 여인을 식별할 수 있게 해주는 고유명사 하나를 입에 올리는 차원을 훨씬 넘어선다. 이름은 여인의 전 존재를 의미하기 때문이다. 예수님은 여인의 사연을 아신다. 어떤 죄를 지었고 어떤 미덕이 있는지, 무얼 두려워하고 사랑하는지, 어떤 괴로움을 겪고 있으며 무슨 소망을 가졌는지 파악하고 계신다. 마음 속속들이 꿰고 계신다. 감춰진 구석이라곤 단 한 군데도 없다. 막달라 마리아 자신보다 오히려 더 깊이, 더 온전하게 아신다. 그러므로 주님은 여인의 이름을 부르심으로써 의미심장한 사건을 일으키고 계신 것이다. 막달라 마리아는 누구보다 자신을 잘 아는 분이 사랑을 베풀어주신다는 걸 불현듯 감지했다.

마음 깊은 곳에 감춰둔 생각과 감정에 이르기까지 내 실체를 샅샅이 파악하고 나서도 진정으로 나를 사랑하는 이가 과연 존재할까 늘 의심스럽다. 얼마쯤 정체를 감춰야 사랑받을 수 있다는 쪽에 무게를 두고 싶은 유혹에 곧잘 시달린다. 여태 받은 사랑이 조건적일지도 모른다는 두려움이 떠나질 않는 탓에 종종 중얼거린다. "날 제대로 알면 사랑하지 않을 거야." 하지만 예수님은 마리아의 이름을 부르면서 여인의 전 존재를 향해 말씀하신다. 막달라 마리아는 자신을 가장 깊이 아는 분이 결코 곁을 떠나지 않으며 도리어 가까이 오셔서 무조건적인 사랑을 쏟아주신다는 걸 깨달았다.

여인의 반응은 "라부니!" 곧 "선생님!"이란 외마디였다. 예수님을 참다운 선생님, 곧 생각과 감정, 열정과 소망, 심지어 가장 은밀한 정서까지 전 존재를 헤아리는 주님으로 삼고자 하는 갈망이 담긴 대답처럼 들린다. 마치 이렇게 고백하는 듯하다. "저를 처음부터 끝까지 다 아시는 주님, 오셔서 제 주인이 되어주십시오. 어떠한 부분에서도 주님으로부터 멀어지길 바라지 않습니다. 마음 깊은 곳까지 어루만져 주셔서 오로지 주께만 속하게 해주십시오."

이 만남이 얼마나 치유의 순간이 되었을지 짐작이 간다. 마리아는 완전히 알려지고 온전히 사랑받고 있음을 직감했다. 마음 놓고 보여줄 부분과 감히 드러낼 엄두를 내지 못하는 영역 사이의 구분이 사라졌다. 여인은 낱낱이 내보일 수 있게 되었다. 자신을 들여다보는 눈길은 용서와 자비, 사랑과 무조건적인 용납의 시선임을 알았기 때문이다.

이 짧은 만남에서 참으로 경건한 순간을 엿볼 수 있다. 두려움이 말끔히 가시고 모든 게 사랑이 된다. "이제 내 형제들에게로 가서 이르기를, 내가 나의 아버지 곧 너희의 아버지, 나의 하나님 곧 너희의 하나님께로 올라간다고 말하여라"요 20:17 라고 하신 예수님 말씀은 그러한 사실을 더할 나위 없이 멋지게 설명하고 있다. 이제는 주님과 그분이 사랑하는 이들 사이에 아무런 차이가 없다. 예수님이 하늘 아버지와 나누는 친밀한 교제에 그이들도 함께하게 되었다. 한 식구가 되었으며 하나님 안에서 같은 생명을 소유하게 된 것이다.

남김없이 까발려지고서도 아낌없는 사랑을 받다니, 이 얼마나 기쁜 일인가! 예수님을 통해 하나님께 속하게 되고 온전히 안전하고 완전히 자유로워진 데서 비롯되는 환희가 아니던가!

더 광범위한
연결

18

세상은 많고, 크고, 당당하고, 정교한 걸 좋아한다.
그러나 하나님은 큰 걸 좇는 이 땅에서 눈길조차 받지 못하는
작은 것들을 선택하신다.

올무에 걸린 기분 4월 8일 화요일

오늘은 몹시 어두운 감정이 차고 넘쳤다. 좀처럼 떨쳐낼 수가 없다. 그중에서도 올무에 걸릴 것 같은 기분이 가장 짙었다. 어두운 세력의 손아귀에 얼마나 단단히 붙들렸던지, '빛 가운데로 들어가기' 가 거의 불가능해 보일 지경이었다. 한 마디 인사도 남기지 않고 사람들이 떠나고, 저만 아는 인간이라는 편지를 보내고, 답장하지 않는다고 점점 더 성을 내고, 내겐 내색도 없이 환송파티를 열고, 약속을 지킬 수가 없다고 통보하는 따위의 일들이 꼬리를 문다. 갑자기 방향감각을 잃고, 연결이 끊어지고, 잊혀지고, 홀로 버려지고, 쓸모가 없어지고, 누군가의 농간에 놀아나고, 헷갈리고, 노엽고, 원망스럽고, 독해지고, 자기연민에 휩쓸린 것만 같은 느낌이 든다. 가만히 내버려둬도 저절로 좌절의 구렁텅이로 빠져 들어갈 지경이다. 정서적인 밸런스가 이토록 허약하다는 사실이 놀랍기만 하다. 할 수 있는 일이라곤 몇 발짝 떨어져서 감정 상태를 지켜보며 만사가 암울해지기가 얼마나 쉬운지 뼈저리게 절감하는 게 고작이다.

다행스럽게도 오늘 읽은 복음서 말씀이 많은 가르침을 주었다. 예수님이 니고데모와 이야기를 나누시는 대목이었다. 진지하게 받아들여야 할 대화가 있다면 바로 여기에 기록된 내용이 아닐까 싶다. 니고데모와 비슷한 구석이 내게 너무도 많다. 빛을 보길 바라면서도 오밤중에 예수님을 찾아간 것만 해도 그렇다. 주님은 말씀하신다. "빛이 세상에 들어왔지만, 사람들이 자기들의 행위가 악하므로, 빛보다 어둠을 더 좋아하였다."요 3:19 어둠 쪽에 더 끌리는 기묘한 성향이 내면에 도사리고 있음을 느낄 수 있다. 빛 속에 들어가지 않으려고 버티며 스스로 빚어낸 어둠에 머무는 걸 즐긴다. 예수님은 위로부터 온 빛과 진리, 생명을 제시해주셨다. 하나님이 한 사람 한 사람을 어둠에서 끌어내길 바라신다는 점을 분명히 하셨다. 주님은 깃들이고도 남을 만큼 견고한 사랑, 딛고 서기에 부족함이 없는 든든한 토대, 믿고 의지할 신실한 임재를 제공하길 원하신다. 그러자면 안쪽이 아니라 위편을 보아야 하며 허락하신 선물들을 받아들여야 한다.

그런데도 이렇게 버티는 까닭은 도대체 무엇인가? 어째서 그토록 강렬하게 어둠에 끌리는가? 예수님은 말씀하신다. "악한 일을 저지르는 사람은, 누구나 빛을 미워하며, 빛으로 나아오지 않는다. 그것은 자기 행위가 드러날까 보아 두려워하기 때문이다. 그러나 진리를 행하는 사람은 빛으로 나아온다. 그것은 자기의 행위가 하나님 안에서 이루어졌음을 드러내려는 것이다."요 3:20-21 질문에 대한 답이 여기에 있다. 종종 주님의 빛보다 내 어둠을 더 즐긴다. 죄스러운 내 방식을 고집하기를 더 좋아한다. 만족감이랄까, 자의식이랄까, 아니면 중요한 존재가 된 것만 같은 기분 비슷한 감정을 주기 때문이다. 하나님의 빛 가운데로 들어가기 위해서는 끝이 분명한 이런 쾌락들을 모조리 내던지고 삶을 더 이상 스스로 이끌어가는 게 아니라 하나님의 손에 이끌려가는 여정으로 보아야 한다는 걸 잘 안다. 빛 속에 산다는 말은 선하고 아름다우며 찬양할 가치가 있는 대상은 예외 없이 주님께 속한 것들이라는 진리를 기꺼이 인정한다는 뜻이다.

좌절의 구덩이에서 꺼내서 소망을 줄 수 있는 건 오직 하나님을 중심으로 한 삶뿐이다. 또렷한 길이지만 따라가기가 몹시 힘겨운 길이기도 하다.

소명을 검증받다 4월 9일 수요일

캐나다에 있는 데이브레이크 공동체로 간다는 건 어떤 의미가 될까? 모르겠다. 하지만 여태 받은 편지의 내용으로 미루어 거기에 있어 주었으면 하고 간절히 바라던 이들은 거기에 없고, 살고 싶었던 집을 쓰지 못하게 될지도 모르며, 누리고 싶어 하는 생활방식을 따르는 게 불가능할 공산이 큰 것만큼은 분명한 듯하다. 기대하는 족족 틀어지는 현실이 속상할 수밖에 없지만, 개인적인 풍요로움을 포기하고 예수님의 뒤를 좇아 가난해지는 길을 걸을수록 주님이 더 가까이 동행해주시리라는 사실을 굳게 믿어야 한다. 지금 내 소명은 검증을 받고 있다.

가난의 가장 힘겨운 측면은 스스로 삶을 통제할 능력을 잃어버리게 되고 그 와중에 예수님이 주님으로서 선명하게 부각된다는 데 있다. 모세가 광야에 높이 세운 구리 뱀을 올려다보는 병자와 똑같은 심정으로 십자가를 우러러볼 때 요 3:14 치유를 받고 아침저녁으로 달라지는 기분을 초월해 마음 가득 환희와 평화를 누리게 되길 바랄 수 있다. 영원한 생명에서 오는 기쁨과 평안을 이 땅에서 미리 맛보게 되는 셈이다. 주님의 선하심을 '맛보아 알' 만큼 가난해지려면 얼마나 많은 것들을 내려놓아야 하는지 하루하루 시간이 흐를수록 더 또렷하게 확인하고 있다.

성, 개인적이면서 공동체적인 4월 10일 목요일

오늘 오후에는 하버드에서 나를 만나러 온 친구, 찰스 부시 Charles Busch 와 육체적인 순결에 관해 이야기를 나누었다. 내게는 대단히 중요한 토론이었다. 대화를 나누면서 순결은 공동체적인 덕목이라는 사실을 깨닫게 되었기 때문이다.

흔히 '성(性)'을 사사로운 일로 치부한다. 성적인 판타지, 성 개념, 성행위는 개인의 사생활에 속한다고 보는 게 일반적인 인식이다. 그러나 삶을 사적인 면과 공적인 면으로 나누는 건 그릇된 구분이며 우리 시대가 씨름하는 갖가지 문제를 빚어내는 요인이 된다. 크리스천에게 개인적인 삶(나만을 위한)과 공적인 생활(다른 이들을 위한)의 구별은 존재하지 않는다. 심지어 더없이 은밀한 판타지나 생각, 감정, 정서와 행동들까지도 하나같이 공동체에 유익을 끼치거나 폐가 된다. "나만의 시간에 무슨 생각을 하고, 어떤 감정을 품고, 무슨 짓을 하든지 댁이 상관할 바가 아니지 않소!"라고 말할 수 없다는 얘기다. 그건 모두의 문제다. 공동체의 정신적이고 영적인 건강은 전반적으로 구성원들이 지극히 개인적인 삶을 동료 인간들을 섬기는 방식으로 보는가에 달려 있다.

순결한 삶을 산다는 게 말처럼 간단하지 않다는 건 두말할 필요가 없다. 성생활을 은밀한 영역(나만을 위한)으로 감춰두면, 차츰 나머지 삶과 갈라져서 위험스러운 흐름을 형성하기에 이른다. 현대인이 경험하는 성적인 충동과 강박이 이처럼 성을 개인화하는 데서 비롯된 결과라는 심증이 갈수록 짙어진다. 아무하고도 공유하지 않는 어두컴컴한 구석에 꽁꽁 숨겨둔 것들은 파괴적인 세력으로 돌변해서 언제고 생각지도 못했던 순간에 분출되기 쉽다.

'성'이 개인적인 동시에 공동체적이란 인식을 놓치지 않는 것이야말로 순결한 삶으로 가는 첫 걸음이다. 말과 행동뿐만 아니라 생각으로도 이웃에게 해를 끼칠 수 있다는 사실을 알아야 한다. 고백이란 내면에서 벌이고 있는 정신적인 싸움을 공동체의 이름으로 받아줄 만큼 믿음직스러운 이들과 나누는 행위를 가리킨다. 이러한 고백은 성스러운 의식을 통해 이뤄질 수도 있지만 꼭 그래야 하는 건 아니다. 공동체에 대한 책임의식을 품고 내면의 삶을 꾸려가기 시작하는 게 중요하다. 그렇게 되면 성적인 생각과 판타지에 실린 충동적이고 강박적인 성질들이 차츰 사라지게 될 것이다. 비밀한 사생활을 포기하고 공동체에 대해 책임의식을 갖는 개인의 삶을 추구하는 쪽으로 방향을 틀수록 순결한 생활을 가꿔가기가 더 쉬워진다. 예수님의 손에 붙들려 형성되고 유지되는 공동체는 이기적인 욕구를 존재의 모든 영역에서 하나님의 백성을 섬기고자 하는 열망으로 바꿔주는 까닭이다. 일단 내면생활을 고백하고 나면, 공동체는 그릇된 욕구의 정체를 드러내고 마귀를 쫓아내며 빛으로 이끌어서 빛의 자녀답게 부활하신 주님을 증언할 수 있게 도와준다. 진정으로 순결한 삶을 살 수 있게 되는 것이다.

보잘것없는 이들과 하찮은 것들 4월 11일 금요일

라르쉬 생활은 복음을 새로운 방식으로 이해하는 데 큰 도움이 된다. 오늘은 오병이어의 기적에 관한 본문을 읽었다. "예수께서 눈을 들어서, 큰 무리가 자기에게로 모여드는 것을 보시고, 빌립에게 말씀하셨다. '우리가 어디에서 빵을 사다가, 이 사람들을 먹이겠느냐?' … 안드레가 예수께 말하였다. '여기에 보리빵 다섯 개와 물고기 두 마리를 가지고 있는 한 아이가 있습니다. 그러나 이렇게 많은 사람에게 그것이 무슨 소용이 있겠습니까?'"요 6:5-9 보잘것없는 사내아이의 조그만 선물도 예수님께는 모두를 먹이고도 남은 부스러기를 열두 광주리나 거두는 역사를 일으키기에 모자람이 없었다.

미미한 이들의 하찮은 물건이 얼마나 소중한지 다시 한 번 되새기게 하는 이야기다. 세상은 많고, 크고, 당당하고, 정교한 걸 좋아한다. 그러나 하나님은 큰 걸 좇는 이 땅에서 눈길조차 받지 못하는 작은 것들을 선택하신다. "여기에 보리빵 다섯 개와 물고기 두 마리를 가지고 있는 한 아이가 있습니다. 그러나 이렇게 많은 사람에게 그것이 무슨 소용이 있겠습니까?"라는 안드레의 반응은 계산적인 마음가짐을 적나라하게 드러낸다. 마치 "셈법도 모르세요? 빵 다섯 덩이와 물고기 두 마리로는 턱없이 모자란다고요"라고 예수님께 말씀드리는 듯하다. 하지만 주님께는 그걸로 충분했다. 예수님은 변변찮은 음식을 들고 감사기도를 드리셨다. 대단찮은 이들에게 받은 시원찮은 선물을 하늘 아버지가 주신 은총으로 받아들이셨던 것이다. 하나님이 주셨다면 마땅히 모든 이들에게 넉넉할 수밖에 없다. 그러기에 예수님은 빵과 물고기를 사람들이 '원하는 대로' 떼어주게 하셨다.

보잘것없는 이들의 하찮은 물건을 나누노라면 자연히 하나님의 너그러우심이 드러나게 마련이다. 음식은 거기에 모인 이들이 배불리 먹을 만큼 푸짐해졌다. 남은 부스러기만 해도 산더미 같았다. 여기서 놀라운 신비를 볼 수 있다. 사소한 것이라도 나누면 불어난다. 이게 하나님의 방법이다. 주님이 거룩한 자녀들에게 요구하시는 생활방식이기도 하다. 저마다 가진 눈곱만 한 사랑, 하찮은 지식, 사소한 조언, 시시한 재물은 누군가에게 베풀라고 주신 하나님의 선물이다. 나누면 나눌수록 나눌 게 얼마나 많은지 실감하게 된다. 하나님의 작은 선물들은 퍼줄수록 어김없이 불어난다.

라르쉬에 머무는 덕에 그 신비의 일면을 더 분명하게 볼 수 있는 것 같다. 라르쉬는 얼마나 작고 보잘것없는 존재인가! 도움이 절실함에도 불구하고 방치된 채 살아가는 무수한 장애인들을 감안할 때, 세계 곳곳의 라르쉬 쉼터에서 보살핌 속에 장애를 안고 살아가는 식구들은 그야말로 작고 보잘것없는 집단에 지나지 않는다. 통계적으로는 시시하기 짝이 없을 법하다. 그럼에도 하나님의 역사가 라르쉬를 통해 일어나고 있다. 국적과 종교, 인종, 사회적인 배경이 가지각색인 이들에게 적잖은 영향을 주고 있다. 정신지체를 가진 이들뿐만 아니라 넉넉한 부자와 권력자, 교회와 사회의 지도층인사, 학생, 학자, 의사, 법률가, 경영인들과 지적장애가 무언지조차 모르는 이들까지 라르쉬가 나눠주는 사소한 음식으로 배를 불리는 이들은 이루 헤아릴 수 없이 많다. 다들 라르쉬에서 무언가를 받고 거기서 힘을 얻고 있다. 오병이어의 기적은 이렇게 계속 이어지고 있다. 문제는 그걸 볼 눈이 있느냐가 하는 것뿐이다.

가난한 이들 중에서도 으뜸으로 가난한 4월 12일 토요일

온두라스 라르쉬에서 도우미로 일하다 짬을 내서 트롤리를 찾은 레지나Regina는 현지의 삶에 관해 갖가지 흥미로운 이야기들을 들려주었다. 특히 온두라스 국민의 자존감이 낮다는 점을 무척 심각하게 생각했다. 극심한 가난과 억압에 시달리며 한없이 위축된 채 살아가는 메스티조Mestizos 중심의 인디언 인구가 대다수를 차지하는 약소국 온두라스는 스페인에서 시작해 나중에는 미국에 이르기까지 대외 의존도가 대단히 높은 나라다. 지금은 니카라과와 엘살바도르 양면에서 위협을 받고 있으며 혹시라도 혁명의 조짐이 나타나지 않을까 두려움에 떤다. 거대한 군사기지를 구축한 미국의 우산 아래서 '안녕'을 유지하는 탓에 막강한 보호자의 허락 없이는 꼼짝도 못하는 딱한 신세다. 말로 다 형언할 수 없을 만큼 빈한하다. 제국주의 프랑스에서 해방된 흑인들이 자부심과 기쁨을 거침없이 표현하는 아이티의 빈민들과 대조적으로 온두라스의 가난한 백성들에게는 자신을 부정하고 비하하는 자세가 여실하다.

라르쉬도 거기서 활동하는 건 만만한 노릇이 아니다. 오랫동안 헌신할 온두라스인 도우미를 찾아내기도 무척 힘들다. 자신부터가 궁핍하기 이를 데 없는 대가족의 일원이기 십상이어서 처절한 가난 속에 살아남거나 만에 하나라도 기회가 닿는다면 거기서 탈출할 궁리를 하는 데 쓰기에도 에너지가 모자란다. 그이들에게 미국은 어떻게든 가기만 하면 부자가 될 수 있는 약속의 땅이다.

레지나의 설명을 듣기만 해도 온두라스의 가난이 얼마나 깊은지 짐작이 가고도 남았다. 민족의식이나 자부심이라곤 찾아볼 수 없는 곳에서 장애를 가진 이들과 더불어 생활한다는 건 지극히 힘든 일임에 틀림없다. 그야말로 가난한 이들 가운데서도 으뜸으로 가난한 무리와 사는 일이다. 그런데도… 현지 라르쉬의 도우미들에게는 평안과 기쁨이 가득하다고 했다. 다들 그곳에 머무는 걸 좋아하고 앞으로도 그러길 바란다는 것이다. 데이브레이크에서 일하면서 온두라스 공동체를 찾은 적이 있다는 캐시 저지는 틈만 나면 거기 가서 살 꿈을 꾼다. 현지에서 온 필라르Pilar의 편지에는 감격이 흠씬 배어 있다. 바버라는 지금 트롤리에서 지내지만 마음만큼은 늘 온두라스에 가 있다. 온두라스 공동체를 말하는 이들은 한 점 망설임 없이 그곳을 가장 은혜가 넘치는 자리로 꼽는다. 레지나 자신부터 환희의 빛을 내뿜는다. 거기서 살기로 작정한 이들마다 참다운 보물을 찾아낸 것처럼 보인다. "마음이 가난한 사람은 복이 있다. 하늘나라가 그들의 것이다."

온두라스 공동체를 가보고 싶은 마음이 굴뚝같다.

종교 간의 부대낌 4월 28일 월요일

오늘, 인도 마드라스에 있는 라르쉬 공동체에서 온 도로시와 두 시간 남짓 대화를 나눴다. 인도 출신인 이 여성은 두 달 정도 트롤리에 있으면서 유럽 공동체 식구들과 교제하고, 여러 해 동안 온 힘을 다해 일하느라 지친 심신을 달래며, 영적인 헌신의 깊이를 더하려 한다고 했다.

마드라스에서 살며 사역했던 이야기를 듣자니 놀랍기 그지없었다.

무슬림과 힌두교도, 가톨릭 신자가 한집에 산다고 했다. 함께 예배하는 삶을 살 수 있는 실마리를 찾아내는 일부터가 씨름일 수밖에 없다. 모든 도우미들이 유럽 출신 가톨릭 신자이던 초기에는 철저하게 가톨릭 성례전에 따랐다. 하지만 다양한 종교적 배경을 가진 인도인 도우미들이 합류하게 된 지금은 상황이 훨씬 복잡해졌다. 힌두교의 가르침을 따르는 도우미에게는 이렇다 할 예배의식이 없다. 무슬림들은 기독교적인 것이든 힌두교의 것이든 형상이라면 일체 인정하려 들지 않는다. 가톨릭 신자들은 힌두교나 무슬림의 예배형식이 불편하기만 하다. 게다가 가톨릭교도나 힌두교도나 무슬림이라고 해서 모두 영적인 삶에 관심을 가지고 있는 것도 아니다. 개중에는 스스로 하는 일을 사회적 지위와 특혜를 얻기 위한 유급노동쯤으로 여기는 이들도 있다. 라르쉬가 출범하면서 가졌던 비전이 두루 공유되지 못하는 상황인 셈이다.

다 같이 쓸 수 있는 기도형태를 찾아내는 건 거의 불가능에 가깝다. 한번은 어느 장애인이 집에 돌아가서 라르쉬에서 배운 〈오오오옴〉이라는 송가를 불렀다. 힌두교에서 명상할 때 음송하는 주문이었다. 무슬림이었던 아버지는 너무도 불안해서 다시는 공동체에 발을 들여놓지 못하게 막아버렸다.

하지만 인도 라르쉬에서는 몹시 아름다운 일들도 일어나고 있다. 도저히 어울리지 못할 이들이 장애를 가진 식구들을 매개로 서로 마주한다. 장애인들이 진정으로 연합하게 하는 동력이 된 셈이다. 흔히 눈에 명확하게 보이는 문제와 난관에 초점을 맞춘다. 그러나 하나님, 모두의 하나님은 지극히 미미한 이들을 통해 대단히 멋진 일들을 이루고 계신다.

마드라스 라르쉬에서 14년 넘게 일해온 인도 공동체의 초기 도우미인 도로시는 그 존재 자체로 참다운 희망의 상징이 되고 있다. 활달한 성품과 하나님을 믿는 깊은 신앙 그리고 인도 라르쉬를 향한 헌신은 가난한 이들을 들어 쓰셔서 하나가 되게 하시는 거룩한 역사에 담긴 신비를 조금이나마 들여다볼 수 있게 해준다.

우정이라는 선물

19

혼자 하는 생각은 함께하는 사유와 판이하게 다르다.

가지치기 4월 30일 수요일

예수님은 말씀하셨다. "나는 참 포도나무요, 내 아버지는 농부이시다. 내게 붙어 있으면서도 열매를 맺지 못하는 가지는, 아버지께서 다 잘라 버리시고, 열매를 맺는 가지는 더 많은 열매를 맺게 하시려고 손질하신다."요 15:1-2

오늘 복음서에서 읽은 이 말씀은 내게 닥친 어려움을 바라보는 새로운 시야를 열어준다. 가지치기는 나무에 더 많은 열매가 맺히게 해준다. 열매를 맺고 있다손 치더라도, 하나님나라를 위해 무슨 일인가를 하고 있다 하더라도, 사람들로부터 예수를 알려줘서 고맙다는 인사를 받고 있을 때조차도 훨씬 더 많은 가지치기가 필요하다. 불필요한 여러 곁가지와 잔가지들이 포도나무에 최대한 풍성한 열매가 맺히지 못하게 가로막는다. 그러니 쳐낼 수밖에 없다. 물론 고통스러운 과정이다. 쓸모없다는 사실을 늘 정확히 파악하고 있는 것도 아니기에 더 그렇다. 아름답고, 멋지고, 몹시 싱싱해 보이는 경우가 수두룩하다. 하지만 잘라 버려야 한다. 그래야 열매가 잘 자랄 수 있다.

고통스러운 거절, 외로움이 사무치는 순간들, 내면의 어둡고 절망적인 감정들, 인간적인 지원과 애정의 결핍 따위를 하나님의 가지치기로 생각하면 좋을 것 같다. 삶에서 확인할 수 있는 몇 안 되는 열매들을 붙들고 너무 빨리 주저앉았을지도 모른다는 깨달음을 주는 까닭이다. 어쩌면 속으로 이야기하고 있는지도 모른다. "그래, 여기저기서

좋은 일들을 하고 있잖아. 그처럼 소소한 선행을 하는 데 감사하고 만족하는 게 좋아!" 하지만 이는 그릇된 겸손이며 더 나아가 영적 태만의 한 형태가 될 수 있다. 하나님은 그 이상을 하라고 부르신다. 가지치기를 요구하시는 것이다. 가지를 정리한 포도나무는 근사해 보이지 않을지라도 수확 철이 되면 많은 소출을 낸다. 삶 가운데서 가지치기 작업을 하시는 하나님의 손길을 꾸준히 알아보는 건 이만저만 어려운 일이 아니다. 하지만 그런 인식이 있어야 원망과 낙담을 피하고 스스로 가늠한 것보다 훨씬 많은 열매를 맺도록 부르시는 음성에 더욱 감사할 수 있다. 고난은 정결해지는 길이 된다. 교만한 마음을 품지 않고 깊이 감사하면서 그 열매를 만끽하게 해줄 것이다.

하나로 묶어주신 하나님 5월 3일 토요일/랭스

오후에 네이선과 함께 긴 주말 연휴를 보내러 랭스Reims에 갔다.

둘이 함께 트롤리에서 지낼 수 있는 날들이 얼마 되지 않는다는 생각이 들어서 며칠쯤 밖에 나가 함께 한가한 시간을 즐기기로 한 것이다. 5월 12일부터는 6주에 걸쳐 미국과 캐나다, 영국을 돌아보는 여행길에 나서게 되어 있으므로, 프랑스 시절을 마감하기 전까지 남은 기간은 고작 몇 주에 지나지 않았다.

적당한 시간과 관심을 쏟지 않으면 우정은 깊어지거나 단단해지지 않는다. 네이선과 나누는 우정은 트롤리 생활 전체를 통틀어 가장 힘이 되고 깨달음을 주는 부분이었다.

만나게 하신 분이 예수님이므로 서로 더 가까워질 수 있으리라는 사실을 둘 다 뚜렷이 감지한다는 점이야말로 우리의 우정이 가져다준 커다란 기쁨이다. 그러기에 서로에게 느끼는 사랑이 스스로 만들어낸 게 아님을 인정하며 기도와 침묵 가운데 시간을 보내고 싶다.

여기는 랭스에 있는 생클레어 수녀원이다. 침묵과 기도, 묵상만이 차고 넘치는 공간이다. 숙소의 창문을 열면 저 멀리 시내 한복판에 우뚝 솟은 노트르담 대성당의 웅장한 모습이 눈에 들어온다. 내일은 직접 가서 둘러보고 기도할 계획이다.

주님, 은혜로 사랑과 우정, 아름다운 만물들을 베풀어주셔서 고맙습니다.

대성당과 기도실 5월 4일 주일

묵고 있는 수녀원에는 조그만 기도실이 있다. 타오르는 가시덤불을 묘사한 담백한 스테인드글라스 창문과 장막을 새긴 나무 기둥, 기도 의자와 벤치, 대나무로 마감한 벽에 고정시킨 조그만 램프들로 장식된 방이다.

거기서 네이선과 함께 시편을 묵상하며 기도하고 침묵하는 시간을 가졌다. 비할 데 없이 평온하고 포근했다. 바깥소리가 거의 들어오지 않아 고요했다.

오후에 랭스 시내로 나가 노트르담 대성당을 찾았다. 조그만 기도실에서 나온 지 얼마 안 돼서 대성당의 웅장한 공간에 들어서니 마치 하나님의 임재에 담긴 두 극단을 세상에서 마주하는 느낌이 들었다. 하나님의 은밀함과 하나님의 빛나는 광채, 하나님의 미소함과 하나님의 장대함, 하나님의 침묵과 하나님의 창조적인 말씀, 하나님의 겸손과 하나님의 당당한 영광이 실감나게 다가왔다.

13세기에 세워진 이 신성한 공간에서 루이 9세가 축성을 받았고(1226년), 잔 다르크가 지켜보는 가운데 샤를 7세의 대관식이 열렸으며(1429년), 샤를 10세가 왕위에 올랐고(1825년), 샤를 드골 대통령과 콘라트 아데나워Konrad Adenauer 수상이 프랑스와 독일의 화해를 축하했다(1962년). 온갖 감정과 정서, 비극적이거나 감격적인 숱한 사건들, 추하고 아름다운 무수한 기억들, 엄청난 자부심과 깊은 신앙, 거대한 권력욕과 더없이 소박한 믿음이 공존했다.

제1차 세계대전을 겪으면서 예배당 건물이 불타고 크게 부서졌다. 하지만 1937년, 무려 20년에 걸친 복원작업 끝에 다시 문을 열고 다시 슈아르Suhard 추기경의 축성을 받았다. 덕분에 지금도 많은 손님들이 찾아와 그 화려하고 장대한 모습을 구경할 수 있게 되었다. 그 위엄을 온몸으로 만끽하고 나서, 네이선과 함께 광장 한쪽 테라스에 앉아 성인들이 빼곡하게 새겨진 출입문 세 곳과 꽃 장식, 왕과 주교들을 새긴 석상, 두 개의 거대한 탑들을 물끄러미 바라보았다. 자동차와 버스들이 오고 또 갔다. 수많은 사람들이 문을 넘나들었다. 다들 사진을 찍거나 여기저기를 돌아보고 이야기를 나누었다. 기도하는 이는 거의 없었다. 살짝 머리가 아팠다. 장식이라고는 타오르는 가시덤불이 새겨진 창문이 전부인 수녀원의 좁다란 기도실로 돌아가고 싶었다.

불투명에서 투명으로 5월 5일 월요일

네이선과 함께 내면의 갈등과 소망을 허심탄회하게 털어놓으면서, 어둠과 빛의 차이를 아주 잘 알고 있지만 용기가 없어서 그 이름을 콕 꼬집어 부르지 못하는 경우가 많다는 사실을 갈수록 또렷이 자각하게 되었다. 어둠을 마치 빛인 것처럼 다루는 반면, 빛을 어둠처럼 대하고 싶은 유혹이 가시질 않는다. 삶을 나누면 나눌수록, 빛을 등지고 어두운 곳으로 파고들게 만드는 내면의 애매모호한 구석을 더 분명하게 확인하게 된다.

예수님을 알고 그분의 말씀을 읽으며 기도하노라면 선과 악, 죄와 은혜, 사탄과 하나님의 실체가 나날이 선명해지게 마련이다. 이런 선명함은 망설이지 않고 단호하게 빛으로 통하는 길을 선택하게 한다. 예수님을 알수록, 그런 결단을 얼마나 많이, 얼마나 자주 내려야 하는지 깨닫게 된다. 여기에는 공적인 활동 이상의 더 많은 것들이 포함된다. 가장 사사로운 생각과 판타지가 은밀하게 보관되어 있는 마음속 가장 외진 자리까지 영향을 미친다.

지나온 삶을 돌아보면 불투명한 흔적들이 얼마나 많은지 모른다. 하는 짓과 말이 다르고, 말과 생각이 제각각이며, 생각과 느낌이 따로 놀았다. 자신마저 속여 넘겼던 사례를 꼽자면 하루해가 짧을 지경이다. 누군가를 도우러 간다고 스스로 다독이면서 한결 고상하지 못한 동기들을 좇아 움직이고 있다는 사실이 생각의 수면 위로 떠오르지 못하게 눌렀던 경우도 드물지 않다. 권력과 명예를 추구하는 욕구와 정서적이고 육신적인 만족을 구하는 욕망을 인식하지 못했으며 자신과 더불어 하찮은 유희를 즐겨왔다. 어떻게 하면 이처럼 불투명한 상태에서 벗어나 투명한 경지로 들어갈 수 있을까? 투명한 삶이란 도덕적으로 한 점 애매모호한 부분이 없어서 마음과 생각과 본질이 하나같이 빛을 선택하는 삶을 가리킨다. 내면에 깃든 어둠을 정확하게 지명하는 게 정말 중요함을 새록새록 배워가고 있다. 더 이상 어둠에 다른 이름을 붙이지 않고 그냥 어둠이라고 불러야 비로소 그걸 이기적인 목적을 이루는 데 이용하려는 유혹이 차츰 가라앉는다. 진리를 위해 일한다면서 거짓말을 늘어놓고, 생명을 위해 삶을 바친다면서 죽음의 놀이판을 벌이며 사랑으로 섬긴다면서 충동을 채우는 짓을 계속하는 한, 속절없이 불투명한 상태에 머무를 수밖에 없으며 겸손을 외치면서 찬사를 낚시질하는 설교자 꼴을 면치 못할 것이다.

어려운 과제가 주어졌다. 이제 어둠을 어둠이라 부르고, 악을 악으로 지칭하며, 마귀를 마귀로 지목해야 한다. 모호한 입장을 유지하면 헌신을 피하고 주류사회의 흐름에 몸을 맡긴 채 따라갈 수 있다. 하지만 예수님은 그렇게 지내도록 내버려두지 않으신다. 명쾌하고 진리와 빛과 생명을 선택하길 요구하신다. 내면에서 무수히 많은 타협이 벌어지고 있음을 감지하면 죄의식과 부끄러움을 먼저 느끼게 될지 모른다. 하지만 그런 감정이 통회하고 자복하는 마음으로 이어진다면, 나를 어둠에서 빛으로 인도하시고 거룩한 사랑을 보여주는 투명한 증거로 삼기 원하시는 하나님의 한없는 사랑을 금방 발견하게 될 것이다.

친구와 이야기를 나누는 사이에 자연스레 이러한 깨달음을 얻게 된 게 퍽 감사하다. 혼자 하는 생각은 함께하는 사유와 판이하게 다르다. 내일은 추억거리를 잔뜩 가지고 트롤리로 돌아간다.

평화에 이르는 여섯 가지 길 5월 8일 목요일

오늘은 예수님의 승천을 기념하는 축일이다. 프랑스에서는 공휴일이며 트롤리 라르쉬는 오픈하우스 행사를 갖는다. 수많은 친구들이 찾아와서 함께 기도하고, 놀고, 여기서 만든 물건을 구입하고, 동네 밴드의 연주를 감상하고, 공동체 리더인 알랭 생 마카리Alain St. Macary와 장 바니에의 강연을 듣는다.

오늘의 주제는 "평화를 이루자"였다. 수십 명의 꼬맹이들이 어지러이 뛰어다니며 신나게 떠들어대고 수많은 장애인과 도우미들이 어릿광대 옷을 입은 채 주위를 어슬렁거리는 가운데, 장 바니에는 평화를 이루는 여섯 가지 길을 제시했다. 스피커들이 소리를 충분히 증폭시켜주었으므로 마음만 먹으면 누구나 메시지를 들을 수 있었다. 지난주에 루르드Lourdes에서 장의 강연을 들었던 아가씨 열네 명이 행사에 참여하러 파리에서 내려와서 환호성을 질러가며 연사를 환영했다.

장 바니에가 평화를 이루는 길로 제시한 여섯 가지 방법을 여기 옮겨 적는다.

1. 한 사람 한 사람을 존중한다.
2. 성장하고 성숙할 수 있는 여지를 만든다.
3. 어떤 상황에서도 늘 대화로 푼다.
4. 서로 상대방의 기대에 맞춘다.
5. 사람마다 가진 차이를 즐긴다.
6. 항상 어려움을 겪는 이에게 가장 큰 관심을 쏟는다.

장은 인간사회에서 끊임없이 벌어지는 온갖 갈등을 해소하는 데 도움을 주기 위해 이 여섯 가지 방안을 제안했다. 가정에서든, 공동체에서든, 세계에서든 평화를 이끌어낼 수 있는 길이다.

장의 강연이 끝나자 밴드가 몇 곡을 더 연주했다. 사람들은 여기저기 삼삼오오 흩어져서 한동안 인사를 나누거나, 춤을 추거나, 노래를 부르거나, 그냥 수다를 떨며 놀았다. 그러곤 다같이 채플에 모여서 예배를 드렸다. 예상과 달리, 시종일관 화창했다. 장이 강연하는 동안 짙은 구름이 몰려와 빗방울을 조금 뿌리고 흘러가버린 게 전부였다. 멋진 축일이었다.

영적인 전략 5월 10일 토요일

여행을 준비하면서 크나큰 시험에 직면하고 있음을 그 어느 때보다 절감하고 있다. 한편으로는 미국과 캐나다로 건너가서 친구들을 만나 이야기꽃을 피우고, 고통을 당하는 이들과 상담하며, 다시 한 번 이 시대의 '거대한 이슈들'에 개입하게 된다는 생각에 가슴이 뛴다. 그러나 다른 한쪽으로는 예수님과 나누는 긴밀한 교제를 잃어버리고, 무수한 자극을 받는 사이에 저도 모르게 무감각해지며, 영적인 균형이 깨지기 십상이겠다는 염려가 든다.

이럴 때는 두려움을 노골적이고 직선적으로 고백하고 영적인 뒷받침을 부탁하는 게 도움이 된다. 세상에 존재하되 세상에 속하지 않으려면 대단한 노력이 뒤따라야 한다. 무슨 일을 어떻게 하고자 하는지에 대한 선명한 비전이 필요하다. 눈과 생각과 마음을 훈련하는 게 필수적이다. 끊임없이 예수의 이름으로 살아내겠다는 강한 헌신과 흔들림 없는 소망을 갖춰야 한다.

날마다 기도를 통해 주님 곁에 머물며 편지와 전화로 친구들과 긴밀하게 연락하겠다는 두 가지 약속을 지키기로 굳게 다짐했다. 그렇게만 된다면, 여행을 하면서도 집에 있는 것과 똑같은 삶을 지키며, 비록 혼자 있어도 공동체성을 지킬 수 있다. 생각을 하든, 말을 하든, 행동을 하든 내 이름으로가 아니라 예수님과 나를 보낸 이들의 이름으로 하게 될 것이다.

연합이라는 선물 5월 11일 주일

예수님은 제자들 그리고 그이들의 가르침을 듣고 주님을 믿게 될 이들이 하나가 되게 해달라고 기도하셨다. "아버지, 아버지께서 내 안에 계시고, 내가 아버지 안에 있는 것과 같이, 그들도 하나가 되어서 우리 안에 있게 하여 주십시오." 요 17:21

예수님의 말씀은 무엇보다도, 인간들 사이의 연합이 스스로 노력한 결과가 아니라 하나님의 선물이라는 신비로운 사실을 드러내 보여준다. 인류의 연합은 하나님의 연합의 반영일 따름이다. 인간에게는 연합하고자 하는 절실하고도 강력한 욕구가 존재한다. 친구들 사이에도 있고, 부부 사이에도 있고, 공동체 사이에도 있고, 나라들 사이에도 있다. 참다운 연합의 경험이 있는 곳이면 어디든지 은혜를 입었다는 의식이 있게 마련이다. 연합이 인간의 가장 깊은 갈망을 채워주기는 하지만, 인간의 말이나 행동의 소산으로 설명할 수는 없다. 연합에는 정형화된 공식이 없다.

예수님은 연합을 간구하시면서 주님을 믿는 이들, 곧 하늘 아버지와 온전히 교제하는 이들이 하나가 되게 해주시길 요청했다. 내 안에서는 물론이고 다른 이들에게서도, 서로에게 온 신경을 집중해서 일치감을 얻을 수 있는 지점을 부지런히 찾아가며 연합을 이루려 애쓰는 모습이 지속적으로 눈에 띈다. 하지만 어떤 인간에게도 그토록 간절한 소망을 이뤄줄 능력이 없다는 사실을 깨닫고 환멸에 빠지기 일쑤다. 하지만 그런 자각은 쓰라린 아픔을 줄 뿐만 아니라 인간을 냉소적이고 가혹하며 폭력적인 상태로 몰아가기 쉽다.

예수님은 자신을 통해 연합을 추구하라고 명령하신다. 내면적인 관심의 방향을 상대방에게 먼저 돌리지 않고 주인 되시는 하나님을 향하게 한다면 그분 안에서 서로가 서로를 소유하고 있음을 발견하게 될 것이다. 가장 깊은 우정은 하나님이 맺어주시는 우정이다. 가장 단단한 부부관계는 하나님이 묶어주시는 관계다.

모든 연합의 근원으로 끊임없이 되돌아가기를 이 진리는 요구한다. 갈등과 분열, 불화를 겪는 이들이 함께 하나님의 임재 앞에 나가려고 늘 노력한다면 수많은 인간의 고통이 큰 폭으로 줄어들 것이다.

여럿 가운데 하나

20

어린아이 하나를 영접한다는 건 무슨 뜻인가?

무시당하기 일쑤인 이들에게 사랑 어린 관심을 쏟는다는 말이다.

과학기술과 인간관계 5월 12일 월요일/케임브리지

파리에서 보스턴까지 가면서 과학기술의 엄청난 발전과 인간관계의 원시적인 성격이 선명한 대조를 이루는 걸 뼈저리게 느꼈다. 복잡한 기계가 한 시간 만에 파리에서 런던까지, 그리고 다시 여섯 시간을 들여 런던에서 보스턴까지 데려다주었지만, 여행 내내 보안문제로 분위기가 뒤숭숭했다. 비행기가 뜨려면 아직 한 시간도 더 남았지만 샤를 드골 공항까지 배웅을 나온 네이선이랑 브래드와는 미리 작별인사를 나눠야 했다. 짐 검사하는 데까지 동행하는 건 허용되지 않았다. 런던에서는 수많은 보안검색대를 통과하면서 신체검사를 받아야 했다. 보스턴까지 곧장 보내달라고 부탁한 짐까지도 확인을 받아야 했다. 시간이 지체되는 건 기술적인 문제보다 보안상의 이유와 더 깊이 연계되어 있었다.

테러리스트들의 공격을 예방하기 위해 갖가지 대책을 세우는 건 분명 좋은 일이지만, 한 걸음 한 걸음 뗄 때마다 누군가 죽이려 할지도 모른다는 경고를 받게 되면 이 세상은 마음 놓고 살아가기 어려운 곳이란 선입견이 생길 수밖에 없다. 운송수단이 발달할수록 움직일 때 느끼는 불안감도 더 커지는 양상이다. 공중납치라든지 폭발 또는 항공기나 공항을 공격하는 테러가 두려워 휴가계획을 포기했다는 친구들도 상당수에 이른다.

과학기술이 인간관계에 비해 너무 앞서가고 있다. 한데 어울려 갈등을 해소하고 평화를 이뤄갈 새로운 방법이 절실하게 필요하다. 관계의 차원에서 보자면 인간은 여전히 권력을 다투고 겁을 주는 전략으로 문제를 해결할 수 있다고 여기는 석기시대에 머물러 있다. 자살공격과 군사보복은 위협적인 상황에 대처하는 지극히 원시적인 방식이다. 과학기술을 쉽게 동원할 수 있게 된 지금, 그런 원시적인 반응은 인류의 종말을 부를지도 모른다.

아무리 멀리 떨어진 곳이라도 몇 시간 안에 날아갈 수 있게 된 현대인들에게는 더불어 평화롭게 사는 길에 관해 의견을 나누는 일이 그 어느 때보다 중요하게 되었다. 요즘은 물리적 거리가 줄어들수록 윤리적이고 영적인 간격은 더 넓어지는 것만 같다. 어째서 인류는 과학기술을 광범위하면서도 신속하게 습득하는 반면, 서로 사랑하는 방법은 미미하고도 더디게 배우는 것일까?

로건Logan 국제공항으로 마중 나온 피터와 조너스가 반가이 맞아주었다. 탈 없이 다시 만나게 돼서 무척 기뻤다. 폭력적인 세계의 현실을 감안하면, 이렇게 재회하는 일도 당연하게 볼 수만은 없다.

영적으로 살아남기 위한 싸움 5월 13일 화요일

다시 만나는 기쁨이 가득한 하루였다. 피터, 케이트, 조너스, 마르타, 미셸, 유타, 데이비드, 짐, 찰스… 다들 한달음에 찾아와서 예전처럼 함께 대화하고 기도를 드렸다.

미국에 돌아와 가장 충격적이었던 건 불안과 외로움, 긴장이 온 힘을 다해 뭇 사람들을 잡아매고 있다는 사실이었다. 오늘은 영적으로 살아남는 문제에 관한 이야기를 많이 나누었다. 사방에서 쏟아지는 온갖 요구들에 짓눌려 압박감을 느끼는 친구가 한둘이 아니었다. 다들 내면의 평안과 기쁨을 갈구하지만 실제로 누리는 이들은 거의 없었다.

함께 삶을 즐기고, 더불어 공동체를 이루며, 창조세계의 아름다움과 사람들의 사랑, 하나님의 선하심을 거침없이 즐긴다는 건 손에 닿지 않을 만큼 먼 꿈처럼 보인다. 갖가지 장애물들이 산처럼 막아서서 마음이 원하는 데로 가지 못하게 훼방하는 것만 같다. 너무도 고통스러워서 경험하는 건 고사하고 지켜보기도 힘들다. 살아남기 위한 싸움은 지극히 '통상적인' 삶의 일부가 돼버려서 달라질 수 있다고 진심으로 믿는 이들조차 찾아보기 어려워진 게 오늘의 안타까운 현실이다. 트롤리를 찾은 친구들이 그토록 감동하는 까닭을 이제야 충분히 이해할 수 있을 것 같다. 존재하리라고 생각지도 못했던 세계가 눈앞에 열렸으니 오죽 놀라웠겠는가!

오늘 보았던 이들은 모두 선량한 사람들이었다. 너그럽고, 사랑이 넘치고, 자상하고, 신앙공동체를 향한 소망이 가득했다. 하지만 누구랄 것 없이 모두 커다란 고통에 시달리고 있었으며 자각마저 사라진 듯했다. 열 달 남짓 이곳에서 멀리 떠나 있으면서 그 안에 있을 당시엔

보지 못했던 것들을 볼 수 있게 되었다. 라르쉬에서 더없이 큰 영적인 자유를 맛본 터라, 친구들이 얼마나 많은 걸 놓치고 있는지를 더 잘 볼 수 있게 되었다. 벗들을 깨워서 새로운 곳으로 데려가고, 새로운 관점을 제시하고, 새로운 길을 가리켜 보여주고 싶은 마음이 간절했다. 하지만 눈코 뜰 새 없이 바쁘게 돌아가고, 엄청난 압박을 받으며, 경쟁적이고 소모적인 시대상황 속에서 누가 거기에 귀를 기울일 수 있겠는가? 세상의 마귀가 이처럼 시끄럽게 떠들어대는 틈바구니에서 과연 성령님의 음성을 어느 정도까지 놓치지 않고 들을 수 있을지 나도 장담하기 어려운 실정이다.

훈련과 공동체, 기도, 침묵, 보살피는 손길, 묵묵히 들어주는 자세, 찬양, 깊고 지속적이며 신실한 우정이 얼마나 중요한가! 너나없이 절박한 심정으로 사모하지만, 그런 건 다 환상일 뿐이라고 속삭이는 세력들이 이루 헤아릴 수 없을 만큼 많다. 그러나 크리스천이라면 권력다툼을 심령이 살아 숨 쉴 여지를 마련하는 싸움으로 대체해야 한다.

예수님의 친구들 5월 14일 수요일

오늘의 하이라이트는 스무 명 남짓 되는 케임브리지 친구들과 함께 한 성찬예식이었다. "이제부터는 내가 너희를 종이라고 부르지 않겠다. 종은 그의 주인이 무엇을 하는지를 알지 못한다. 나는 너희를 친구라고 불렀다. 내가 아버지에게서 들은 모든 것을 너희에게 알려주었기 때문이다"요 15:15 라는 예수님의 말씀은 친구들과 다시 함께하게 된 이번 만남의 참뜻을 강렬하게 표현하고 있다. 우리는 주님의 친구들이다. 감성적인 차원에서가 아니라 거룩한 생명에 참여했다는 점에서 그렇다. 자신 있게 그분과의 우정을 주장한다면 상호간에 항구적인 유대가 형성되어 있다는 사실 또한 신뢰할 수 있다. 예수님과 서로 주고받는 이런 우정은 주님의 피붙이가 되는 데 따른 찬란한 결실이다. 이건 추상적인 이야기가 아니다. 이 우정은 손에 잡힐 만큼 실제적이다.

여러 친구들이 함께 일하는 동료, 피터에게 잠깐 나를 만나러 오는 게 어떠냐고 물었던 모양이다. 피터는 다 같이 성찬예식을 가진 뒤에 점심을 먹는 게 어떠냐고 제안했다. 덕분에 모두들 개인적으로 만났을 때보다 훨씬 많은 유익을 얻었으리라고 굳게 믿는다. 내가 줄 수 있었던 건 빵과 포도주라는 선물로 표현된 예수님의 우정이었다. 나이와 교육수준, 생활방식과 성품이 제각각인 이들이 한날 한자리에 모여 조화와 평안을 만끽하는 한편, 서로의 차이가 도리어 그리스도 안에서 단단히 연합되어 있음을 보여주는 걸 실감했다.

케임브리지 같은 도시에서 사람들이 느끼는 고통의 근원이 단절과 분리, 소외에 있다는 사실이 갈수록 충격으로 다가왔다. 그리스도의 식탁을 둘러싸고 모여 치유공동체를 이룰 수 있다면, 굳이 한 사람 한 사람을 따로 만나 고통에 관한 이야기를 나눌 까닭이 무어란 말인가! 오늘의 성찬식은 기도하고 찬양하며 예수님의 신실한 임재를 드러내는 이야기들을 나누는 참으로 행복한 자리였다.

부유한 이들의 빈곤 5월 15일 목요일

머레이 맥도널Murray McDonnell을 만나러 오늘 아침, 피터와 함께 비행기를 타고 뉴욕 시로 날아갔다. 나로서는 초면이지만, 프랑스에 있는 동안 피터와는 서로 알게 돼서 이젠 좋은 친구가 된 모양이다.

머레이는 텔레비전이라든지 신문에서나 듣고 볼 수 있는 수많은 인물들과 개인적인 교분을 가진 뉴욕의 은행가였다. 내가 쓴 책들을 여러 권 읽으면서 이쪽뿐만 아니라 자신이 일하는 세계에도 하나님 말씀이 절실하게 필요하다는 걸 느끼고 있었다. 온 세상을 통틀어 가장 '뛰어나고 총명한' 이들과 절친하게 지내는 이의 입에서 "하나님의 말씀을 들려주십시오. 예수님에 대해 알고 싶습니다. … 겉으로는 풍요로워 보이지만 속내는 한없이 가난한 이들을 외면하지 말아주십시오"라는 이야기를 듣는 건 절로 고개가 숙여지는 경험이었다.

예수님은 가난한 이들을 사랑하셨다. 가난에는 다양한 형태가 있다. 그러한 사실을 잊어버린 채, 영혼의 양식을 달라고 아우성치는 힘 있고, 유명하고, 성공한 이들을 내팽개쳐두는 경우가 얼마나 많은지 모른다. 하지만 그런 양식을 주기 위해선 나 자신부터 한없이 가난해져야 한다. 궁금해하지도, 야심을 품지도, 허세를 부리지도, 교만하지도 말아야 한다. 세상의 반짝거리는 것들에 정신없이 빠져들기 쉽다. 환하게 빛나는 광채에 눈길을 빼앗기기 십상이다. 하지만 내가 진정으로 있어야 할 자리는 가난한 곳, 외로움과 분노, 혼란과 좌절, 아픔이 있는 곳이다. 예수님의 이름으로 가서 주님의 이름 곁에 머물며 그분의 사랑을 베풀어야 한다.

오, 주님! 권력과 부에 한눈을 팔지 않게 지켜주세요. 세상의 스타와 영웅들을 아는 데 신경이 쏠리지 않게 도와주세요. 눈을 열어 고통 받는 거룩한 백성들의 심령을 헤아리게 하시고 치유와 위안을 줄 수 있는 말을 제 입에 담아주세요. 아멘.

정치인들과 사역 5월 16일 금요일/워싱턴 D.C.

피터는 어제 보스턴으로 돌아가고 나는 워싱턴에 있는 친구를 만나러 비행기에 올랐다. 무척 신나는 하루였다. 주로 대화를 나누는 내내 예수님과 아주 가까이 동행하며 주님에 대해 솔직 담백하게 소개할 수 있었던 덕분이었다. 그러기가 늘 쉬운 건 아니다. 수많은 사람과 일들이 주의를 끄는 탓이다. 상원세출위원회에 딸린 우아한 건물에서 마크 해트필드Mark Hatfield 상원의원과 점심식사를 함께하며 신경가스 반대투쟁에 관한 이야기를 듣고, 과테말라에서 벌어지는 인권침해에 얽힌 정확한 정보를 얻으려 노력하고, 복도에서 헨리 키신저를 만나고, 전반적으로 분주하고 긴박한 분위기를 몸으로 느꼈다. 주님의 집을 떠나 호기심 어린 눈으로 권력과 영향력, 성공의 세계를 탐색해보기에는 한 점 모자람 없이 흡족한 기회였다. 하지만 예수님이 온종일 중심에 계셔서 시시각각 하나님의 임재가 함께하신다는 느낌이 충만했다.

무엇보다 인상적이었던 건 오늘 만나는 이들마다 세상에 임하신 하나님에 관한 이야기를 간절히 듣고 싶어 했다는 점이다. 아무리 많은 얘길 들려줘도 성이 차지 않을 기세였다. 보좌관들을 대동한 해트필드 상원의원과 두 시간 남짓 오찬을 함께하는 동안, 정치적인 사안에는 단 1분도 소모하지 않았다. 신약의 메시지, 열매 맺는 삶을 살아내는 법, 의미 있는 관계 가꾸기, 기도, 순종, 신실함 등의 주제에 온 관심이 쏠렸다. 대화를 나누면서 정치현안을 두고 벌이는 그 어떤 토론보다 이 세상의 실질적인 문제들에 훨씬 더 근접하고 있다는 생각이 들었다.

오찬 도중에 해트필드에게 물었다. "어떻게 하면 제가 미국 상원에 조금이라도 보탬이 될 수 있을까요?" 의원은 대답했다. "오셔서 용서와 화해, 서로 평화롭게 살아가는 길에 관해 이야기해주십시오. 가정에서든 일터에서든, 정치인들의 삶에는 쓰라린 상처와 원한, 투기와 분노가 가득해서 치유의 말이라면 무엇이든 가리지 않고 두 팔 벌려 받아들일 겁니다."

더그 코우Doug Coe는 청년실업가모임 멤버가 스무 명쯤 되는데, 수련회를 인도해줄 수 있느냐고 했다. 청년실업가모임이 어떤 조직인지 묻자 이런 대답이 돌아왔다. "30대 이전에 100만 달러 이상의 수입이 있고, 직원이 최소한 50명이 넘는 회사를 이끌고 있으며, 상당한 영향력을 가진 이들로 대다수가 남성들입니다." 다시 물었다. "그런 분들이 왜 수련회를 갖고 싶어 할까요?" 상대가 대답했다. "예수님을 알고자 하는 마음이 이만저만 간절한 게 아니거든요. 그분에 대해 이야기해주시기만 한다면, 원하시는 날짜에 세상 어느 구석에라도 달려갈 겁니다."

얼마나 더 알아봐야 하는가? 만나는 이마다 어김없이 예수님을 선포해주길 요청하는데 그분 말고 더 바랄 게 무어란 말인가? 내가 감당해야 할 유일한 책무가 있다면 세상을 떠돌아다니는 걸 집어치우고 하나님의 집에 머무는 것뿐이다.

이런 일들을 겪으면서 줄곧 두 친구(네이선과 조너스)와 긴밀하게 연락을 취했다. 그이들이 기도하고 지지해준 덕에 안전하게 보호받고 있다는 느낌을 가질 수 있었다. 나는 세상으로 보냄을 받았으니 친구들로서는 내가 거기에 속하지 않게 해주시길 기도하는 게 당연하지 않겠는가!

친구들과 더불어 침묵하다 5월 19일 월요일/케임브리지

케임브리지로 돌아오고 나서부터 친구들과 더불어 침묵하는 일도 대화하는 것만큼이나 중요하다는 생각을 떨쳐버릴 수가 없다. 여러 상대를 만나서 그이들에게 일어났거나 현재 진행 중인 일들에 관한 이야기를 나누지만, 그것만으로는 진정 함께한다는 느낌을 받지 못하는 경우가 많다. 삶의 내밀한 구석까지 시시콜콜 주고받노라면 친밀감보다 거리감을 키우기 십상인 까닭이다. 말은 서로 가까워지는 데 대단히 중요하지만 지나치게 많은 말은 도리어 둘 사이에 거리를 내고 만다.

친구들과 침묵하고자 하는 마음이 커지고 있는 걸 느낀다. 사사건건 다 얘기해주어야 하는 건 아니며, 무슨 생각이든 다 털어놓아야 하는 것도 아니다. 일단 서로 신뢰하는 분위기가 조성되었다면 둘 다 침묵하며 주님이 전달자가 되어 다정하고 부드럽게 말씀해주시도록 맡길 수 있다. 예수님의 음성에 함께 귀를 기울이는 자세야말로 서로 나날이 가까워지며 인간 사이에 오가는 말로는 결코 빚어낼 수 없는 차원의 친밀감에 이르게 하는 대단히 강력한 수단이다. 그뿐만 아니라, 예수님의 임재 가운데 함께 살아내는 침묵은 훗날 풍성한 열매로 이어진다. 단 한 번의 배려하는 침묵이 수많은 자상한 말들보다 훨씬 깊이 기억을 파고드는 듯하다. 항상은 아닐지라도 십중팔구는 그렇다. 하지만 이러한 침묵을 빚어내려면 영적으로 대단한 수고가 따르게 마련이다. 이게 다시 하나가 되는 유일한 방법이 아니라는 데는 재론의 여지가 없다. 그렇다 할지라도 가장 은혜로운 유형일 성싶다.

앞으로 이런 확실한 깨달음을 실천하려 노력할 것이다.

어린아이 하나를 영접한다는 것 5월 20일 화요일

“누구든지 내 이름으로 이런 어린이들 가운데 하나를 영접하면, 그는 나를 영접하는 것이요, 누구든지 나를 영접하는 사람은, 나를 영접하는 것보다, 나를 보내신 분을 영접하는 것이다.” 막 9:37

어린아이 하나를 영접한다는 건 무슨 뜻인가? 무시당하기 일쑤인 이들에게 사랑 어린 관심을 쏟는다는 말이다. 이른바 VIP를 만나려고 줄서서 차례를 기다리고 있는데 쪼끄만 아이 하나가 지나가는 게 눈에 들어왔다고 상상해본다. 과연 행렬을 벗어나서 그 꼬마에게 온 신경을 쏟을 수 있을까? 특별하고 힘 있는 이들과 어울리는 굉장한 잔치자리에 가고 있다고 상상해본다. 파티 따위는 잊어버리고 손 내밀어 푼돈을 구걸하는 사내와 몇 시간씩이나 거리에 쭈그리고 앉을 수 있을까? 상을 받으러 오라는 초대를 받았다고 상상해본다. 친구들에게조차 외면당한 채 아파트 한 칸에 틀어박혀 외로움에 몸서리치는 우울한 할머니와 시간을 보낼 수 있을까?

어제, 길을 가는데 웬 걸인이 불쑥 끼어들었다. 주린 배를 채울 수 있도록 잔돈 몇 푼이라도 보태달라는 얘기였다. 못 본 척 지나칠 줄 알았는지 10달러짜리 지폐를 내밀자 화들짝 놀라며 고마워했다. “감사합니다! 정말, 정말 감사합니다!” 뜻하지 못했던 이 큰 선물에 어안이 벙벙해진 걸인과 달리, 난 갑자기 밀려든 깊은 슬픔에 빠졌다. 때마침, 모임에 참석하러 가던 참이었다. 무슨 일이 있어도 놓치고 싶지 않았던 행사였다. 선물은 가던 길을 거리낌 없이 계속 갈 수 있게 해주는 일종의 핑계거리였다. 걸인을 반가이 영접한 게 아니라 후하게 대했노라고 느끼려는 시도였을 따름이다. 내가 보여준 '너그러움'은 '어린아이 하나'를 영접하는 데 대한 뿌리 깊은 거부감을 드러내는 행동에 지나지 않는다.

'어린이들 가운데 하나'를 영접하려면 스스로 보잘것없는 존재가 되어야 한다. 하지만 나는 지금도 스스로 얼마나 대단한 인물인지를 늘 궁금해한다. 심지어 '너그러운 마음가짐'까지도 이만하면 썩 괜찮다는 자부심을 갖는 데 보탬이 될 수 있다. 하지만 예수님은 말씀하셨다. "누구든지 첫째가 되고자 하면, 그는 모든 사람의 꼴찌가 되어서 모든 사람을 섬겨야 한다." 막 9:35 기꺼이 이 걸인의 종이 될 수 있을까? 실제로는 10달러를 보태주는 순간, 상대방이 "감사합니다! 정말, 정말 감사합니다!"라며 머리를 조아리게 만들 수 있는 주인이 되었다.

갈수록 분명해진다. 예수님이 친히 종이 되기까지 하시면서 사랑을 보여주시고 그 뒤를 고스란히 따르라고 명령하신다는 사실을 난 아직도 제대로 이해하지 못하고 있다.

고단하지만 은혜가 넘치는 일

21

의견을 나누면서 여기서 지내는 게 쉽지 않겠지만,
외로운 씨름을 벌일 일도 없겠다는 어떤 확신 같은 게 생겼다.

더불어 미래를 생각하다 5월 23일 금요일/토론토

오늘 아침 일찍, 비행기를 타고 토론토에 도착했다. 수 모스텔러가 마침 시간이 맞아 리치먼드 힐 데이브레이크까지 자동차로 나를 데려다주었다.

이곳에서 지내게 될 날들을 손꼽아 기다려왔다. 적어도 3년 동안은 고향이자 집이 되어줄 곳이기 때문이다. 이제 트롤리 시절은 서서히 마무리되어 가고 있다. 개인적으로 새로운 책임을 받아들일 준비 역시 차근차근 갖춰가는 중이다. 지난 몇 달 동안, 삶의 현장에서 워낙 다양한 일들과 씨름하느라 데이브레이크에서 마주하게 될 미래의 삶과 일에 관해 차분하게 생각해볼 시간과 에너지가 거의 없었지만, 지금은 그만큼 중요한 일도 없어 보인다.

오후 2시 30분, 데이브레이크 협의회Daybreak Council의 부름을 받고 나가서, 개인적으로 걸어온 영적인 여정과 캐나다로 건너와 담임목회자가 돼달라는 요청을 수락한 까닭을 이야기했다. 어떻게 하나님이 하버드를 떠나 장애를 가진 이들과 도우미들 사이에서 삶을 나누도록 이끄신다는 사실을 깨닫게 되었는지를 힘닿는 데까지 소상하게 소개하자, 이번에는 협의회 위원들 쪽에서 데이브레이크에서 보내는 내 삶에 관해 그간에 가져왔던 생각들을 설명했다. 정리하자면 대략 다섯 가지다.

1. 배워야 할 게 많다. 공동체생활을 제대로 해보거나 장애를 가진 이들 가까이서 생활해본 경험이 전혀 없다. 큰 세상을 수없이 돌아다니다가 이 조그만 세계로 들어가기란 쉬운 노릇이 아니다. 그러므로 이곳의 삶에 진정으로 녹아들려면 상당한 시간이 필요할 것이다.
2. 다 함께 교회력에 따라 한 해 동안 충실하게 예배하며, 성경말씀에 관한 지식의 폭을 넓히고, 기도생활의 깊이를 더하는 영적으로 풍성한 삶을 가꿔갈 필요가 있다.
3. 영어권 라르쉬 멤버들과 그 친구들에게 부흥의 원천 역할을 하게 될 소규모 영성센터 '데이스프링(Dayspring, 첫새벽)'을 시작하는 게 주 임무 가운데 하나가 될 것이다.
4. 집필을 계속해야 한다. 신경 써야 할 게 한둘이 아닐 터라 녹록치는 않을 게 불 보듯 뻔하다. 그러나 공동체는 글을 쓰는 이편의 소명을 존중하는 데 그치지 않고 보호하고 지원할 것이다.
5. 편지와 전화상담, 강연 따위가 뒤따르는 건 당연한 일이다. 코니 엘리스가 이런 일들을 도와줄 수 있음을 알게 된 건 은혜롭고 감사한 일이다.

의견을 나누면서 여기서 지내는 게 쉽지 않겠지만, 외로운 씨름을 벌일 일도 없겠다는 어떤 확신 같은 게 생겼다. 속으로 생각했다. '고되겠지. 하지만 은혜가 넘칠 거야. 약하고 상한 심령들이 모여 사는 이

곳으로 부름을 받았어. 하나님과 주님의 백성들이 부른 거지. 염려 말고 뛰어들라고. 마음으로 가장 간절히 사모하던 걸 마침내 찾아내게 되리라고 믿도록 해!' 데이브레이크는 힘을 누릴 수 있는 자리가 아니다. 효율과 통제를 으뜸으로 여기며 매끄럽게 돌아가는 기관도 아니다. 도리어 아귀가 딱딱 들어맞는 데라곤 눈을 씻고 봐도 없고 무엇 하나 확실한 게 없는 연약한 이들의 공동체다. 무언가를, 그것도 단숨에 이루고 싶어 하는 내 욕구를 감안하면 이게 얼마나 불만스러워질 수 있을지 짐작이 가고도 남는다. 하지만 느리고 비효율적인 데이브레이크의 생활방식이 여태껏 스스로 깨닫지 못하고 있던 하나님의 사랑에 관해 새로운 사실을 가르쳐주리라고 믿는다.

다시 어린아이로 돌아가는 길 5월 24일 토요일

오늘 아침, 어떤 복음서 본문을 읽게 될지 궁금했다. 하루하루 읽는 구절이 그날 반드시 알아야 할 가르침을 준다는 느낌이 들 때가 더러 있다.

마가복음 10장 14-15절 말씀을 보았다. "어린이들이 내게 오는 것을 허락하고, 막지 말아라. 하나님나라는 이런 사람들의 것이다. 내가 진정으로 너희에게 말한다. 누구든지 어린이와 같이 하나님나라를 받아들이지 않는 사람은 거기에 들어가지 못할 것이다."

어린이만 가진 남다른 점은 무엇인가? 아이들에겐 무엇 하나 내세울 것도, 보여줄 것도, 자랑할 것도 없다. 남들이 주는 사랑을 받아 누리기만 하면 그만이다. 예수님은 손수 베푸시는 사랑을 우리가 받아들이길 원하신다. 마음껏 사랑하게 해드리고 받은 사랑을 한껏 즐기는 것 말고는 달리 바라시는 게 없다. 언뜻 듣기엔 쉬워도 이만저만 어려운 일이 아니다. 다들 사랑을 받으려면 그만한 자격을 갖춰야 한다는 생각에 늘 사로잡혀 살기 때문이다. 하지만 예수님이 사랑을 주시는 건 우리에게 무슨 공로가 있어서가 아니라 이편의 노력과 상관없이 친히 그렇게 하기로 작정하신 까닭이다. 인간들끼리 서로 나누는 사랑은 이처럼 아무 자격이 없는 상대에게 무조건 쏟아부어주신 '원초적인 사랑' 으로부터 자연스럽게 흘러나와야 한다.

예수님의 말씀을 묵상할수록, 데이브레이크가 어린이들을 받아들이는 데만이 아니라 스스로 아이가 되는 데에도 도움이 되리라는 점이 더욱 또렷해지기 시작했다. 장애를 가진 친구들은 다시 어린아이로 돌아가는 길을 가르쳐줄 수 있을지 모른다. 실제로 하나님의 원초적인 사랑을 드러내 보여줄 수 있을 것이다. 장애인들은 세상 앞에 내놓을 만한 게 아무것도 없는 이들이다. 학위도 없고, 평판이 좋은 것도 아니고, 영향력도 없고, 힘센 사람들과 이어진 연줄도 없다. 대단한 걸 만들거나, 생산해내거나, 큰돈을 벌어들일 능력도 전혀 없다. 그러나 반드시 믿어야 할 게 있다. 순수한 사랑을 받고 또 줄 수 있는 힘을 가졌다는 사실이다. 스쳐가면서라도 내 이름을 들어보았다든지 눈곱

만큼이나마 내게서 감동을 받아본 적이 없는 이들로부터 이미 수없이 많은 포옹과 입맞춤을 받아온 터라, 그이들이 베푸는 사랑은 값없이 주어지는 사랑이며 서슴없이 받아들여야 할 사랑이라고 믿지 않을 도리가 없다.

거룩한 사랑을 받기에 합당한 존재임을 입증하려 안달복달하는 이들에게 데이브레이크가 점점 더 주님의 원초적인 사랑을 선명하게 드러내 보여주는 곳이 되었으면 좋겠다. 장애인들이 하나님을 갈구하는 손님들을 영접하는 기도와 환영의 집이라면, 그 원초적인 사랑의 사역을 실행하는 구체적인 방편이 되고도 남을 것이다.

오늘, 데이브레이크 위원회 자리에서 이런 생각을 나누었다. 위원들(주로 변호사, 의사, 기업인들이다)은 대단히 개방적이고 수용적이다. 분주한 삶 가운데서도 "대단하든 시시하든, 성공했든 실패했든, 돈이 많든 적든, 잘났든 못났든 널 사랑한다"라는 세미한 음성을 들을 필요가 있다는 점에 다들 마음 깊이 공감하고 있다. 한시도 그 목소리를 떠나고 싶지 않아서 이 대단찮은 공동체의 운영이사를 맡고 있는 이들이다.

새로운 가족 5월 25일 주일

새로운 가정! '뉴 하우스New House'를 집으로 삼으면 어떻겠느냐는 초대를 받았다. 거긴 레이먼드, 존, 빌, 트레버Trevor, 애덤, 로즈와 도우미 디제이, 헤더Heather, 레지나가 한데 어울려 사는 집이다. 이번엔 잠깐 머무는 동안 함께 지내지만, 오는 8월에 다시 돌아와 이곳에 영구적인 보금자리를 꾸리게 되지 않을까 싶다. 참으로 대단한 가족이다. 로즈와 애덤은 장애가 깊어서 잠시도 눈을 떼지 않고 보살펴야 한다. 말하지도, 걷지도, 혼자 밥을 먹고 옷을 갈아입지도 못한다. 불가사의한 세상에 사는 친구들처럼 보인다. 입히고, 씻기고, 먹이고, 이리저리 데려다주어야 한다. 오로지 잠들었을 때만 혼자 둘 수 있다.

로즈와 애덤에 비하면 레이먼드, 존, 빌과 트레버는 상당히 독립적인 편이다. 말도 꽤 하고, 낮에는 작업장에도 나가며, 자질구레한 집안일을 도울 줄도 안다.

레이먼드를 다시 보게 돼서 얼마나 기뻤는지 모른다. 지난해 10월에 있었던 사고에서는 완전히 회복된 건 물론이고 오히려 예전보다 훨씬 나아 보였다. 나를 전혀 기억하지 못했지만 부모로부터 수없이 많은 이야기를 들은 터라 유난히 다정하게 맞아주었다. 우린 곧 친구가 되었고 제법 오랜 시간을 함께 보냈다.

집안을 이끌어가는 리더 디제이는 아주 다정다감한 스물네 살 캐나다 청년으로 데이브레이크 가족에 온 시간과 에너지를 쏟아붓고 있다. 네브래스카 주 오마하에서 온 헤더는 사역기간이 끝나서 몇 달 뒤에 고향집으로 돌아갈 예정이다. 브라질 출신인 레지나는 곧 여동생이 합류하기로 되어 있다고 한다.

공동체 안에서 같이 생활하는 게 쉽지는 않다. 하지만 이 식구들과 고작 이틀을 지냈을 뿐인데도 벌써부터 얼른 돌아와서 한 사람 한 사람과 더 깊이 사귀고 싶은 마음이 꿈틀거리는 걸 느낀다. 지금 중요한 건 그뿐이다.

비교와 선택

22

이곳에 내가 있다.
얼마쯤은 눌리는 느낌이고 또 얼마쯤은 혼란스럽다.
온갖 형태로 몸을 찬송하는 이 세계에서 어떻게 신실하게 예수님을 좇을 것인가?

발코니에서 5월 27일 화요일/캘리포니아 주 버클리

데이브레이크 도우미들과 모임을 마친 뒤에, 다 같이 조용하고 경건한 성찬식을 가졌다. 예식이 끝나자마자 수 모스텔러가 토론토 공항까지 데려다주었고 거기서 비행기를 타고 샌프란시스코로 친구 던 맥닐Don McNeill을 만나러 갔다.

던은 성 십자가회Holy Cross에 소속된 목회자이자 노트르담 대학 CSCCenter for Social Concern의 책임자이기도 하다. 1966년, 노트르담 대학 방문교수로 처음 만나 친구가 되었다. 그런데 지난해, 갑자기 신체 운동에 큰 지장을 주는 완신경총장애brachial plexus neuropathy라는 근육병에 걸렸다. 의사들은 팔에 힘이 완전히 돌아오려면 적어도 2년은 걸릴 것이라고 진단했다. 과연 병에 걸리기 전처럼 기민한 움직임을 되찾을 수 있을까 두고두고 회의하고 있다. 지금은 버클리에 있는 성 십자가회 수도원에 한 해 정도 휴식과 재활에 전념할 수 있는 공간을 얻어 머물고 있다. 며칠 함께 지내면서 삶에 밀어닥친 시련을 딛고 일어설 용기와 자신감을 북돋우고 쉰 번째 생일을 축하해줄 심산이다.

친구와 버클리 성 십자가회 수도원 발코니에 앉았다. 온 세상을 통틀어 가장 아름다운 곳 가운데 하나로 꼽아도 손색이 없을 것 같다. 아래쪽으로 펼쳐져 있는 샌프란시스코 만을 굽어보았다. 앨커트래즈Alcatraz 섬의 등대가 보이고 그 뒤편으로 금문교Golden Gate Bridge의 윤곽이 아스라이 눈길에 잡혔다. 만 주위로 서서히 어둠이 깔리자, 풍광은 차츰 수많은 등불들이 명멸하며 바다를 끼고 사는 이들의 온갖 이야기를 조잘대는 축제마당으로 바뀌어갔다. 발코니는 말할 수 없이 고즈넉했다. 시내는 워낙 멀어서 시끄러운 소음도 여기선 들리지 않았다. 부드럽고 따듯한 공기는 나무마다 활짝 핀 꽃향기를 가득 담았다.

데이브레이크에서 바삐 움직이다가 길고도 지루한 비행을 거친 끝에 이 발코니에 앉아 너른 바다와 허다한 불빛으로 반짝이는 도시를 내려다보고 있노라니 살아 숨 쉰다는 게 그저 경이롭기만 하다.

감각과 영혼 5월 28일 수요일

캘리포니아에 있다는 게 심란하면서도 한편으론 신나기도 했다. 이 세상이 내 안에 불러일으키는 감정들을 딱 잡아 설명하기 힘들다. 상쾌한 기후, 우거진 정원들, 화사한 나무와 꽃밭, 만과 도시와 섬과 다리의 아름다운 풍경들은 찬양과 감사, 기쁨의 말들을 쏟아내게 한다. 하지만 끝없이 이어지는 차량의 행렬, 꽉 막힌 교통상황, 거대한 광고탑, 하늘을 찌를 듯 치솟고 있는 새 빌딩들, 스모그, 시끄러운 소리들, 눈코 뜰 새 없이 돌아가는 생활 따위는 단절감과 외로움 그리고 일종의 상실감까지 느끼게 한다.

한 마디로 압축할 수 있는 단어를 찾는다면, '감각적' 쯤 되지 않을까 싶다. 감각은 죄다 살아나는 반면, 토대도 역사도 영혼도 없다. 이런 세상에서 내 마음이 어디서 양분을 얻을 수 있을지 지극히 의심스럽다. 다들 누군가를 만나려고, 어딘가에 가려고, 무슨 일인가에 참석하려고 정신없이 움직이는 것만 같다. 하지만 변변한 집을 가진 이는 아무도 없다. 집들은 죄다 임시로 지은 가설주택처럼 보인다. 몇 십 년 혹은 백 년쯤 견디겠지만, 그 뒤엔 다른 무언가가 그 자리를 대신 차지하게 될 것이다.

만나는 이들마다 하나같이 아주 친절하고, 느긋하고, 마음 편하고, 유쾌하지만 나로서는 어떻게 어울리고, 이야기를 나누며, 더불어 기도해야 할지 모르겠다. 모든 면에서 대단히 개방적이고, 감추는 게 없으며, 새롭지만 자꾸 은밀하고, 조용하며, 오래된 공간을 찾게 된다. 이곳은 전통과 통제, 억압적인 역사에서 벗어나기 위해 찾는 땅이다. 하지만 자유를 얻기 위해 개인주의와 경쟁, 근본의 상실에서부터 흘러넘치는 고독감과 상실감에 이르기까지 값비싼 대가를 치러야 한다. 모든 일이 다 허용되고, 안 되는 게 없으며, 무슨 일이든 시도해볼 가치가 있다고 믿다보니 신성한 존재도, 높이 떠받들거나 깊이 존경할 상대도 없다. 젊고, 과감하며, 독창적이고, 기동력이 있다는 게 지극히 바람직한 것으로 여겨진다. 낡은 것들은 새것으로 대체되어야 하며 구시대 인물들은 동정의 대상이 될 수밖에 없다.

몸은 언제나 핵심적인 위치를 차지한다. 태양, 해변, 바다, 풍요로운 자연은 모든 감각의 뚜껑을 열어젖힌다. 그러나 몸을 '성령의 전(殿)'으로 경험하기는 어렵다. 그러자면 특별한 훈련이 필요하다. 언제나 바깥세상의 부름을 받고 있는 이들로서는 하나님의 음성을 듣고 순종할 수 있는 내면의 성소에 이르는 게 결코 쉬운 일이 아니다. 헤아릴 수 없을 만큼 많은 영적인 수련법들이 개발되고, 연구되고, 실행되는 장소로 캘리포니아가 부각되는 건 놀랄 일이 아니다. 이곳엔 허다한 명상센터(불교, 기독교, 비종교를 가리지 않고)가 있다. 갈수록 더 많은 이들이 감각적인 세상에서 자신을 온전히 지키기 위해 흔들리지 않는 정신적 지주를 찾아야 한다는 필요성을 절감하고 있다.

이곳에 내가 있다. 얼마쯤은 눌리는 느낌이고 또 얼마쯤은 혼란스럽다. 온갖 형태로 몸을 찬송하는 이 세계에서 어떻게 신실하게 예수님을 좇을 것인가? 그리스도는 몸을 입고 오셔서 그분의 영과 더불어 살 길을 여신 분이다. 어떻게 하면 태양으로 뒤덮인 감각적이고 비전통적인 이 공간에서 그 진리를 살아낼 수 있을까? 라르쉬가 전혀 다른 방식으로 몸을 생각하게 눈을 열어준 뒤가 아니었더라면, 이런 질문은 떠올리지도 않았을지 모른다. 거기서도 육신이 핵심적인 자리를 차지하긴 하지만 이곳과는 얼마나 다른 양상인가!

몸으로 큰 아픔을 겪고 있는 던과 함께 지내면서 라르쉬를 장애인들의 상처 입은 육신을 중심으로 형성된 공동체로 보는 장의 시각을 나누게 돼서 얼마나 기쁜지 모른다. 스무 해에 걸친 우정, 즉물적이고 즉흥적인 환경을 거슬러 대단히 오래고도 견실한 우정이 던과 나를 단단히 묶고 있음을 실감한다.

카스트로 지구에서의 죽음 5월 31일 토요일

최근에 이사한 친구를 방문할 수 있도록 던이 나를 카스트로 지구에 내려주었다. 샌프란시스코의 이 화려한 게이 지구를 잘 설명할 말들을 찾아내기가 쉽지 않다.

날마다 수많은 젊은이들이 에이즈로 죽어나가고 허다한 이들이 병을 일으키는 바이러스에 감염된 게 아닌지 전전긍긍하는 오늘의 카스트로 지구는 다소 완곡한 표현이긴 하지만 '게이'라는 단어와 더할 나위 없이 잘 어울리는 곳이다. 친구와 함께 레스토랑을 찾아 인파가 붐비는 거리를 걸으며 존을 생각했다. '에이즈'라는 병명이 잘 알려지지도 않았던 몇 해 전, 이 동네를 구경시켜주며 이곳의 삶에 관한 이야기를 들려주었던 존은 오랫동안 끔찍한 고통을 겪다가 세상을 떠났다. 그리고 이제 수많은 이들이 똑같은 괴로움을 경험하고 있다. 엄청난 부와 상상할 수 없을 만큼 다채로운 향연, 포스터로 도배를 하다시피 한 커다란 상점들, 프린트 티셔츠, 축하카드, 온갖 오밀조밀한 장식품들로 번쩍거리는 허울의 이면에는 이처럼 어마어마한 공포가 도사리고 있다. 어디 두려움뿐이랴? 죄책감과 거절당했다는 느낌, 분노, 체념, 무절제한 향락주의가 넘실대며, 한편으로는 그 와중에도 신뢰와 소망, 사랑 그리고 죽음의 면전에서 하나님을 재발견하는 일들이 벌어지고 있다.

친구와 나란히 카스트로 지구를 걸으며 거리를 오가는 이들과 무수히 마주쳤다. 서로를 무심히 바라보기도 하고, 가게 진열장을 구경하거나 술집과 극장, 비디오가게, 약국, 식당 같은 곳을 들락거리는 이들도 있었다. 깊이 사랑받고 있으며, 온전히 용납되고, 진실로 푸근한 느낌을 선사할 무언가를 다들 절박하게 기다리고 있는 것처럼 보였다. 하지만 수많은 이들의 눈에는 가장 사모하고 열망하는 것들이 너무도 가물가물해서 아파하고, 괴로워하며, 외로워하는 기색이 역력했다. 영원한 집이나 안전한 관계를 찾을 힘마저 잃은 데다 에이즈의 위협까지 보태져 두려움에 흠뻑 젖은 이들이 수두룩했다.

하지만 에이즈는 폭발적인 두려움뿐만 아니라 커다란 관용도 불러일으켰다. 허다한 이들이 서로를 보살피며, 큰 용기를 내어 도움을 주고, 대단한 성실함과 흔들리지 않는 사랑을 보이고 있다. 이처럼 겁에 질려 있으면서도 자주 너그러운 마음을 보여주는 이들에게 하나님의 사랑을 알려주어야 할 필요성이 이만저만 큰 게 아니라는 생각이 들었다. 가난한 이들과 죄인들, 세리들, 소외된 이들, 무언가에 사로잡힌 이들을 비롯해 사랑 받기를 갈구하는 모든 백성들을 위해 그리스도의 사랑을 삶으로 구현해내야 할 교회의 책임이 그 어느 때보다 큰 시점이다. 거리를 오가는 숱한 동성애자들을 보면서 예수님이 베풀러 오셨던 커다란 위안을 떠올렸다. 주님은 인류를 향한 하나님의 총체적이고 무한한 사랑을 드러내셨다. 교회는 심판하거나, 정죄하거나, 차별하는 게 아니라 가난한 이들을 하나하나 섬김으로써 그 사랑을 보여주라는 부르심을 받고 있다. 개인적으로는 동성애의 윤리성을 두고 빈번하게 벌어지는 뜨거운 논쟁이 도리어 크리스천 공동체가 고통받고 있는 동료 인간들에게 과감하게 손을 내밀지 못하도록 가로막고 있는 게 아닌지 의심스럽다.

다행스럽게도, 여러 가지 고무적인 흐름들이 새로이 형성되고 있다. 지난 2월 2일, 로저 마호니Roger Mahony 추기경은 에이즈 희생자들을 돕기 위한 구체적인 조처를 취하는 한편, 게이 가톨릭 신자들에 대한 사역 전반에 적용되는 주요한 지침들을 제시하는 목회서한을 발표했다. 추기경은 이 서한에서 에이즈 환자를 위한 호스피스 시설을 설립하고 게이 가톨릭 신자 모임을 만들어 그 구성원들이 "성경과 로마가톨릭교회의 공식적인 가르침에 선포된 아버지의 뜻을 좇아" 순결한 삶을 살 수 있도록 도와야 한다고 호소했다.

친구와 함께 예수님과 관해 많은 이야기를 나누었다. 작별할 즈음, 그이가 말했다. "와줘서 정말 기뻤어. 이 구역에선 주님의 이름을 입에 담는 이들이 거의 없어. 도리어 그 이름에 얽힌 부정적인 것들만 수두룩하지. 그럼에도 불구하고 주님은 가장 큰 소망의 근원이야."

그리스도의 몸 6월 1일 주일

오늘은 그리스도의 몸*Corpus Christi*을 기념하는 축일이다. 때마침 찾아온 목회자 에드워드 멜로이Edward Malloy와 던 그리고 나는 버클리 성 십자가 수도원의 조그만 예배당에서 성찬식을 가졌다. 예식을 치르는 내내 이 축일의 중요성이 유난히 가슴에 사무쳤다. 던의 움직임에 치명적인 타격을 준 질병은 친구뿐만 아니라 내게도 인체의 아름다움과 복잡성 그리고 연약함을 절절히 인식하는 계기가 되었다. 어제 육체적인 쾌락을 노골적으로 좇고 신체적인 고통이 그만큼 처절하게 인간을 괴롭히는 카스트로 지구를 다녀오면서, 내가 육신을 소유했을 뿐만 아니라 내가 곧 몸이기도 하다는 사실을 통렬하게 자각했다. 육신을 가지고 살아가는 방식, 다시 말해서 관계를 맺고, 보살피고, 단련하고, 자신과 다른 이들의 몸을 사용하는 방법은 영적인 생활에도 더없이 중요한 요소다.

하나님이 육신을 입고 세상에 오셨으며, 육신의 고통을 당하셨고, 육신의 부활을 이루셨으며, 스스로의 몸을 양식으로 주셨다는 점이야말로 기독교신앙을 통틀어 첫 손에 꼽을 만한 신비다. 기독교신앙만큼 몸을 진지하게 받아들이는 종교는 어디에도 없다. 육체를 영혼의 적이나 감옥으로 보지 않고 '성령의 전'으로 찬양한다. 예수님의 나고, 살고, 죽고, 부활하심을 통해 인간의 몸은 거룩한 생명의 일부가 되었다. 그리스도의 몸을 먹음으로써 인간의 연약한 육신은 부활하신 그리스도와 단단히 연결되고 하나님의 생명 가운데로 들려 올라갈 준비를 갖추기에 이른다. 예수님은 말씀하신다. "나는 하늘에서 내려온 살아 있는 빵이다. 이 빵을 먹는 사람은 누구나 영원히 살 것이다. 내가 줄 빵은 나의 살이다. 그것은 세상에 생명을 준다." 요 6:51

그리스도의 몸과 연합하는 가운데만 스스로의 몸이 갖는 의미의 전모를 파악하게 된다. 육신은 쾌락과 고통을 맛보는 한정적인 도구 정도가 아니다. 하나님이 거룩한 영광을 온전히 선포하는 장소로 택하신 집이다. 이 진리는 윤리적인 삶을 떠받치는 더없이 완전한 기반이다. 공포감을 주입하는 식의 정신적인 영역이든, 고문처럼 신체적으로든, 착취의 경우에서 보듯 경제적으로든, 퇴폐적인 쾌락추구와 같은 성적인 차원으로든 몸을 남용하는 처사는 육신을 입고 하나님과 더불어 영원히 살도록 되어 있는 인간의 진정한 존엄성을 왜곡하는 행위다. 마찬가지로 자신과 다른 이들의 몸을 사랑으로 보살피는 일은 몸을 그 영광스러운 존재에 더 가까이 다가서도록 이끈다는 점에서 참으로 신령한 행동이다.

몸을 무한한 쾌락의 근원이나 끊임 없이 지속되는 고통의 뿌리쯤으로 여기는 허다한 이들에게 이 기쁜 소식을 어떻게 전해야 할지 모르겠다. 그리스도의 몸을 기념하는 축일은 몸의 신비를 충분히 일깨우는 한편, 하나님과 더불어 부활한 생명을 기대하면서 육신을 입고 경건하면서도 즐겁게 살아갈 길을 찾도록 돕기 위해 주신 날이다.

모래성 쌓아 올리는 값비싼 놀이 6월 2일 월요일/로스앤젤레스

어제 던과 작별하고 로스앤젤레스로 왔다. 친구 크리스 글레이저

Chris Glaser와 리처드 화이트를 만나 하룻밤을 보내고 나서 동부로 갈 참이다.

크리스와 교분을 쌓기 시작한 시점은 예일 대학에서 학생들을 가르치던 시절까지 거슬러 올라간다. 친구는 웨스트 할리우드 장로교회 West Hollywood Presbyterian Church에서 평신도 사역자로 오래 일했으며 지금은 종일 저술활동에 매달리고 있다. 공항으로 마중 나온 친구는 고통과 갈등뿐만 아니라 소망도 듬뿍 담긴 저서 《특별한 부르심 *Uncommon Calling : A Gay Man's Struggle to Serve the Church*》의 마지막 부분을 열을 올려가며 열심히 설명했다. 기분이 좋았다. 크리스는 아무리 속이 쓰려도 결코 감사하는 마음을 잃지 않는 대단한 신앙의 소유자다. 여러 해에 걸쳐 사역하면서 어려움을 겪을 때마다 아픔을 함께 나누었는데 최근에 발간한 책은 성과 신앙을 통합하려 신실하게 노력해온 과정을 공개적으로 증언하는 글인 셈이다.

크리스의 친구 조지 린치George Lynch까지 셋이서 웨스트 할리우드의 조용한 레스토랑에서 근사한 저녁을 먹고 지난 몇 년 동안 어떻게들 살았는지 나누며 이야기꽃을 피웠다.

오늘 아침, 크리스는 차편으로 리처드가 사는 집까지 데려다주었다. 리처드와는 1966년, 멕시코 쿠에르나바카Cuernavaca에서 처음 만난 이래로 줄곧 친구로 지내왔다. 둘 다 라틴아메리카에 관심이 많아서 금방 의기투합했고 더러 심한 언쟁을 벌이면서도 더 깊고 단단한 우정을 쌓을 수 있었다. 이번에 리처드는 영화제작사업의 일면을 엿볼 흥미진진한 기회를 주었다. 생각지도 못했던 일이었다.

로스앤젤레스에서 영화 제작자로 일하는 리처드의 친구, 잭Jack이 잠자리를 내주었다. 네 달 동안이나 일이 끊기는 바람에 주머니사정이 심각한 지경에 이르러서 집의 일부를 떼어 세를 주고 그 돈으로 밀린 청구서들을 정리해볼 궁리를 하고 있었다고 했다. 그런데 지난주에 상황이 완전히 달라졌다. NBC 방송국에서 올 가을에 방영할 시트콤 〈아멘Amen〉의 제작자로 들어가게 된 것이다. 하루아침에 으리으리한 사무실에서 수많은 스태프들을 거느리고 엄청난 급료를 받으며 일하는 처지가 된 것이다. 시트콤의 시청률이 높을수록 보수도 점점 올라갈 테고, 마침내 인기 제작자의 반열에 오르면 몇 년 안에 떼돈을 벌어들을 수도 있다. 하지만 많이 버는 만큼 씀씀이가 헤퍼서 일이 뜻대로 풀리지 않으면 집을 세로 주어야 할 판이다.

〈아멘〉 시리즈는 어느 흑인 교회와 거기에 몸담고 있는 신자들을 마음대로 주무르는 엉터리 집사의 사기극을 중심으로 이야기가 전개된다. 사회적이고 윤리적인 이슈들을 살짝살짝 건드리기는 하지만 전반적으로는 텔레비전 시트콤의 표준공식을 그대로 따르고 있다.

지난 몇 달 동안 잭과 붙어 지내온 리처드 화이트는 그걸 '모래성 쌓기 놀이'라고 불렀다. 제작자 친구도 백번 공감했다. 수백만 시청자들에게 한바탕 웃음을 주고 큰돈을 벌어들일 심산으로 2백만 달러짜리 프로젝트를 굴리고 있다.

잭이 완전히 들떠서 새로운 일거리와 거기서 벌어들일 엄청난 수입에 관해 떠벌이는 걸 들으면서, 그 노골적인 피상성에 놀라움을 금할 수가 없었다. 잭은 현대문화의 역설을 단적으로 보여주는 실례, 그 자체다. 장 폴 사르트르의 글을 읽고, 나치에 저항하는 한 인간의 용기를 그린 뛰어난 영화대본을 쓰고, 남아프리카공화국의 인종차별정책을 비판하는 또 다른 작품을 구상하지만, 다른 한편으로는 할리우드 프로덕션에 재주를 팔지 못해 안달하는 '고용된 총잡이'라고 자신을 비하한다. 영화 예술가들이 대부분 그렇듯, 그 역시 카메라의 눈을 통해서 세상을 바라보며, 주제야 어찌 되든 재주를 가지고 스스로 빚어낼 수 있는 시각효과에만 온 정신을 팔고 있다.

저녁을 먹으면서, 리처드가 물었다. "모래성 쌓기 놀이에 몰두하는 이들은 주체할 수 없을 만큼 큰돈을 벌고 있는데, 어째서 전쟁을 끝내고, 고문을 막고, 불의를 자각하도록 대중을 일깨우고, 병들었거나 장애를 가진 이들을 보살피기 위해 땀 흘리는 이들은 늘 돈가뭄에 허덕이는 걸까?"

구약의 선지자들과 시편기자는 물론이고 오늘날 우리를 끊임없이 괴롭히는 질문이다. 나로서는 그저 몇 마디 웅얼거림으로 얼버무릴 수밖에 없었다. "샘내지 말자고. 하나님은 가난하고 겸손한 심령을 사랑하셔. 그걸로 충분하지 않은가?" 하지만 부럽고 억울한 마음을 다지울 수는 없었다. 모래성 쌓기 놀이에서 잭이 맛보는 만큼 생생하게 하나님을 실감하지 못하고 있는 게 아닌가 하는 의구심이 든다.

비전과 과업 6월 11일 수요일/런던

캘리포니아를 떠나 파리로 가는 도중에 런던에 며칠 머무는 중이다. 오늘 오후에는 세인트 제임스 성공회 성당(피커딜리에 있다)을 책임지고 있는 도널드 리브즈Donald Reeves 신부를 만나러 갔다.

달란트가 많은 신부다. 활동가이자 묵상하는 삶을 사는 신앙인이었고 사회사업가, 화가, 자상한 목회자, 지칠 줄 모르는 운동가, 예언자이자 실용주의자다. 실질적으로 고사상태에 빠진 도심의 성공회 교구를 맡아 단 5년 만에 기도와 온갖 활동이 이어지는 생기발랄한 구심점으로 바꿔놓았다. 사제관에 들어서는 순간부터 무언가 꿈틀거리는 기운을 느낄 수 있었다. 채 몇 분이 지나기도 전에 유대인과 전과자, 예술가와 공무원을 줄줄이 만났다. 도널드는 갖가지 칭찬과 격려의 말들을 동원해서 그이들을 하나하나 소개했다. 누구라도 그이들을 직접 보면, 여기서 새 일을 하고 있고 새로운 신앙을 갖게 되었음을 금방 감지할 수 있을 것이다. 교구는 묵상과 카운슬링, 예술행사와 콘서트, 갈등중재와 출판, 구제와 자선의 중심지 역할을 한다. 전통적인 크리스천들뿐만 아니라 교회에서 소외되고 있다고 느끼는 이들도 반가이 맞아준다. 성령운동에 매료된 이들뿐만 아니라 사회운동가도, 크리스천뿐만 아니라 그리스도를 믿지 않는 이들까지 아우르는 놀라우리만치 다양한 이들이 한데 어울리는 자리다.

도널드 신부의 이야기를 귀 기울여 들으며 미국의 새로운 모임들,

특히 소저너스 공동체Sojourners' Fellowship와 워싱턴 D.C.에 있는 구세주 교회Church of the Saviour의 영향을 많이 받았구나 싶었다. 어깨를 나란히 하고 주위를 돌아보기만 하는데도 이상하게 기운이 났다. 강의든, 수련회 인도든, 글이든, 대화든, 토론이든 다 응해줄 수 있을 것 같았다. 하지만 무언가 도우려는 충동을 억누르는 대신, 소박한 교제를 부탁했다. 친구로, 지지자로, 나그네길의 동반자로 이 교회와 관계를 맺는 게 무엇보다 중요했다.

헤어지면서 도널드는 글 몇 편을 주었다. "향후 10년을 위한 목회 계획"이라는 제목을 지닌 문서의 표지에는 이런 글귀가 적혀 있었다.

> 구체적인 과업이 빠진 비전은 한낱 꿈
> 비전이 빠진 과업은 고단한 중노동
> 비전이 겸비된 과업은 세상의 소망

무슨 말로도 피커딜리 세인트 제임스 교회의 정신을 이보다 더 명쾌하게 정리할 수는 없을 것이다.

평화를 추구하는 영화제작 6월 12일 목요일/런던

버트 개비건Bart Gavigan, 패트리셔 비올Patricia Beall과 하루 종일 어울렸다. 둘이 케임브리지로 처음 찾아온 건 1985년 5월이었다. 공군에서 군목으로 일하다가 반전평화운동가로 변신한 조지 자벨카George Zabelka의 사연을 담은 영화를 제작한다고 했다. 고작 몇 시간 만났을 뿐인데도 깊은 연대감을 경험했으며 예수님이 영적인 여정을 계속하는 동안 서로 돕도록 이끄셨음을 체감할 수 있었다. 우정이란 게 오랫동안 대화하고, 수많은 경험을 공유하며, 상대의 삶을 깊이 들여다본 결과물이 아니라 그저 하나님의 선물이라는 걸 그때만큼 강렬하게 깨달았던 적도 없었다. 돌연히, 불쑥, 무방비 상태에서 우정이 툭 하고 눈앞에 떨어졌다. 편지로 꾸준히 연락을 주고받다가 어젯밤에 다시 얼굴을 마주했다. 마치 하나님이 관계를 맺어주셔서 오래도록 서로 알고 지낸 것 같은 느낌이 들었다.

오늘 아침, 그동안 살아온 날들에 관해 이야기를 주고받았다. 상대를 잘 알아보려 하기보다 저마다의 마음을 어루만지신 하나님의 놀라운 손길을 증언하는 데 더 치중하는 분위기였다.

동네 예배당에 가서 함께 성찬예식을 가진 뒤에 런던 시내의 어느 레스토랑에 가서 밥을 먹었다. 그러곤 버트가 스튜디오를 빌려 조지 자벨카의 삶과 생각을 담은 영화 〈주저하는 선지자The Reluctant Prophet〉의 마지막 편집 작업을 하고 있는 소호 지구로 갔다. 정말 멋진 경험이었다. 수많은 노점과 포르노 숍, 고래고래 소리를 질러대는 이들로 발 디딜 틈 없이 붐비는 거리를 걸었다. 버트의 편집실은 이런 북새통의 한복판에 자리 잡고 있었다. 거기 앉아서 히로시마에 원자폭탄을 떨어트린 병사들을 위해 복을 빌던 사제가 헌신적인 평화운동가로 돌아서는 매력적인 영화의 도입부를 관람했다. 욕정과 폭력의 목소리가 난무하는 동네의 어느 컴컴한 2층 스튜디오에 모여 평화운동을 말하는 필름을 보고 있다는 사실이 사뭇 감격스러웠다.

버트는 평범한 감독이 아니었다. 영화들마다 사상과 이상을 전달하는 대의가 이윤창출이라는 논리에 철저하게 종속되는 걸 보고 스스로 우선순위를 검증해보려고 기독교 공동체에 들어갔다고 했다. 여러 해가 지난 지금은 돈이 아니라 예수님의 길을 따르기 위해 영화를 제작하겠다는 마음가짐을 갖췄다. 욕망과 폭력이 들끓는 이 세상에서 주님이 맡기신 일을 하기 위해서는 돈과 명예를 잃어버릴 각오를 해야 했지만, 버트는 올바른 일을 하기로 작정하고 나머지는 하나님이 채워주실 줄 믿기로 했다. 영화제작이 그에게는 사역이었다.

며칠 만에 로스앤젤레스에서 만났던 이와는 생판 다른 영화 제작자를 다시 대하게 될 줄은 꿈에도 생각지 않았다. 조니 카슨 프로덕션Johnny Carson Productions의 번듯한 사무실에서 잭이 하는 일과 소호의 2층 편집실에서 버트가 하는 작업은 똑같이 영화제작이다. 하지만 둘은 완전히 다른 세계를 보여준다. 문득문득, 선택의 중요성을 실감하게 된다.

여행 정리 6월 23일 월요일/파리

파리에 도착했더니 브래드 월콧이 기다리고 있었다. 함께 파리에 있는 목회자 전용 호스텔인 푸아에 새서도탈Foyer Sacerdotal로 갔다. 거기에 방을 예약해놓았다고 했다.

이렇게 파리로 돌아왔다. 늦은 오후의 환한 태양 덕에 도시 전체가 흥청거리며 반겨주는 것처럼 보였다. 브래드는 파리를 '새 예루살렘'이라고 불렀다. 저녁을 먹으면서 5월 12일부터 시작했던 여행에 대한 소회를 나누었다. 앞서 이야기한 것처럼, 세계 곳곳을 돌아다니는 동안 내면의 여정이 갈수록 심하게 요동치는 추이를 보이는 걸 실감했다. 신실했던 순간과 그렇지 못했던 시점을 선명하게 구별해낼 수 있을 정도가 되었다. 예수님과 긴밀하게 연결되어 있다는 느낌이 드는 날들이 있었다. 주님과 하나가 되어 생각하고, 말하고, 행동했다. 하지만 너무도 궁핍하고, 냉담하고, 초조하고, 불안해서 예수님이 아주 멀리 계시는 것만 같은 인상을 받았던 날들도 그만큼 많았다. 하나님의 사랑을 큰소리로 똑똑히 설파하고 청중들도 그 얘기를 귀 기울여 듣던 기간이 있었다. 반면에 내면에서 꾸려가는 영적인 삶마저 피폐해져서 하나님에 관해서 눈곱만큼도 생각하지 않으면서도 아쉬움을 모르고 사는 이들을 부러움에 찬 눈으로 바라보던 날들도 없지 않았다.

이런 두 갈래의 마음상태 사이의 차이를 인식하고 언제, 그리고 어떻게 한 쪽에서 다른 쪽으로 넘어가는지 파악할 능력이 내게 있다는 게 중요하다. 으뜸가는 기준은 기도다. 날마다 기도의 끈을 붙잡고 있는 한, 올바른 자리를 지키며 신실한 삶으로 통하는 길을 꾸준히 걷고 있다고 볼 수 있다. 그러나 피곤하거나, 다른 데 정신이 팔리거나, 게을러서 기도를 놓친다면 순식간에 울타리 바깥에 서게 될 것이다. 두 번째 기준은 속을 드러내 보이는 깊은 우정이다. 예수님으로부터 멀어지지 않도록 챙겨주고 신실한 마음을 일깨워주는 친구와 규칙적으로 교제해야 할 필요가 있음을 절감하고 있다.

브래드와 대화하면서 내 한계를 더 정확하게 볼 수 있었으며 그 벽을 처리하는 방법도 한결 또렷이 인식하게 되었다.

참다운 소속감 6월 24일 화요일

프랑스로 돌아온 뒤로 국가와 문화에 대한 생각이 많아졌다. 지난 몇 달 동안 네덜란드와 독일, 캐나다, 미국, 영국을 두루 다녔으며 그곳 사람들이 살고, 기도하고, 즐기는 방법들을 아주 가까이서 경험했다.

어떤 문화를 첫손에 꼽을 만큼 뛰어나고 어디에 있을 때 가장 행복하고 편안한지 헤아려보고픈 마음이 굴뚝같다. 하지만 그런 사고방식은 끝없는 좌절로 마무리될 수밖에 없다. 네덜란드인이든, 독일인이든, 프랑스인이든, 미국인이든, 캐나다인이든, 저마다 느끼고 생각하고 독특한 행동 방식을 가지고 있으므로 이편의 요구에 딱 부합되는 문화란 존재하지 않으며, 모두가 내게 선물이 될 만한 요소들을 지니고 있기 때문이다.

독일에 살면 독일인을 손가락질하고 미국에서는 미국인에 대해 불평을 늘어놓는 식으로 세상 어디서도 진정한 만족을 얻지 못한 채 가족들과 함께 살기에 가장 적합한 데가 어딘지 궁리하면서 이리저리 떠도는 이들이 있다. 어떤 이들은 누군가 또는 무언가에 대해 늘 실망한다. 독일 교회는 너무 딱딱하다고 싫어하며 미국 교회는 너무 세속화됐다고 혀를 찬다. 그이들은 네덜란드인의 비판적인 자세가, 프랑스인들의 신비주의적인 행동이, 미국인들의 실용적인 입장이, 영국인들의 형식적인 태도가 못마땅해서 어디서도 마음을 다해 깊이 예배드릴 수 없을지 모른다.

받은 걸 누리고 어디서든 온전히 살아가는 게 얼마나 중요한지 새록새록 깨달아가고 있다. 네덜란드인이 가진 주체적인 사고, 프랑스인의 신령한 비전, 미국인의 구체적인 적용, 독일인의 신학적인 관념, 영국인들이 가진 의식에 대한 감각을 온전히 받아들이기만 한다면, 어디에 있든지 상관없이 인생에 관해 많은 가르침을 얻으며, 지금 발을 디디고 있는 땅을 기꺼워하고 늘 깊이 감사하는 마음으로 살 수 있게 될 것이다.

어느 국가나 문화에 소속되는 게 정말 필요한 걸까? 지역 간의 거리가 나날이 줄어드는 오늘의 세계에서는 특정한 장소, 언어, 문화 또는 생활습관에 매이지 않고 인류가족의 구성원의 삶을 경험하며 하나님께 속해서 그분이 부르시는 곳이면 어디든지 서슴지 않고 가는 게 훨씬 더 중요해 보인다. 툭하면 보따리를 싸서 이곳저곳 수시로 옮겨 다니는 게 과연 영적으로 더 성숙해지고, 어쩌다 머물게 된 자리가 아니라 하나님 안에 더 깊이 뿌리내린 정체감을 가지는 데 보탬이 되는 능력일지 의심스럽다.

마무리 그리고
새로운 시작

23

거기서 예수님의 뒤를 따라 새로운 세계로 나가라는 부르심을 또렷이 들을 수 있었다. 비할 데 없이 기쁜 일이었다.

신실함에 관한 의문 6월 25일 수요일/트롤리

어젯밤에 트롤리로 돌아왔다. 귀환한 소회가 복잡했다. 한편으로는 여섯 주에 걸친 여행을 마치고 집에 돌아왔다는 느낌이 들었다. 그러나 다른 한쪽으로는 트롤리가 진짜 내 집이 될 수는 없지 않은가 하는 생각도 들었다. 이곳에선 삶에 녹아들지 못하고 주변인에 그치는 순간이 너무나 많았다. 다들 "안녕하세요"라든지 "돌아오셔서 기뻐요"라고 인사하지만, 나라는 존재가 그이들과 상관없이 저만의 삶을 꾸려가고 제 일을 알아서 하는 이질적인 인간이라는 점은 명백한 사실이었다.

네이선은 쉼터 일이 너무 바빠서 오후가 되어서야 겨우 만날 수 있었다. 얼른 얼굴을 마주하고 따듯한 환영을 받고 싶은 마음이 너무 간절한 나머지 시간이 지체되는 게 고통스럽고 불만스럽기만 했다. 마침내 친구가 일을 끝내고 방으로 찾아왔고 은혜가 넘치는 시간을 함께 보낼 수 있었다. 영적인 여정을 보고하는 설명회 같은 분위기였다.

"여행은 어땠어요?"라는 말은 사건과 사람이 아니라 수많은 일을 겪고 허다한 이들을 만나는 가운데 생각과 말, 행동을 통틀어 하나님께 얼마나 신실했는지 묻는 질문이었다. 예수님께 붙어 있으려는 씨름을 벌이는 가운데 수없이 오르내림을 거듭했던 일들을 친구에게 '고백하는' 건 참으로 유익한 경험이었다. 영적인 싸움이란 차원에서 여정을 되짚어보면, 감사할 일도 참 많았지만 유감스런 느낌이 드는 면도 적지 않았다. 명료하고 구체적으로 신실했거나 그렇지 못했던 순간들을 엄밀하게 찾아내는 게 중요하다. 두루뭉술한 뭉뚱그리는 자세는 영적인 삶에 도움이 되지 않는다. 특정한 상황을 정확하게 짚어내는 의지가 관건이다. 거기에 진실한 이야기가 담겨 있기 때문이다. 그래야 죄와 은혜가 제대로 드러난다. 그래야 어김없이 새로워지는 길로 들어설 수 있다.

이렇게 네이선에게 '고백'하고 나자, 집에 돌아왔다는 느낌과 단단히 결속되어 있다는 의식이 한결 짙어졌다. 이곳에 머물 수 있는 기간은 기껏해야 두 주 정도다. 그동안 신실하게 기도하며 지낼 수 있기를 바랄 따름이다.

영적인 피로감 6월 27일 금요일

오랜 여행은 기도생활에 나쁜 영향을 끼쳤다. 아침에 한 시간 정도 예수님의 임재 앞에 가만히 머무는 게 정말 힘들어졌다는 걸 절감했다. 길을 떠나기 전에는 그렇지 않았는데, 이제는 메스껍거나 멍해지기까지 한다. 일종의 영적인 피로감을 느끼는 것 같다. 스스로 어떤 감정이 들고, 무슨 생각을 하며, 무얼 하고 싶은지 딱 부러지게 파악하는 것조차 힘들어하는 미적지근한 상태다. 잔잔한 물 위에 떠 있는 나무토막이 된 꼴이다. 무엇 하나 움직이지 않고, 다시 움직이게 만들 길이 있는지마저 감감해 보인다. 피곤하지만 단잠을 자지 못한다. 남들과 이야기를 나누지만 끈끈하게 이어져 있다는 생각이 들지 않는다. 일에 파묻혀 살지만 크게 달라지는 건 없다. 우울한 건 아니다. 그저 공허하고 멍할 따름이다. 일시적인 '탈진'인지도 모른다. 그렇다. 이런 사태 때문에 전전긍긍하는 상태는 아니고 예수님과의 연결된 끈을 놓치지 않으려 노력하고 있다. 다른 이들과 더불어 드리는 기도가 무엇보다 힘이 된다. 친구들과 아침저녁으로 기도하는 게 즐겁다. 네이선이 함께 기도해주어서 얼마나 고마운지 모른다. 예수님께 더 가까이 다가서도록 벗들이 돕고 있다. 나로서는 그 사랑을 들이마시며 나를 위해, 그리고 나와 함께 기도해주길 부탁하기만 하면 된다.

베드로와 바울 6월 29일 주일

오늘은 베드로와 바울을 기념하는 축일이다. 이처럼 위대한 두 사도를 같은 날 한꺼번에 기린다는 게 놀라울 때가 있다. 각각 다른 날을 정할 만한 가치가 없다는 뜻인가?

토마 신부가 설교를 하면서 이 궁금증을 풀어주었다. 신부는 두 사도를 대비시키는 쪽으로 치우칠 위험이 크다고 지적했다. 베드로는 단순하고 무식한 어부여서 당대의 신학논쟁에 대한 식견이 전무하다시피 했으며 예수님의 가르침에 대해서도 한 걸음 떨어져 냉정하게 점검하는 법 없이 늘 직선적이고 충동적으로 반응했던 반면, 가말리엘 문하에서 훌륭한 교육을 받은 바울은 예리하고 총명하며 진리에 깊은 관심을 가졌던 바리새인으로, 치명적인 잘못을 저지르고 있는 것처럼 보이는 이들을 한 점 망설임 없이 박해했던 인물이었다. 교회는 두 사도가 놓은 기초 위에 서 있다. 두 종류의 교회가 있는 게 아니다. 한쪽엔 지성보다 감정에 더 충실한 단순한 이들이 다는 교회가 있고 다른 한편엔 언제라도 시급한 현안에 관한 토론을 벌일 준비를 갖춘 지성적인 부류를 위한 교회가 존재하는 게 아니다. 베드로와 바울이 저마다 고유한 역할과 의미를 갖는 오직 한 교회가 있을 따름이다. '비판이 실종된' 기독교는 '오로지 지성뿐인' 교회만큼이나 위험하다. 사실, 바울은 가슴이 뜨거웠던 사람이었고 베드로 또한 여러 차례 첨예한 논쟁에 뛰어들었다. 베드로를 낭만적으로 그리거나 바울을 지적으로 묘사하는 이들이 앞으로도 교회 안에 계속 있을 것이다. 오늘처럼 특별히 기념하는 날뿐만 아니라 신실한 삶을 살아가는 크리스천의 생활방식 가운데도 두 사도는 늘 함께한다는 사실이 중요하다.

첫사랑에 대한 신뢰 7월 1일 화요일

오늘 저녁, 영어를 사용하는 공동체 식구들을 위한 마지막 예배를 인도했다. 무척 많은 이들이 고요한 가운데 기쁨에 겨워 찬양하는 심령으로 참석했다.

트롤리로의 '귀향'은 쉽지 않았다. 긴 여행에 지쳐 진심 어린 환영을 받고 싶었다. 하지만 워낙 많은 이들이 오가는 탓에, 공동체의 고정 멤버들로서는 한 사람 한 사람의 요구에 일일이 부응하기가 어려웠다. 하나님은 자주 그분의 무한한 사랑을 거룩한 백성들의 제한된 사랑을 통해 표현하신다는 걸 배웠다. 자세히 설명하자면, 상하고 죄에 물든 인간들은 해가 뜨나 해가 지나 서로 고백하고 용서해가며 제힘으론 이뤄낼 수 없는 사랑을 끊임없이 드러내야 한다는 뜻이다. 어차피 상대방에게 하나님이 되어줄 수는 없으므로, 부족하고 모자란 점을 끊임없이 고백하고 용서하지 않은 한, 실망과 환멸의 순간들에 수없이 노출되기를 거듭하다가 결국 원망과 분노의 감정을 품기에 이를 것이다. 그러므로 고백과 용서가 이뤄지는 공동체는 힘을 모아 거룩한 사랑을 널리 알리도록 부르시는 예수님께 꾸준히 다가가는 생명의 통로인 셈이다.

오늘 예배는 개인적으로 어떤 씨름을 벌이고 있는지 나누고 저마다 치르는 싸움을 인식하게 돕는 기회가 되었다. 한자리에 둘러앉은 이들을 돌아보니, 조그만 회중인데도 무려 여섯 개 나라에서 온 이들이 섞여 있었다. 서로를 피상적으로밖에 알지 못하지만, 그리스도의 말씀, 그리고 그분의 살과 피를 중심으로 무제한적이고 무조건적인 사랑, 곧 하나님의 '원초적인 사랑'을 보여줄 수 있는 크리스천들의 내밀한 공동체를 이루었다. 얼마나 신비로운 역사인지 그저 놀랍기만 하다. 공동체에서 비롯된 치유의 효과를 마음으로 느끼기 시작했다.

창살없는 감옥 7월 3일 목요일

빽빽했던 하루였다. 수많은 식구들이 찾아와서 죄를 고백하거나 가슴에 품은 아픔과 두려움을 털어놓았다. 외로움과 거절감, 죄책감, 수치심을 쏟아내는 이야기를 듣노라니, 인간이란 존재가 느끼는 고립감에 짓눌리는 기분이었다. 너나없이 비슷한 괴로움에 시달리고 있으며 제각기 겪는 갈등도 알고 보면 인류가 공동으로 짊어진 짐의 일부건만, 마치 혼자서만 옴짝달싹하지 못하게 만드는 아픔을 겪고 있는 것처럼 살아가는 경우가 얼마나 많은가! 불쑥, 오늘 하루 동안 찾아온 이들을 빠짐없이 한데 불러 모으면 좋겠다는 마음이 들었다. 서로 속 이야기를 나누면서 저마다 가진 사연이 얼마나 비슷한지 깨닫고 위로와 위안을 길어 올리는 샘으로 삼으라고 권하고 싶었다.

어째서 가장 내밀한 감정을 감추고 아무에게도 보여주지 않는 것일까? 인간은 너나없이 뼈아픈 괴로움을 지녔지만 서로를 치유할 수 있는 커다란 선물도 가지고 있다. 신비롭게도 아픔을 숨기면 치유의 능력도 자연히 가려지고 만다. 이곳처럼 사랑으로 보살피는 공동체에서조차도 필요 이상의 외로움이 배어 있게 마련이다. 주님은 서로 고백하고 용서함으로써 하나님의 풍성한 자비를 맛보라고 부르신다. 하지만 인간은 이미 받았던 것보다 더 큰 상처를 입을까 봐 몹시 겁을 낸다. 그런 공포감이 우리를 창살 없는 감옥에 갇힌 죄수로 만든다. 예수님이 전하신 사랑의 메시지가 기가 막히도록 멋지다는 걸 갈수록 더 깊이 실감하게 된다.

은혜가 차고 넘쳤던 한 해 7월 6일 주일

이별의 날. 트롤리에서 보낸 한 해가 마무리돼가고 있다. 화요일에 벨기에로 가서 다넬스Daneels 추기경을 만나보고 수요일과 목요일은 네덜란드로 건너가 아버지와 형제자매들에게 작별인사를 전한 다음, 금요일쯤 보스턴으로 돌아갈 예정이다.

지난 며칠 동안, 라르쉬에서 보낸 시간들을 평가해보았다. 그만한 가치가 있었을까? 계획했던 만큼 글을 쓰지는 못했다. 기대했던 만큼 기도하지 못했다. 바라던 만큼 프랑스어를 열심히 공부하지 못했다. 원하는 만큼 장애인들과 친해지지도 못했다. 그럼에도 불구하고 지난 한 해는 여전히 은혜로 가득한 세월이었다.

첫 번째 은혜는 유럽과 다시 연관을 갖게 되었다는 점이다. 프랑스, 독일, 벨기에, 네덜란드, 영국 등지에서 보낸 시간들은 뿌리와 이어져 있다는 느낌을 짙게 하는 한편, 스스로 몸담고 있는 영적인 전통을 더 깊이 이해하는 데 큰 도움이 되었다. 하나님의 영이 움직이는 거대한 흐름이 동시대의 유럽인들의 마음과 정신을 형성해가는 걸 훨씬 가까이서 접하는 것 같은 느낌이 들었으며, 마침내는 그이들의 영적인 관습들을 사역의 주요 원천으로 삼게 되었다.

두 번째 은혜는 친구들이다. 트롤리 시절의 이름을 붙이라면 '우정의 해'로 하고 싶다. 새로운 이들을 사귀고 오랜 벗들과의 관계를 돈독히 하는 데 많은 시간을 들였다. 일은 하지 않고 오래도록 '이야기만 나누는' 게 죄스러울 때도 있었다. 하지만 그간 맺어온 수많은 유대관계들이 신비로운 사랑의 네트워크를 형성해서 새 힘으로 하나님의 첫사랑을 설파할 뿐만 아니라, 그 원초적인 사랑을 인류에게 보여주는 사명을 띠고 오신 예수님을 더욱 단순하고, 정확하며, 투명하게 섬길 수 있게 되었음을 이제는 잘 안다. 미국에서 찾아와 라르쉬를 알게 된 오랜 벗들과 주님이 허락하신 수많은 새 친구들을 덕분에, 하나님이 인간의 옷을 입고 오셨으며 그분의 거룩한 사랑은 하나님의 백성들이 보여주는 애정을 통해 체감할 수 있다는 사실을 절절히 깨달았다.

네이선과 나눈 우정, 그리고 기쁨과 아픔을 함께했던 그 긴 시간에 깊이 감사하는 마음 없이는 지난 한 해를 말할 수 없다. 새로운 소명을 감당하는 데 필요한 안전한 배경을 마련하는 게 트롤리 생활의 주요한 이유가 아닌가 하는 생각이 들 정도다. 데이브레이크에서 어떤 일을 만나게 되든지 혼자 씨름하지는 않을 성싶다. 애초의 약속에 늘 충실하도록 네이선이 곁에서 지켜줄 것이다.

여기서 보낸 세월을 되짚어보자면 장 바니에, 마담 바니에, 시몬느, 바버라, 테레즈-모니크, 장 루이, 페테르 가족도 빼놓을 수 없다. 오늘 오후, 장 루이가 우리 일행을 자신이 일하는 쉼터, 라 비뉴La Vigne로 초대했다. 다 함께 성찬예식을 가졌다. 이어서 따듯한 인사와 기분 좋은 저녁식사가 이어졌다. 사방에서 쏟아지는 애정공세에 감격하면서, 모두가 하나님이 베푸시는 너그러운 사랑의 표현이며 라르쉬에서 지낸 날들이 부르심의 결과임을 확인하는 증거로 받아들이기로 했다.

세 번째 은혜는 장애를 가진 이들과 더 깊이 접촉하기 시작했다는 점이다. 성찬식에서 르 쉬흐종의 제라흐와 미셸 그리고 라 비뉴의 온 식구들을 바라보며 그이들의 존재를 온몸으로 의식하는 순간, 내면에서 절절한 감사가 솟구쳤다. 하나님이 새로운 깨달음, 가난한 이들에게서 비롯된 거룩한 가르침을 주시는 걸 알 수 있었다. 제라흐의 말없는 미소와 휠체어에 앉은 채로 손을 뻗어 내 빰을 어루만지는 그 단순한 행동은 어떤 단어로도 그려낼 수 없는 메시지를 전해주었다. 그이에겐 내면의 삶을 말로 표현할 재주가 없었다. "사랑해요"라는 말조차 입 밖에 낼 줄 몰랐다. 그럼에도 제라흐는 오로지 자신만의 방식으로 하나님의 무조건적인 사랑을 웅변했다. 미셸은 여느 때처럼 굳어버린 손가락으로 제 빰을 가리키며 적어도 두 번 이상 뽀뽀해주길 재촉했다. 라 비뉴 식구들 역시 특유의 몸짓(때로는 익살스럽기까지 한)으로 날 환영한다는 의사를 전달했다.

물론, 아직도 장애를 가진 이들의 세계를 속속들이 알지는 못한다. 지난 한 해 동안 쉼터에서 생활하지도 않았고 얼마쯤 외부인처럼 지냈던 게 사실이다. 그렇기는 해도 그 기간은 새로운 세계를 향해 첫 발을 내딛는 데 큰 도움이 되었으며, 데이브레이크에서 더 헌신적으로 살아가고자 하는 소망을 품게 해주었다. 지난 한 해가 베풀어준 이 모든 은택에 감사하며 어려운 시기를 만날 때마다 그 기억들을 소망의 근원으로 삼을 수 있기를 기도한다.

슬픔과 기쁨이 한데 어우러지는 자리 7월 8일 화요일

오후 7시, 마담 바니에의 거실에서 성찬식을 가졌다. 바니에 여사는 커다란 의자에 자리를 잡고 바버라, 시몬느, 네이선, 크리스틴, 장 루이, 제프와 미샤가 주위에 둘러앉았다.

예식이 끝나자, 장 루이가 한참이나 날 끌어안고 눈물을 펑펑 쏟았다. 이루 말할 수 없을 만큼 고마웠다. 한없이 흘린 눈물이야말로 그이가 줄 수 있는 가장 큰 선물이었다. 어머니 말고는 날 위해 그토록 눈물짓는 이는 본 적이 없다. 지난 주일에 내가 준 모자를 쓰고 스카프를 두르고 있었다. 품에 안아주며 눈을 마주치는 순간, 친밀한 정이 사무치도록 가슴에 밀려들었다. 슬픔과 기쁨을 동시에 느꼈다. 친구가 된 두 사람이 우정의 아픔과 환희를 절절히 체감하고 있었던 것이다.

마담 바니에에게 성찬식 때 쓰는 잔과 대접, 성구집과 예식서를 선물했다. 마무리되는 일이 있는가 하면 계속되어야 할 일도 있음을 여사가 알아주면 좋겠다고 생각했다.

마담 바니에가 레 마로니에에서 따듯하게 환영해주었던 게 고작 열한 달 전이었다. 그 뒤로 여러 차례 여사의 집 거실에 모여 성찬예식을 치렀다. 연대감이 조금씩 도타워졌다. 언제까지나 지속되겠지만 눈앞의 이별을 어렵게 만드는 것도 그 유대감이었다. 그래도 마담 바니에로서는 자신의 고향인 캐나다, 그리고 친구들이 수두룩한 데이브레이크로 간다는 사실에서 다소나마 위안을 찾는 듯했다. 여사는 몇 번이고 말했다. “거기도 만만치는 않을 거예요. 그렇고말고요. 하지만 잘 해내리라 믿어요.” 마담 바니에가 가장 바라는 곳으로 가게 되어서 기뻤다. 포옹을 나누며 내게 집을 만들어주었던 데 대해 진심으로 감사했다. 거기서 예수님의 뒤를 따라 새로운 세계로 나가라는 부르심을 또렷이 들을 수 있었다. 비할 데 없이 기쁜 일이었다.

에필로그

마지막 일기를 쓴 날로부터 한 해가 넘는 세월이 지났다. 그동안 온갖 일들을 겪으면서, 후일담을 적지 않으면 여기에 기록한 생각과 성찰들이 모조리 종잡을 수 없는 얘기가 되고 말겠다는 생각이 들었다.

8월 말쯤, 캐나다에 있는 라르쉬 공동체인 데이브레이크로 들어왔으며, 장애를 가진 여섯 식구(로즈와 애덤, 빌, 존, 트레버, 레이먼드)와 도우미 넷의 따듯한 환영을 받아가며 이곳, 뉴 하우스에 둥지를 틀었다. 처음 받은 부탁은 애덤의 아침 채비를 돕는 일이었다. 애덤은 스물다섯 살 먹은 청년이었지만 말을 할 줄 몰랐다. 상에 올라온 밥과 찬이 마음에 드는지 마땅치 않은지, 속이 상하는지 그렇지 않은지, 무얼 원하고 원치 않는지 내게 알려줄 힘이 없었다. 가물에 콩 나듯 미소를 짓는 게 전부다. 상대를 알아보는지조차 파악할 길이 없다. 옷을 입고 벗는다든지, 걷는다든지, 먹는다든지, 화장실에 간다든지 하는 기초적인 생활까지도 세심한 보살핌이 필요하다. 날마다 간질성 발작에 시달린다. 때로는 너무 기진해서 몇 시간씩 더 자고 나서야 간신히 몸을 추스른다. 처음에는 애덤에게 다가서기가 두려웠다. 살짝 건드리기만 해도 부서질 듯 허약해서 자칫 실수라도 하면 어떡하나 걱정스러웠다. 하지만 차츰 이 생소한 친구를 알고 사랑하게 되었다. 씻기고, 이를 닦아주고, 머리를 빗기고, 아침을 먹이고, 마치 다 알아듣기라도 하는 것처럼 조곤조곤 이야기를 들려주는 사이에, 두려움은 다정하고 따듯한 감정에 밀려 나날이 옅어졌다. 심지어 며칠이라도 떨어져 있으면 보고 싶었다. 집에 돌아오면 곁에 앉아 코를 부비고, 얼굴을 어루만지고, 손가락을 조몰락거리는 걸 즐기기에 이르렀다. 그렇게 이 낯선 이와 친구가 되었다.

장애를 가진 집안의 다른 식구들과도 우정을 키워갔다. 빌은 날 안기 시작했고, 존은 맥주를 마시러 가자며 손을 잡아끌었다. 트레버는 꽃을 선물하게 되었고 레이먼드는 어떻게 방을 새로 꾸몄는지 자랑했다. 애덤만큼이나 장애가 심한 로즈마저도 드물기는 하지만 자진해서 참으로 아름다운 미소를 선사했다. 그 포옹과 맥주, 꽃과 미소의 이면에는 엄청난 아픔과 거절감이 깔려 있는 걸 알기에 상처투성이인 친구들을 편안하게 대하기가 늘 쉽지는 않았다. 하지만 그이들이 베푸는 것들이 워낙 넉넉해서 저절로 애정 어린 유대가 형성되었다.

하지만 이런 유대를 이루기 위해서는 비싼 값을 치러야 했다. 스스로의 장애와 직면하는 게 바로 그 대가였다. 장애가 있음을 늘 인식하고는 있었지만 항상 드러나지 않게 감출 수 있었다. 그러나 장애를 감출 힘이 없는 이들은 도우미들이 제 몫의 장애를 숨기는 것 또한 용납지 않는다. 초기의 몇 달 동안, 도우미들은 말할 것도 없고 공동체의 책임자와 장기 봉사자들까지 나서서 지원과 지도를 아끼지 않았다. 그이들은 저마다 개인적인 경험을 통해 장애인들과 더불어 사는 데는 처절한 자기분석이 따른다는 사실을 이미 알고 있었으므로, 내가 두려움과 불안감에 맞서 싸우는 내내 대단한 인내심과 따듯한 관심을 보여주었다. 언젠가 그이들에게 고백했다. "처음에는 장애인들을 보살피는 여러분들을 도와드리러 왔다고 생각했습니다. 그런데 이제와 돌아보니 여러분들이 장애인을 하나 더 받아주셨다는 느낌이 드는군요.” 솔직히 말해서, 스스로의 장애와 마주하는 작업이야말로 으뜸가게 어려운 싸움이었다.

무엇보다, 열여덟 살 이후로는 가정생활을 해본 적이 없다는 점부터 인정해야 했다. 여기서는 쇼핑을 하고, 병원에 다니고, 가계부를 적고, 사람과 물건을 실어 나르고, 툭하면 망가지는 온갖 기기와 시설을 수리하는 건 물론이고, 큰 집을 청소하고, 여럿이 먹을 밥을 짓고, 헤아릴 수 없을 만큼 많은 밥그릇을 닦고, 산더미 같은 빨래를 해야 했다. 이런 일들이라면 누군가가 다 알아서 해주는 학교에서 서른일곱 해를 보내고 나서 시작하는 가정생활인지라, 가장 기초적인 기술도 갖추지 못했음을 뼈아프게 자각할 수밖에 없었다. 열한 명이 먹을 끼니거리를 챙기는 일은 생각만 해도 겁이 났다. 할 줄 아는 건 한 쪽만 지진 달걀 프라이뿐이어서 팬케이크든, 오믈렛이든, 프렌치토스트든, 와플이든 아침식사에 필요한 음식을 만드는 작업은 죄다 혼란스럽기만 했다. 일상생활에 따르는 자질구레한 일들이 험한 산을 타는 등반처럼 느껴졌다. 거기에 대면 책을 쓰고 강의를 하는 일쯤은 가볍게 언덕을 오르는 정도에 지나지 않았다. 아무개는 장애인이고, 누구누구는 멀쩡하다는 따위의 의식이 얼마 지나지 않아 말끔히 사라져버린 건 당연한 귀결이었다. 통상적인 삶이라는 차원에서 보면 내 장애는 너무도 빤히 보이는 것이어서 측은히 여기는 기색 하나, 이해한다는 의미로 보여주는 미소 한 모금, 특히 도움을 주는 손길 하나하나에 깊이 감사하게 된다. 장애인들 그리고 도우미들과 더불어 참다운 친구가 될 수 있는 가능성을 처음 보았던 지점은 어쩌면 부엌처럼 지극히 실질적인 공간이었는지도 모른다. 내 장애가 그리로 이어지는 통로가 되었다.

하지만 이는 분명, 훨씬 더 심오한 싸움의 겉껍질에 지나지 않는다. 데이브레이크 공동체에 더 깊숙이 들어가서 새롭고도 영구적인 관계를 가꿔가려 할수록 친밀감이 주는 갖가지 스트레스와 맞부딪쳐야 했다. 우정과 끈끈한 소속감을 향한 갈망에 이끌려 라르쉬까지 왔다. 그러나 공동체의 핵심을 이루는 장애인들은 친밀한 영역에서 도리어 가장 심각한 상처를 입기 십상이었다. 누군가가 자신을 거절하고, 싫어하고, 무시한다는 기분에 쉽게 휘말리고 우정과 보살핌, 지지와 애정을 베푸는 이들에게 몹시 민감해진다. 진심일까? 오래갈까? 마음을 주어도 괜찮을까? 이런 부류의 질문들이 뇌리를 떠나지 않는다. 형편이 그러하니만큼, 친밀한 관계에 관한 내 고민이 고스란히 노출되는 건 놀랄 일이 아니다.

두 주 동안 자리를 비웠다 돌아왔을 때, 한 장애인이 "안녕하세요"란 인사조차 건네고 싶어 하지 않았던 걸 지금도 생생히 기억한다. 나로서는 따듯한 환영이 간절했지만, 그이는 눈앞의 상대가 정말 자신과 삶을 나누길 원하는지 확신이 서지 않았던 것이다. 그처럼 음울한 두려움은 서로 부대끼게 만들며 양편 모두의 심중에 깊은 고뇌를 심는다. 그이는 계속 중얼거렸다. "신부님이 돌아오든 말든 관심 없어요. 선물도 필요 없어요. 지금 가진 걸로도 충분해요. 그러니까 성가시게 하지 말아요. 난 바쁘다고요….” 순간, 사랑받지 못할까 걱정하는 이편의 두려움이 수면 위로 떠올랐다. 얼마나 당황스럽던지, 외면당한 어린아이처럼 서러운 눈물을 걷잡을 수 없이 쏟아냈다.

문을 열어젖히고 상처 입은 내 정서를 끄집어내준 건 한집에 사는 장애인들의 상한 감정들이었다. 곧바로 자신에게 묻기 시작했다. “참으로 내가 이 친구들을 보살피고 있는가? 진실로 이들을 내 삶의 중심으로 삼고자 하는가? 무슨 뜻으로 이들에게 ‘사랑합니다’ 라고 고백하는가? 얼마나 신실한가? 관계를 꾸준히 끌고나갈 힘이 있는가? 그게 아니라면… 이처럼 상한 심령들에게 주의를 기울이는 게 고작 스스로 괜찮은 인간이란 느낌을 얻기 위한 방편에 불과한 것인가?” 구석구석 빼놓지 않고 짚어본다. 돌봄, 긍휼, 이웃사랑, 약속, 헌신, 신실함… 생각과 마음을 두루 뒤져가며 이런 개념들을 점검하고 또 점검한다. 간혹, 여러 해 동안 공들여 세운 내 영혼의 집이 실상은 얼기설기 이어붙인 종이건물에 지나지 않아서 언제라도 불타버리지나 않을까 하는 의구심이 든다. 장애인들과 도우미들을 보고 있노라면 겸허하게 스스로를 살피는 수밖에 없다. 더러는 과연 튼튼한 기초를 딛고 서 있기는 한 건지 회의가 들기도 한다. 씨름은 지금도 여전히 진행 중이다. 그걸 떠올릴 때마다 참담해진다. 살아가는 데 필요한 통상적인 일에 서툴다는 데 생각이 미치면 견디기 힘든 심정이 된다. 하지만 그보다 훨씬 더 고통스러운 게 있다. 당연히 베풀어야 하고 또 그럴 수 있다고 여기는 영역에서조차 실제로는 지극히 연약하며 망가지기 쉬운 존재라는 자각이다.

하지만 이런 씨름마저도 가장 고통스럽다고까지 말하긴 어렵다. 진정 무릎을 꿇게 되는 대목은 살림을 잘하고 말고의 차원이 아니며 더 나아가 참다운 헌신 문제마저도 뛰어넘는 영역이다. 일생일대의 가혹한 도전은 "솔직히 예수님만으로 만족하는가? 아니면 자신의 가치를 증명해줄 다른 무언가를 쉴 새 없이 찾고 있는가?"라는 질문에서 출발한다. 예전에 "삶의 중심에 누가 있습니까?"라는 질문을 받았다면 한 점 망설임 없이 "따라오라고 부르시는 예수님이죠"라고 대답했을 것이다. 하지만 이제는 감히 그처럼 쉽게 답을 내놓지 못할 것 같다. 신앙공동체의 온전한 구성원이 되고자 하는 싸움은 곧 살면서 마주치는 온갖 우상들을 내버리고 그리스도 한 분만을 따르는 길을 수없이 되풀이해가며 선택하는 씨름이라는 사실이 이미 입증되었기 때문이다. 공동체생활을 하기로 결정하는 선택과 예수님 편에 서는 결단은 동전의 양면이란 확신이 갈수록 굳어진다. 바로 그 지점에서 나의 가장 치명적인 장애가 실체를 드러낸다.

데이브레이크에 들어올 때 내게는 동행이 있었다. 트롤리에서 서로 보살피고 키워줄 수 있을 만큼 돈독한 우정을 쌓은 네이선과 함께였다. 나는 담임목회자가 될 셈으로 이곳에 왔다. 친구는 토론토에서 신학을 공부하면서 파트타임 도우미로 일할 작정이었다. 공동체에서 새로운 삶을 사는 쪽으로 방향을 잡으면서 네이선과 나누는 우정을, 모든 게 바뀌고 달라지는 상황에서 안전히 깃들 수 있는 피난처쯤으로 여겼다. 혼잣말처럼 중얼거렸다. "괜찮아. 무슨 일이 벌어지든 최소한 의지하고, 지지를 구하고, 고비마다 위안을 얻을 친구가 있잖아!" 적어도 어느 정도는 네이선을 정서적인 안정을 지키는 구심점으로 삼고 공동체생활을 너끈히 감당할 수 있으리라고 판단했던 것이다. 이런 식으로 친구에게 의존하다 보니 공동체를 삶의 중심으로 삼을 수가 없었다. 저도 모르는 사이에 "나에겐 이미 가정이 있어. 사실, 다른 집은 필요치 않아"라고 말하고 있는 셈이었다. 그러나 공동체생활에 더 깊이 들어가면서 차츰 예수님을 좇으라는 부르심에 전폭적으로 순종하자면, 서로 세워주는 독특한 우정을 넘어, 장애인들과 삶을 나누도록 이끄시는 하나님의 손길을 구하는 게 반드시 필요하다는 사실이 갈수록 분명해졌다.

이런 인식은 절망의 벼랑 끝에 몰렸다 싶을 만큼 내면에 극심한 고통을 몰고 왔다. 받아들여지고 있음을 감지하는 방식을 완전히 바꿔야 했다. 그러자면 아예 다른 인간이 된 것처럼 사는 게 더 빠를지도 모른다. 공동체에 들어와 목회자가 되어달라는 데이브레이크의 부름에 "예스!"라고 대답할 때까지만 해도 그 안에 고통스러운 "노!"들이 수없이 포함되어 있음을 알아채지 못했다. 함께 살고 싶은 이들을 선택하는 것도, 아주 가까운 이들과 밀도 있는 시간을 보내는 것도, 스스로 정한 방식에 따라 홀로 지내는 것도, 네이선과 서로 지지해주는 아름다운 우정을 쌓아가며 그 관계를 중심으로 삶을 풀어나가는 것도 모두 "노!"였다. 대학교수로 독립적이며 개인적인 생활을 해왔던 세월이 워낙 길었던 탓에, 이런 영역에서 예수님을 좇을 준비를 제대로 갖추지 못한 게 사실이다. 공동체 안에서 예수님과 더불어 겪는 또 다른 형태의 외로움이 찾아들었다. 물리적이고 정서적인 고립에서 비롯된 외로움과는 비교할 수 없을 만큼 견디기 어려운 고독감이었다. 온전한 인간으로 성숙하지 못하게 발목을 잡는 걸림돌이어서 서둘러 없애버려야 할 외로움이 아니라 끌어안고 마지막 순간까지 예수님을 좇는 도구로 삼아야 할 고독인 까닭이다. 캐나다와 미국, 영국을 거치는 여행(이 일기에 자세히 적었다)이 끝나갈 무렵, 젊은이 하나를 만났다. 청년은 여태 영적으로 어떤 여정을 거쳐왔는지 들려주었는데, 그 이야기가 이런 부류의 외로움을 생각하는 데 아주 도움이 되었다. 젊은이는 말했다. "처음에는 여러 동행들과 함께 고속도로를 따라 여행했어요. 차를 타고 갈 때는 외로웠지만 적어도 혼자는 아니었습니다. 그런데 예수님이 진출로로 빠져서 구불구불한 시골길로 가라고 말씀하셨어요. 쾌적하고 아름답더군요. 지나가는 이들이 인사를 하고, 미소를 짓고, 손을 흔들었습니다. 사랑받고 있다는 느낌이 들었습니다. 하지만 주님이 이번에는 비포장도로로 들어서서 차를 세우고 내려서 함께 걷자고 하셨습니다. 천만 뜻밖이었습니다. 도보로 이동하는 내내 더 이상 아무도 볼 수가 없었습니다. 예수님이 동행하신다는 걸 알기는 했지만 너무나 외로웠습니다. 좌절감이 들 때가 한두 번이 아니었습니다. 피곤했습니다. 친구들마저도 내 존재를 새카맣게 잊어버렸을 거란 생각이 들었습니다. 그리스도와 더 가까워질수록 더 외로워지는 것만 같았습니다. 아무도 그 심정을 알아줄 성싶지 않았습니다."

데이브레이크 생활은 점점 두 번째 외로움의 세계로 들어오라고 부르는 초대로 변해갔다. 너무도 고통스러운 경험이어서 글로 옮기는 일조차 망설여진다. 세상에 둘도 없는 특별한 벗이라 할지라도, 심지어 절박하게 그 친구에게 매달린다 할지라도 결코 자유롭게 풀어줄 수 없는 종류의 외로움이다. 임재가 전혀 감지되지 않는 하나님 품에 깊이 안겨서 내 존재가 마지막 한 점까지 다 없어진 것처럼 느껴지는 아픔을 무릅쓰길 요구하는 외로움이다. "나의 하나님, 나의 하나님, 어찌하여 나를 버리셨습니까?"라고 부르짖으셨던 예수님의 외로움이다.

《헨리와 카토*Henry and Cato*》라는 소설에서 아이리스 머독Iris Murdoch은 이렇게 말한다.

> 어떤 시점에 이르면 인간의 사랑은 반드시 깨어져야 하고, 자아는 부수어야 하며, 지극히 자연스럽고 선해 보이는, 어쩌면 유일하게 유익할지도 모른다는 생각이 드는 걸 포기해야 한다는 사실은 더할 나위 없이 고통스럽고 이루 말할 수 없이 역설적이다. 그 뒤엔 어둠과 침묵, 허공만이 존재한다. 그런데 거기에 하나님이 계신다. 십자가에 달린 요한을 잊지 마라. 눈에 보이는 게 사라지는 순간 심연으로 추락한다. 하지만 그건 믿음의 심연이다. 아무것도 남지 않을 때, 오로지 소망만이 남게 된다.[11]

데이브레이크 공동체에 들어가면서 안팎이 다 갈가리 찢기는 말 그대로 최악의 경험을 하게 되리라고는 꿈에도 생각지 않았다. 정신적으로 장애를 가진 이들과 더불어 살며 보살펴주고, 진실한 우정이 깃든 지지를 받으며, 그리스도의 사랑으로 형성된 아름다운 네트워크에 둘러싸여 지내게 될 줄 알았다.

하지만 이제는… 예수님과 더불어 그 두 번째 외로움으로 들어갈 수 있도록 '안전한' 배경을 허락하는 것이야말로 데이브레이크 공동체를 맡기신 정확한 이유라는, 그 신비로운 사실을 머뭇대다 못해 질질 끌려가듯 깨달아가고 있다. 여기에는 우아한 점도, 로맨틱한 요소도 없다. 암담한 괴로움뿐이다. 예수님을 좇아 생판 모르는 세상으로 들어가는 여정이다. 십자가 위에서 자신을 비우는 일이고 적나라한 신앙으로 새로운 생명을 기다리는 과정이다.

선하고 아름다워 보이는 대상에 대해 죽기를 요구하는 십자가는 신령한 공동체가 새로 태어나는 보금자리기도 하다. 예수님의 죽음은 많은 열매를 맺기 위한 낟알의 죽음이었다. 뼈아프지만 소망이 넘치는 그 길로 기꺼이 들어서지 않는 한, 절대로 열매 맺는 삶을 살 수 없다.

두렵고 떨리는 마음으로 이 글을 쓴다. 새날을 밝히는 빛을 이제 막 보기 시작했을 뿐, 과연 눈앞에 놓인 저 먼 길을 용감하게 걸어갈 수 있을지 아직 장담할 수 없기 때문이다. 하지만 이렇게 기록을 남김으로써 스스로 무슨 말을 토해냈는지 정확히 볼 수 있으며 그 자체가 전진하는 첫 걸음이 될 수 있다고 믿는다.

1987년 7월 21일, 사제서품을 받은 지 30년이 되는 날을 기념했다. 데이브레이크에서 보낸 첫 해를 곱씹다보니, 잔치를 벌이고 싶은 마음이 나지 않았다. 대신 평생을 헌신하기로 약속한 몇몇 공동체 식구들에게 함께 기도하고, 소명을 다시 점검하며, 비판적인 자세로 지도해달라고 부탁했다. 대단히 쓰라린 경험이었다. 내가 가진 장애들을 남김없이 직시하고, 친구들과 나누며, 하나님과 공동체에 도움을 청해야 했다. 하지만 생명을 되돌리는 체험이기도 했다. 주위에 있는 이들이 내 결함을 정확히 파악하고 힘껏 뒷받침하고, 앞장서서 끌어주고, 사랑을 베풀어주었다. 덕분에 부족하고 모자라는 점들을 걸림돌이 아니라 장애를 숨길 수 없는 친구들이자 공동체의 고갱이를 이루는 식구들과 단단한 연대를 이루는 통로로 삼을 수 있었다.

목회자의 길로 들어선 날을 기념하면서 앞날을 바라보며 세 가지를 약속하고 그 언약을 충실히 지킬 수 있도록 지원해주길 공동체 구성원들에게 부탁했다. 여기에 그 내용을 옮기는 걸로, 다시 말해서 저 앞에 보이기 시작하는 길에 붙이는 첫 설명으로 이 일기를 마무리 지으려 한다.

우선, 더 많이 기도하기를 약속했다. 예수님이 참으로 내 삶의 중심이라면, 마땅히 그분께 더 많은 시간을 투자하고 관심을 쏟아야 한다. 특히 개인적인 필요와 문제, 소망을 아뢰기보다 주님의 사랑과 긍휼, 자비에 초점을 맞추고 찬양하는 기도를 드리고 싶다. 예전에는 주로 자신을 돌아보는 기도를 드렸다. 이제 친히 찾아오셔서 “너희가 나를 택한 것이 아니라, 내가 너희를 택하여 세운 것”요 15:16이라고 말씀하시는 분을 바라볼 때가 됐다. 개인적인 판타지나 욕구불만, 모래성처럼 헛되고 부질없는 꿈처럼 비현실적인 요소가 아니라 예수님이라는 실질적인 존재를 토대로 삶을 구축하기를 원한다. 자기중심적인 성찰에서 돌이켜 단순한 찬양으로 전환해야 비로소 하나님은 물론이고 함께 살아가는 거룩한 백성들의 실재와 더 긴밀하게 연합할 수 있을 것이다.

이 약속을 신실하게 지키는 건 만만한 일이 아니다. 기도보다 더 중요한 일을 해야 한다는 엄청난 압력이 있다. 하지만 길고도 꾸준한 기도를 통해서만이 외로운 길을 함께 걷기를 요청하는 분을 따라 나설 수 있다.

둘째로, 스스로 속한 공동체를 더 잘 알아가기 위해 힘닿는 데까지 최선을 다하기로 약속했다. 이미 한 해를 보냈음에도 불구하고 아직 낯을 익히고 가까워지지 못한 장애인들과 도우미들이 적지 않다. 이런 저런 일을 해달라는 공동체 바깥의 초대가 많고, 한두 명의 친구들에게서 지원과 지지를 구하는 성향을 가진 탓에 공동체 전체를 참다운 내 가정으로 만들지 못했다. 여러 쉼터를 돌며 함께 밥을 먹고, 대화를 나누고, 놀고, 기도하면서 식구들과 더불어 ‘시간을 낭비하면서’ 나를 제대로 알려주는 데는 특별한 훈련이 필요하다. 시간표를 새로 짜야 하고, 외부의 초청에 더 자주 “노!”라고 대답해야 하며, 한데 어울려 살고 있는 이들이 참다운 이웃이라는 확고한 신념을 품어야 한다.

그렇게 되면 홀로 기도하는 가운데만이 아니라 사랑의 공동체 속에도 예수님이 계시는 걸 알게 될 것이다. 내 마음의 가장 내밀한 자리에 오신 바로 그 주님이 연약한 이들과 교제하는 자리에도 임하심을 깨닫게 될 것이다. 특정한 친구들과 나누는 친밀한 우정에서 위안과 위로를 찾으려는 유혹이 감당할 수 없을 만큼 심하다는 점을 감안하면, 이 약속을 충실히 지킨다는 게 말처럼 쉽지는 않을 것이다. 의기소침하고 영적인 피로감을 느끼는 상황이라면 더 말할 것도 없다. 지금까진 스트레스를 받을 때마다 영적인 지도자나 카운슬러 또는 가까운 친구에게 털어놓는 방식으로 대처해왔다. 언제나 일대일 관계에서 치유의 길을 구했다. 하지만 지금은 공동체를 으뜸가는 영적인 자원으로 삼고, 평생 찾아 헤매왔던 진정한 위로자, 곧 하나님의 영을 만나게 될 것이니 신뢰하라고 강력하게 부르시는 음성을 듣고 있다.

마지막으로 글쓰기를 계속하기로 약속했다. 데이브레이크처럼 대체로 할 일이 늘 산더미같이 쌓여 있는 공동체에서 생활하다 보면, 글을 쓸 수 있는 한적한 시간을 내기가 여간 힘든 게 아니다. 작년 한 해 동안은 글을 쓰기가 실질적으로 불가능해 보였다. 그럼에도 데이브레이크를 향한 부르심에는 꾸준히 글을 쓰는 사명이 포함되어 있다. 글을 쓰지 않으면 하나님이 맡기신 말씀사역을 제대로 감당하지 못하는 꼴이 된다. 오로지 글을 통해서만 하나님, 그리고 장애를 가진 친구들과 더불어 누리는 은밀한 삶이 교회와 세상에 주는 선물이 될 수 있다. 이제는 행사의 기조연설이나 주제 강연은 물론, 수련회 인도마저도 주요한 책무로 보지 않는다. 하지만 글쓰기는 여전히 핵심과제에 속한다. 개인적으로 올바른 판단력을 가졌다고 믿고 있는 숱한 인물들이 그 사실을 거듭 확인해주었다. 시급하고 바쁜 일상사에서 물러나 기도하면서, 또는 장애인들이나 도우미들과 어울려 살며 갖게 된 생각을 글로 옮기는 건 자신을 얼마나 단련해내느냐에 달렸다. 예수님을 따라가는 순례길이 점점 더 은밀해지는 건 어쩔 수 없다손 치더라도, 끝까지 사사로운 여정으로 남겨두어야 한다고는 생각지 않는다.

예수님은 "친구를 위하여 목숨을 내놓으라"고 요구하신다. 내게는 예수님과 함께 내키지 않는 곳으로 가면서 겪는 고통과 환희, 빛과 그림자, 피로감과 생동감, 절망과 소망을 힘닿는 데까지 정직하게 전달하는 일도 거기에 포함된다. 나로서는 그 내밀한 경험을 글로 풀어냄으로써 사적인 삶으로 다른 이들에게 유익을 끼치며, 마침내는 "우리가 들은 것이요, 우리가 눈으로 본 것이요, 우리가 지켜본 것이요, 우리의 손으로 만져본"요일 1:1 생명의 말씀을 증언할 수 있게 된다.

이러한 약속들을 신실하게 지키길 기대하는 이들이 가득한 데이브레이크에서 지내게 된 게 얼마나 기쁜지 모른다. 고단하긴 하지만 유익한 일이다. 여기에 머물라는 부르심을 받았고, 이리로 파송되었으며, 이곳에 속하게 되었다고 믿는다. 하지만 한 해를 보내고 난 지금은 무수한 새벽과 밤이 공존하는, 길고도 고달픈 여정을 막 시작했을 따름이라는 사실을 마음 깊이 의식하고 있다. 아브라함은 얼마나 엄청난 요구가 뒤따를지 전혀 모르는 상태에서 하나님의 명령에 순종했다. 먼 길을 가는 동안 한 걸음을 내딛을 때마다 믿음을 검증하는 시험이 이어졌다. 하나님이 '질투하는' 사랑으로 부르신 이들이라면 누구에게나 마찬가지다. 아직도 밤이면 밤마다 편안하고 갈등이 없는 내일을 바라는 헛꿈을 꾸기는 하지만, 내 신앙 또한 검증을 받게 되리라는 사실을 잘 알고 있다. 하나님의 사랑은 진정 "혹독하고 지독하지만"(도로시 데이) 평생을 바쳐 추구해볼 가치가 있다.

이쯤에서 일기장을 닫으려 한다. 데이브레이크로 날 이끈 과정을 상세하게 기술하고, 여기서 처음으로 경험했던 이들을 솔직하게 소개하며, 앞으로 지켜나갈 약속들을 가감 없이 적으려 노력했다. 결코 가고 싶지 않았던 곳으로 예수님이 나를 이끄셨고, 칠흑 같은 어둠 속에 길을 잃고 허둥댈 때 단단히 붙들어주셨으며, 다시는 밤이 찾아오지 않는 한낮으로 인도해주시라는 믿음이 날이 갈수록 선명해진다. 나그네 길을 걷는 동안 늘 함께하신 예수님은 하나님의 마음이 내 가슴과는 비할 수 없이 참으로 크고 넓다는 사실을 끊임없이 일깨워주신다.

1. "Precious Spikenard," *Catholic New Times of Toronto*, 1985.
2. Xavier Léon-Dufour, *Saint François Xavier : Itinéraire Mystique de l'Apôtre*, La Colombe, Edition du Vieux Colombier, Paris, 1953, pp. 34-35.
3. *Messages* No. 376, November 1984, p. 7.
4. 같은 책, p. 7.
5. *Letters on Cézanne*, New York, International Publishing Corporation, 1985, p. viii
6. 같은 책, p. xv.
7. 같은 책, p. 10.
8. *The Spiritual Letters of Dom John Chapman*, O.S.B., London : Sheed and Ward, 1938, pp. 52-53. *The Tablet*, December 14, 1985에서 인용.
9. Konrad Kunze, *Himmel in Stein : Das Freiburger Münster*, Freiburg : Heder, 1980, pp. 84-85.
10. "Gelassenheit," Verlag Güther Neske, Pfülingen, 1959, p. 25.
11. *Henry and Cato*, Iris Murdoch, Triad Grafton Books, London, 1987, p. 348.

주님,

오직 당신만이 베풀 수 있는 평안과 기쁨을 내게 주십시오.

자신을 온전히 내어주시기까지 자녀들을 무한정 사랑하시는
보이지 않는 하나님의 임재 가운데서
끊임없이 침묵으로 드리는 간구는 라르쉬의 생명을 유지시키는 숨결이다.
이곳에서는 하나님,
곧 육신이 되신 데서 한 걸음 더 나아가 먹고 마실 음식이 되신 하나님,
사랑을 털끝만큼도 거두어들이지 않으시며
"나를 먹고 나를 마시라"고 말씀하신 하나님,
너무도 신비해서 믿음의 눈으로 보아야 알 수 있는
하나님의 가난과 마주하게 된다.